SZPIEG, KTÓRY WIEDZIAŁ ZA MAŁO

JAROSŁAW BURCHARDT
PIOTR ŚWIĄTKOWSKI

SZPIEG, KTÓRY WIEDZIAŁ ZA MAŁO

Tajemnice kontrwywiadu PRL

WYDAWNICTWO
POZNAŃSKIE

Redakcja merytoryczna: Roman Sidorski
Redaktor prowadząca: Monika Długa
Redakcja: Lidia Wrońska-Idziak
Korekta: Paulina Wierzbicka
Projekt okładki: Mariusz Banachowicz
Projekt typograficzny, skład i łamanie: Barbara Adamczyk

Fotografie zamieszczone w niniejszej publikacji pochodzą ze zbiorów Instytutu Pamięci Narodowej.

ISBN 978-83-7976-284-2

Wydawnictwo Poznańskie sp. z o.o.
ul. Fredry 8, 61-701 Poznań
tel.: 61 853-99-10
fax: 61 853-80-75
redakcja@wydawnictwopoznanskie.com
www.wydawnictwopoznanskie.com

Wstęp

Późnym popołudniem, 29 listopada 1979 roku, funkcjonariusze biura „B", skierowani do obserwacji II sekretarza wydziału politycznego Ambasady Amerykańskiej w Warszawie, zrozumieli, że w ciągu najbliższych dni nie będą szybko wracać do domu. Obserwowany dzień i noc sekretarz zaczynał przejażdżki ulicami stolicy. Po latach wpatrywania się w dyplomatów biuro „B" nauczyło się odróżniać, kiedy pracownicy ambasady USA jadą na zakupy, a kiedy zaczynają taniec, który – w ich mniemaniu – usypia kontrwywiad PRL-u.

Dyplomaci byli idealnymi wywiadowcami. Chroniła ich – i chroni nadal – konwencja wiedeńska. Nie wolno rewidować dyplomaty, przeszukiwać ambasady, zaglądać do poczty dyplomatycznej, którą może być zarówno cienki list, jak i olbrzymia paczka. Nie było mowy o kontroli drogowej. Służba Bezpieczeństwa, a konkretnie Departament II SB (kontrwywiad), mógł ujawnić dyplomatę szpiega jedynie wtedy, gdy odbierał materiały szpiegowskie czy podrzucał pojemniki kontaktowe.

Tylko złapanie dyplomaty na gorącym uczynku dawało prawną możliwość wydalenia go poza granice państwa. Nie można było postawić dyplomaty przed sądem. Sam fakt wydalenia był dostateczną karą i kompromitacją dla kraju, który nasłał szpiega. Chyba że szpieg wpadał w Związku Radzieckim. W państwie światowej rewolucji pracownicy CIA ginęli w wypadku drogowym albo spadała na nich cegła. Pracownik ambasady wracał do kraju w czarnym worku, a Ministerstwo Spraw Zagranicznych ZSRR wysyłało kondolencje do rodziny zmarłego.

Dyplomaci mogli bez problemu poruszać się samochodami na dyplomatycznych rejestracjach. Z jednej strony jeździli, gdzie chcieli, i patrole drogówki mogły im co najwyżej pomachać, z drugiej strony byli widoczni i można, a wręcz trzeba było ich śledzić.

Nieuzgodnione z władzami PRL-u przejazdy dyplomatów przez Wielkopolskę były tak powszechne jak deszcz w październiku. Penetrowano teren w poszukiwaniu jednostek wojskowych. NATO i Układ Warszawski nieustannie pracowały nad planami III wojny światowej. Aby atak był skuteczny, w pierwszym etapie wojny należało zniszczyć obronę przeciwlotniczą przeciwnika. Dywizjony Wojsk Obrony Powietrznej Kraju rozmieszczone wokół wielkich miast i aglomeracji PRL-u posiadały w latach sześćdziesiątych i siedemdziesiątych niezwykle skuteczną sowiecką broń. Były to naprowadzane wiązką radaru rakiety zestawu PZR SA-75 Dwina[1], a później PZR S-75M Wołchow. Dźwiny spraw-

[1] W Polsce przyjęła się nazwa „Dźwina", którą będziemy stosować zamiennie z rosyjską „Dwiną".

dziły się w czasie wojny w Wietnamie, siejąc postrach wśród pilotów amerykańskich samolotów myśliwsko-bombowych McDonnell Douglas F-4 Phantom. Dźwiną 1 maja 1960 roku zestrzelono samolot Gary'ego Powersa. Pilotowany przez niego odrzutowiec rozpoznawczy U-2 fotografował radzieckie instalacje wojskowe. Nikita Chruszczow miał dowód szpiegowskiej działalności Stanów Zjednoczonych. Nic dziwnego, że zapadła decyzja o wyposażeniu obrony powietrznej państw Układu Warszawskiego w zestawy SA-75.

NATO musiało zaznaczyć na mapach sztabowych, gdzie znajdują się tajne dywizjony i inne ważne jednostki wojskowe z Dźwinami, aby w pierwszych minutach nowej wojny zneutralizować je np. rakietami krótkiego zasięgu Pershing. Dopiero zniszczenie obrony powietrznej i osłona własnego lotnictwa pozwalało dywizjom pancernym wdzierać się na terytorium wroga.

Podpisywano układy rozbrojeniowe, ale dla Sowietów nie miały one żadnego znaczenia. Po wejściu w życie układu Salt I w 1972 roku Amerykanie ograniczyli zbrojenia strategiczne, a Rosjanie obiecywali, że ograniczą. Łatwowierny Nixon stracił przewagę nad ZSRR. Przywódcy sowieccy mogli wydawać na obronność tyle pieniędzy, ile chcieli. Prezydent USA musiał przekonywać Kongres do zbrojeń. Jedynie dane wywiadowcze dawały członkom amerykańskiego parlamentu pewność, że wydatki na nowoczesną broń są konieczne.

Dyplomaci jeździli po Polsce, podziwiali krajobrazy, zabytki, szukali jednostek Ludowego Wojska Polskiego i fotografowali je. Wokół dywizjonu Obrony Powietrznej Kraju [OPK] w Czołowie, niedaleko Kórnika w Wielkopolsce, kontrwywiad stworzył sieć tajnych współpracowników, którzy mieli mieć oczy i uszy szeroko otwarte. Służba Bezpieczeństwa miała swoich ludzi w sklepach spożywczych, w restauracjach, w barach, na dworcach kolejowych, w PGR-ach. Jak bardzo Polska Ludowa bała się wycieku informacji o rozmieszczeniu wojsk rakietowych? W latach sześćdziesiątych milicja potrafiła zatrzymać grzybiarzy i rolników nieświadomie podchodzących pod tajne jednostki. Nawet kochankowie ukryci w leśnej gęstwinie byli obserwowani przez żołnierzy służby wartowniczej z wysokich wież.

W dokumentach z tamtych czasów odnajdujemy zdjęcia urządzeń mierzących siłę radarów; urządzeń umieszczonych w puszkach imitujących pnie drzew. Stany Zjednoczone już w latach siedemdziesiątych posiadały technologię pozwalającą łączyć się urządzeniom imitującym pień drzewa z satelitą szpiegowskim. Do kontaktu ze współpracownikami (oficerami, urzędnikami, zwykłymi obywatelami) CIA wykorzystywała zwykłe radio. We Frankfurcie nad Menem, w rejonie Wittlich w Niemczech Zachodnich i w Atenach działały stacje nadawcze. Każdy agent posiadał swój kod wywoławczy. Wiedział, że audycja nadawana jest w określone dni tygodnia, na dobrze mu znanej częstotliwości. Współpracowników informowano o położeniu skrzynek kontaktowych, które obsługiwali pracownicy placówek dyplomatycznych.

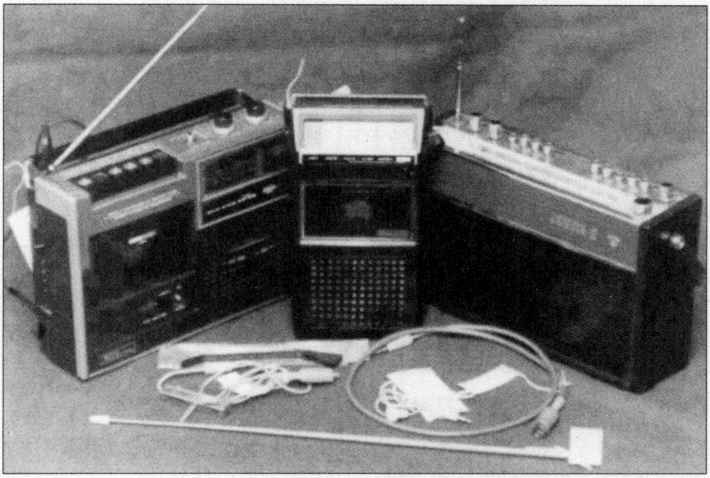

Stacja nadawcza w RFN-ie nadawała na falach krótkich komunikaty dla agentów. Do odbioru zakodowanych informacji wystarczyło zwykłe radio Jowita 2. Miał je w kuchni prawie każdy obywatel PRL-u.

Nie przejażdżki dyplomatów były największym zmartwieniem SB. „Dwójka”[2] polowała na współpracowników CIA. Już przed ucieczką Ryszarda Kuklińskiego bezpieka zdawała sobie sprawę, że w szeregach polskiej armii znajdują się konfidenci służący imperialistom zza oceanu. Najskuteczniejsza droga do wykrycia, złapania i skazania agentów na wieloletnie więzienie wiodła przez oficerów prowadzących w garniturach dyplomatów. Złapanie oficera niszczyło siatkę agentów. Oczywiście nie prowadzili ich ani ambasador, ani jego wysocy urzędnicy. Do takiej pracy świetnie nadawał się na

[2] „Dwójka” – Departament II, kontrwywiad.

przykład II sekretarz wydziału politycznego, któremu nadano kryptonim „Amon-79".

Funkcjonariusze biura „B" 29 sierpnia 1979 roku odnotowali, że obserwowany od tygodni „Amon-79" aż jedenaście razy przejechał między ambasadą a swoim domem. Po południu podsłuchano rozmowę „Amona-79" z attaché wojskowym ambasady amerykańskiej. Mówili nienaturalnie. Grali jak w teatrze. Amerykanie wiedzieli, że są podsłuchiwani i dawali swojemu człowiekowi alibi do wykonania nocnego zadania.

Szefowie Departamentu II, zarządzili obserwację trasy przejazdu sekretarza. Nigdy wcześniej SB nie spotkała się z sytuacją, aby attaché wojskowy ambasady USA zapraszał innego pracownika ambasady na kolację tego samego dnia i to przez telefon.

Bezpieka zrezygnowała z aktywnego śledzenia. Pod koniec lat siedemdziesiątych ruch na ulicach Warszawy nie był zbyt wielki. „Ogon" mógł spłoszyć doświadczonego oficera CIA.

Widać było wyraźnie, że figurant (w terminologii SB osoba rozpracowywana w ramach działań operacyjnych) nie chciał zwracać na siebie uwagi. Jechał z przepisową prędkością. Nie szarżował. Po kolacji, późno w nocy, pożegnał się z gospodarzem. Ruszył w kierunku centrum Warszawy. Jechał do domu. W pewnym momencie zboczył z głównej drogi. Po przejechaniu kilku bocznych ulic Amon-79 wrócił na trasę. Przy uliczkach nie było ani nocnego sklepu, ani apteki. Nie było powodu, by w środku nocy zjeżdżać z wygodnej trasy do domu. Figurant wrócił na główną drogę po kilku minutach. Nie zatrzymywał się więc pod niczyim domem. Nie odwiedzał nikogo. Cel mógł być tylko jeden: pozostawienie w ustronnym miejscu przesyłki dla agenta.

Służba Bezpieczeństwa szybko odnalazła szary kamień. Leżał około półtora metra od słupa telefonicznego. Nieraz już funkcjonariusze przejmowali kamienie, w których znajdowały się pieniądze, arkusze kalki sympatycznej, instrukcje rozpracowywania systemów łączności, tabletki do wywoływania tajnopisów, adresy skrzynek kontaktowych.

SB-cy schowali kamień do bagażnika. W jego miejscu położyli atrapę. Rano zbadali zawartość skrytki. Były w niej papiery z instrukcjami dla klienta. Amerykański wywiad prosił o rozpracowanie wojskowych systemów łączności, plany i dokumenty dotyczące dowodzenia w strukturach Wojska Polskiego, informacje o unowocześnianiu uzbrojenia w polskiej armii, a także dwa arkusze kalki sympatycznej, instrukcje sporządzania i wywoływania tajnopisów, adres, na który należy wysyłać listy i pieniądze.

Teraz trzeba było tylko czekać na współpracownika CIA. Może był nim żołnierz którejś z warszawskich jednostek wojskowych? A może urzędnik ważnego ministerstwa? Agentem mógł być każdy obywatel PRL-u.

Biuro „B" obstawiło teren. Przez dwadzieścia cztery godziny na dobę czujne oczy funkcjonariuszy wpatrywały się w słup telefoniczny. Nie szczędzono środków technicznych na zorganizowanie stałych punktów obserwacyjnych i sygnalizacyjnych na trasie przejazdu. W pogotowiu czekały grupy realizacyjne Milicji Obywatelskiej.

Polski cywilny kontrwywiad wiedział, że agenci otrzymywali od CIA informacje o tym, kiedy i gdzie zostawiono przesyłkę. Nie było możliwe, by szpieg wyjechał na urlop albo delegację służbową i nie podjął kamienia-skrytki. Być może wywiad nie zdołał powiadomić swojego człowieka o przesyłce. A może tajny współpracownik źle odkodował informację przekazaną mu przez radio z Frankfurtu nad Menem?

Bezpieka zmieniła plan. Skoro po przesyłkę nie zgłaszał się adresat, wróci po nią nadawca. Tezę o planowanym przez figuranta powrocie pod słup potwierdzały jego nader częste przejazdy okolicznymi uliczkami. Mężczyzna sprawdzał, czy kamień leży na swoim miejscu. „Amon-79" jeździł po okolicy i kluczył, rygorystycznie przestrzegając zasad ruchu drogowego. Bał się kontroli drogówki.

Zanotowano, że figurant przejechał obok kamienia 2 października 1979 roku około piętnastej trzydzieści i 12 października trzydzieści minut po północy. W listopadzie 1979 roku w pobliżu pojemnika dwukrotnie pojawiały się samochody służbowe ambasady. Kierowcy sprawdzali, czy w okolicach słupa np. nie parkował samochód. Mogli w nim siedzieć funkcjonariusze polskiego kontrwywiadu.

Ważne informacje przyniosły podsłuchy telefoniczne. „Amon-79" ostentacyjnie opowiadał przyjaciołom o krótkim wyjedzie na Zachód, gdzie planował kupić samochód. Co oznaczała ta informacja? Któryś z doświadczonych polskich oficerów podejrzewał, że wyjazd dyplomaty na Zachód „po samochód" mógł być wyjazdem na konsultacje z zamiejscowym ośrodkiem CIA.

W czwartek 15 listopada 1979 roku sekretarz znów został zaproszony na kolację do attaché ambasady. Zniecierpliwiona grupa z II Departamentu szykowała się do akcji.

Dwa dni później, 17 listopada o godzinie dwudziestej trzeciej, II sekretarz zgasił światła w mieszkaniu. Czujne oczy obserwatorów biura „B" dostrzegły w ciemności, że mężczyzna wychodzi na ulicę, wsiada do swojego drugiego samochodu na numerach dyplomatycznych i odjeżdża w stronę centrum Warszawy.

Godzina pierwsza trzydzieści. „Amon-79" zatrzymał się przy słupie. Punkty obserwacyjne zasypały dowódcę grupy realizacyjnej MO sygnałami o wprowadzeniu pełnej gotowości. Dyplomata zatrzymał samochód, włączył światła awaryjne, wyszedł z samochodu, podszedł do pojemnika, podniósł go, wrócił do samochodu, zamknął drzwi i wrzucił „kamień" na przednie siedzenie pasażera. Sprawdził zawieszenie auta. Wsiadł do samochodu. Przejechał dwadzieścia metrów. Na drodze stanął radiowóz grupy realizacyjnej.

W samochodzie oprócz „kamienia" leżał odbiornik radiowy firmy Panasonic, nastawiony na częstotliwości biura „B". „W osobistej garderobie zatrzymanego znaleziono specjalną aparaturę radiową do bezprzewodowej łączności z rezydenturą w ambasadzie USA oraz do kontroli systemów łączności radiowej MSW". Tą specjalną aparaturą był sześciokanałowy odbiornik wielkości pudełka od zapałek z niewielką anteną i bezprzewodową słuchawką. Aby nikt nie oskarżył SB o przekroczenie prawa, zatrzymanie było fotografowane i filmowane czułą taśmą przystosowaną do nocnych zdjęć.

Drugi raz panowie z kontrwywiadu przeszukali szpiega w Komendzie Stołecznej Milicji. Mężczyzna był w szoku. Nie protestował. Nie powoływał się na status dyplomaty. Niczego nie próbował tłumaczyć.

O piątej rano zaniepokojona żona sekretarza zadzwoniła do kierownika amerykańskiej rezydentury. Służba Bezpieczeństwa odnotowała, że do ambasady przyjechało czternastu dyplomatów. Nigdy tylu pracowników naraz nie zjawiało się w pracy. Bezpieka ustaliła ich personalia. Skoro zjawili się w związku z zatrzymaniem oficera CIA, musieli mieć związek z pracą wywiadowczą. Biuro „B" mogło ich dalej śledzić. Być może oni też zajmowali się prowadzeniem agentów.

O godzinie siódmej trzydzieści polskie Ministerstwo Spraw Zagranicznych oficjalnie poinformowało ambasadora o zatrzymaniu sekretarza. O dziesiątej piętnaście próg Komendy Stołecznej przekroczył radca ambasady do spraw administracyjnych i urzędnik MSZ. Dowody przedstawione przez milicjantów nie pozostawiały żadnych wątpliwości. Na podstawie immunitetu dyplomatycznego „Amon-79" opuścił budynek MO. Był wolny.

Ambasador zobowiązał się do osobistego powiadomienia prezydenta Cartera o wpadce w Warszawie. W zamian władze ludowe obiecały nie nagłaśniać incydentu. Szefów kontrwywiadu SB cieszyła uległa postawa Amerykanów, którzy musieli prosić i wystąpili w roli – jak napisano w aktach – „petenta".

Jarosław Burchardt znalazł w archiwum IPN-u dokument z 28 lutego 1980 roku, w którym Służba Bezpieczeństwa przedstawia polityczne korzyści płynące z zatrzymania „Amona-79". Kilka dni przed zatrzymaniem II sekretarza radykalni islamscy studenci zajęli ambasadę USA w Teheranie. Władze Iranu oskarżały amerykańską ambasadę o szpiegostwo. W przekonaniu autora dokumentu Warszawa zdobyła dowód na to, że Ameryka nie ma czystych intencji i szpieguje na całym świecie. Przełom lat siedemdziesiątych i osiemdziesiątych przyniósł ożywienie w stosunkach między PRL-em a republiką irańską przede wszystkim w sferze gospodarczej. Te dwa państwa łączyła nie tylko współpraca ekonomiczna, ale również niechęć do Stanów Zjednoczonych – państwa, które szpieguje.

Zatrzymanie „Amona-79" zaliczane było do pierwszych operacji II Departamentu Służby Bezpieczeństwa i biura „B", które nie dawało Amerykanom żadnej możliwości obrony. Nie było cienia wątpliwości, że dyplomata był szpiegiem. Zerwanie wszelkich zabezpieczeń rezydentury w chwili zatrzymania kadrowego pracownika CIA przyniosło SB niezwykle dużo cennych informacji, dotyczących działalności wywiadu USA w Polsce. Służby specjalne PRL-u po zatrzymaniu „Amona-79" wiedziały, jak zachowują się amerykańscy wywiadowcy w chwili zagrożenia, jakimi urządzeniami podsłuchują, kto z pracowników ambasady jest związany z CIA.

Służba Bezpieczeństwa zatrzymała współpracownika CIA, który miał odebrać kamień-przesyłkę. Był nim zawodowy podoficer Wojska Polskiego, służący w ważnej jednostce wojsk Obrony Powietrznej Kraju.

Amerykanie również wyciągnęli wnioski na przyszłość. Okazało się, że polski kontrwywiad używa różnych częstotliwości radiowych, a w przypadku akcji specjalnych w ogóle rezygnuje z komunikacji radiowej. Od tej pory CIA zostawiało kamienie-skrytki na przedmieściach Warszawy albo daleko za miastem.

To nie był pierwszy sukces „dwójki" i nie pierwszy zatrzymany sekretarz ambasady USA w Warszawie. W 1972 roku prowadzono sprawę „Adrian-72". Carl Gebhard jeździł po Warszawie z asystentką. Para kupowała plany polskich miast, rozkłady jazdy środków komunikacji zbiorowej, koperty i znaczki pocztowe. Mężczyzna trzymał zakupy w swoim mieszkaniu, nie w ambasadzie.

Figurant 17 maja 1973 roku podjechał po północy pod ambasadę ZSRR. Auto miało zgaszone światła. Podszedł do betonowego słupka przy ulicy Sulkiewicza. Szybko coś położył, a może podniósł? W ciemnościach funkcjonariusze biura „B" niewiele widzieli.

Wieczorami Carl Gebhard wychodził na długie spacery z psem. Spacerował po Dolnym Mokotowie, czasami towarzyszyła mu żona. Służbom udało się ustalić trasy, po których najczęściej chodził. Obserwowano go całą dobę. Oczywiście nie można było wykluczyć, że „Adrian-72" kocha psy i spacery pod polskim gwiaździstym niebem, a pod słupkiem niedaleko ambasady ZSRR wyrzuca śmieci.

Pewnej nocy mężczyzna wyjechał z żoną swoim volkswagenem. Żona prowadziła, samochód wlókł się trzydzieści, może czterdzieści kilometrów na godzinę. Po przejechaniu ulicą Gagarina samochód zwolnił. Carl Gebhard wysiadł z auta. Urządził sobie mały spacer. Kobieta odjechała, jakby chciała zabrać za sobą ewentualny „ogon". Dyplomata podszedł do dwóch skrzynek pocztowych. Obserwację na wszelki wypadek przerwano, aby figurant nie zauważył, że jest śledzony. W ukrytym punkcie obserwacyjnym potwierdzono, że małżeństwo wróciło do mieszkania. Zawartość skrzynek zabezpieczono. Oficerowie odnaleźli list wrzucony przez sekretarza. Nie było to trudne. Znaczek na przesyłce pochodził z zapasów sekretarza, poczynionych jeszcze przed podwyżką usług przedsiębiorstwa państwowego Polska Poczta, Telegraf i Telefon. List był zaadresowany do Stanisława Dębowskiego[3], urzędnika państwowego, pracownika Ambasady Polskiej w Pekinie, Akrze i Teheranie, pracownika Międzynarodowej Komisji Nadzoru i Kontroli w Laosie, radcy w MSZ.

„Adrian-72" wrócił do do Stanów. Zastąpił go „Adrian-74". Noxes Atherton był I sekretarzem wydziału politycznego. Przyjechał do Polski z żoną w lipcu 1974 roku. Nowy figurant wprowadził się do mieszkania Carla Gebharda. Samochodem jeździł wolno. Był spokojny. Służba Bezpieczeństwa wiedziała, że to tylko poza. Bezpieka miała tajnego współpracownika w domu, w którym mieszkał figurant. Tajny współpracownik [TW] donosił, że małżeństwo dyplomaty ma jedynie charakter

[3] W 1978 roku sąd wojskowy w Warszawie skazał Dębowskiego za zbrodnię szpiegostwa na trzynaście lat więzienia.

formalny. „Adrian-74", tak jak „Adrian-72", kochał psy i wychodził ze swoim pupilem na długie spacery.

Noxes Atherton podejrzewał, że jest śledzony. W grudniu zrobił żart polskiemu kontrwywiadowi. Wyszedł z żoną do parku Królikarnia z paczką w ręku. Odłożył ją w dobrze ukrytym miejscu. Tylko ktoś, kto go śledził, mógł ją znaleźć. Bezpieka znalazła w paczce kartkę z życzeniami wesołych świąt i „prosperującego nowego roku".

W dniu 5 kwietnia 1976 roku „Adrian-74" poszedł „na zadrzewioną i słabo oświetloną" ulicę Orkana w Warszawie. Dzień później, tuż obok mleczarni przy Orkana, SB znalazła skrytkę z pieniędzmi i instrukcjami dla szpiega. Wynikało z nich, że po przesyłkę przyjdzie wojskowy. Szybko ją odłożono. W pobliżu stanęła Nysa z funkcjonariuszami przyzwyczajonymi do wielogodzinnych obserwacji. Ponieważ agentem miał być żołnierz, ekipę realizacyjną uzbrojono po zęby.

Trzy dni później około godziny dwudziestej przesyłkę podniósł współpracownik CIA, radiotelegrafista z Leszna, sierżant sztabowy Zenon Celegrat.

Poznań, 2014

Rozdział 1

„Dragon Lady"

Grillowane kiełbaski pachną apetycznie, gdy przedzieramy się przez krzaki, którymi zarasta 31. dywizjon rakietowy Obrony Powietrznej w Czołowie niedaleko Kórnika. Widzimy drogę z betonowych płyt, dwa budynki koszarowe straszące dziurami po wyrwanych drzwiach i oknach, warsztaty, kotłownie, wielkie żelbetonowe schrony, wały ziemne, miejsca, w których stały kabiny zestawu rakietowego ziemia–powietrze SA-75 Dwina. Las powoli, ale systematycznie, przejmuje teren porzucony przez żołnierzy w 1998 roku.

Przed grillami tłoczą się paintballowcy ubabrani niebieską farbą. Za drzewem, blisko wejścia do strefy B, stoi największy grill z tłustymi płatami karkówki. W kolejce z trzydziestu chłopa w kombinezonach moro. Gdyby nie plastikowe osłony na twarz, osunięte teraz na szyje, wyglądaliby jak funkcjonariusze Berkutu. Szef imprezy, ze stanowiskiem dowodzenia przy dużym rozstawianym turystycznym stoliku, daje do zrozumienia, że tak jest tu niemal w każdą niedzielę. Właściciel byłej tajnej bazy wynajmuje teren amatorom wojny na niby.

Przyjechaliśmy nagrać krótki film o tej bazie. Wie pan, co tu było? – Jarek chce krótko wytłumaczyć cel naszej wizyty.

– Oczywiście. To jest dywizjon wojsk OPK – herszt paintballowców deklamuje historię rewolucyjnego uzbrojenia, które przyjechało w latach sześćdziesiątych do podkórnickiego lasu z ZSRR. – Lepiej nie wchodźcie do bunkrów. Bez masek stracicie oko.

W niedzielę można bezkarnie penetrować schrony dywizjonu, jeśli nie trafi się na linię ognia broni na kulki z farbą. Gdy przyjechaliśmy tu z Jarkiem w tygodniu, zatrzymał nas leśniczy i chciał wypisać mandat za wjazd do lasu. Na szczęście puścił nas. Na tylnym siedzeniu zobaczył rozłożone kserokopie akt z Instytutu Pamięci Narodowej. Może myślał, że jesteśmy z jakiegoś ABW?

> W dniu 4 listopada 1968 roku w godzinach wieczornych pod obiekt JW [jednostka wojskowa – autorzy] w Czołowie przyszła nieznana dziewczyna w towarzystwie nieznanego chłopaka i domagała się widzenia z jednym z żołnierzy tej jednostki[4].

Rok 1968. Od czterech lat dywizjon pełnił już regularne dyżury bojowe. Przeciwlotnicze Zestawy Rakietowe SA-75 Dwina mogły zestrzelić każdy niezidentyfikowany samolot nad Poznaniem. Mogły, ale nigdy nie zestrzeliły. Żołnierze takich dywizjonów jak ten w Czołowie na szczęście strzelali jedynie do ruchomych

---

[4] Archiwum Oddziału Instytutu Pamięci Narodowej w Poznaniu [dalej IPN PO], 003/548, t. 3.

celów na poligonie w Aszułuku w ZSRR, gdzieś niedaleko Astrachania, Achtubińska i miasta Charabali. Ćwiczenia organizowano co najmniej raz na cztery lata. Organizatorzy robili wszystko, by stworzyć autentyczne warunki pola walki. Na poligon przyjeżdżały załogi dywizjonów z krajów całego Układu Warszawskiego. Musiały być cyklicznie sprawdzane na realnym placu boju. Oczywiście, jeśli poligon można nazwać realnym placem boju. Nikt z żołnierzy nie wiedział, kiedy zostanie wysłany na prawdziwą wojnę. Rakiety zestawów Dźwina niszczyły cele w Wietnamie[5] (1964-1975) i na Bliskim Wschodzie (wojna Jom Kippur, 1973). Poligon w Arszłuku to nie były żarty. Tu sprawdzano taktykę działań i wykorzystanie bojowe sprzętu. Instruktorami byli oficerowie sowieccy, którzy przeżyli ataki na stanowiska S-75[6] na prawdziwych wojnach. W powietrze

---

5 Według danych sowieckich pod koniec 1965 roku zestrzelono dziewięćdziesiąt samolotów. Według danych amerykańskich trzynaście maszyn.

6 Amerykanie od roku 1966 stosowali pociski przeciwradiolokacyjne AGM 45 Shrike przenoszone na samolotach F4 Phantom. Nastąpił przełom i zestawy S-75 nie mogły już bezkarnie ostrzeliwać amerykańskich samolotów dokonujących nalotów na Wietnam Północny. Same stały się celem, dlatego tak ważne były regularne pobyty na poligonie w Arszłuku. Polacy opracowali taktykę „manewrowości" dywizjonami. Z założenia były one stacjonarne, czyli miały stałe miejsce postoju. Można je było łatwo unieszkodliwić w przypadku uprzedzającego nalotu. Po doświadczeniach w Wietnamie i na Bliskim Wschodzie, w Polsce oficerowie wojsk OPK wprowadzili usprawnienia w funkcjonowaniu tych jednostek, tworząc zapasowe stanowiska ogniowe, dokonując dyslokacji, przebazowań itp. w celu poprawienia mobilności dywizjonu.

Rakieta zestawu PZR SA-75 Dwina. Takie zestawy strzegły przestrzeni powietrznej między innymi nad Poznaniem. Były postrachem amerykańskich pilotów w Wietnamie Północnym (fot. Jarosław Burchardt).

wzbijał się samolot cel, rakieta wyślizgiwała się ze stanowiska i niszczyła wrogą maszynę. Dzięki Bogu i przezorności operatorów nigdy w Polsce żadna z rakiet nie musiała tego robić.

Ekspertem w dziedzinie wojsk rakietowych jest pułkownik Zbigniew Przęzak, który redaguje stronę internetową „Wspomnienia i refleksje przeciwlotnika 1964-1998"[7]. Jest tam kompletna i dobrze udokumentowana historia nowoczesnej (czego nie można powiedzieć o dzisiejszej) obrony przeciwlotniczej Polski w latach sześćdziesiątych i siedemdziesiątych. Co prawda „made in ZSRR", ale przed rozkazem premiera

7 http://infowsparcie.net/wria [dostęp: 10 marca 2014].

Chruszczowa o wysłaniu do państw Układu Warszawskiego zestawów S-75, nieba na Polską strzegła artyleria. O zagrożeniu alarmowała obsługa wież obserwacyjnych rozmieszczonych przy granicy, uzbrojona w lornetki, polowy telefon na korbkę i kubek herbaty.

Pułkownik rzeczowo odpowiada na pytania.

Po pierwsze – o czym mało kto wie – historia zestawów Dźwina zaczęła się w Chinach tuż przed dziesiątą rocznicą utworzenia Chińskiej Republiki Ludowej. Kończył się 1958 rok. CIA wysyłała nad terytorium Chin i Związku Radzieckiego samoloty rozpoznawcze Martin RB-57D Canberra, oparte na konstrukcji lekkich bombowców Martin B-57 Canberra. Amerykanie produkowali je na brytyjskiej licencji. Dzięki dwóm silnikom turboodrzutowym wznosiły się na wysokość dwudziestu kilometrów. Robiły zdjęcia. Oficerowie obrony przeciwlotniczej fotografowanego kraju mogli co najwyżej siarczyście przekląć, widząc wrogie maszyny na ekranach radarów. Pociski artyleryjskie osiągały pułap zaledwie dziesięciu kilometrów.

W 1959 roku Pekin szykował się do obchodów dziesiątych narodzin republiki ludowej. Towarzysze byli dumni z osiągnięć komunistycznego państwa, które chciało zająć należne miejsce w świecie. Pięciolatka zmieniła krajobraz Chin. Postawiono na przemysł ciężki. Wielki głód, w czasie którego ludzie jedli szczury i wykopywali nieboszczyków na cmentarzach, by nakarmić dzieci, dopiero się zbliżał.

Wszystko szło dobrze, ale doradców Mao Zedonga drażniły przeloty amerykańskich maszyn na wysokich pułapach. Mao nie lubił Chruszczowa za krytykę Stalina. Chruszczow powiedział o Mao, że to „szaleniec na tronie". Panowie nie przepadali za sobą. W 1959 roku zerwali współpracę wojskową, ale zanim do tego doszło, Chińczycy poprosili o rozwiązanie problemu latających szpiegów. Rosjanie dostarczyli im w odpowiedzi zestawy Dźwina – pięć bojowych i jeden szkoleniowy. Pięciokabinowe zestawy były uzbrojone w rakiety 1D (W-750) i 11D (W-750W). Rakieta 1D niszczyła cele lecące na wysokościach od trzech do dwudziestu kilometrów na obszarze o promieniu trzydziestu kilometrów. Rakieta 11D mogła rozbijać maszyny lecące na wysokościach do dwudziestu siedmiu kilometrów. To tam, wysoko, bezkarnie czuli się piloci szpiedzy. Ostre zdjęcia z satelitów wywiadowczych szef CIA położy na biurku w gabinecie owalnym w Białym Domu za kilka lat. Wtedy, gdy Mao machał czerwoną chusteczką do tłumów w Pekinie, tajny program szpiegowania z kosmosu „Corona" zaliczał kolejne wpadki. A to rakieta nośna miała za mały ciąg i nie osiągnęła orbity, a to kapsuła z kliszą fotograficzną zamiast na Hawajach spadła w strefie podbiegunowej i nigdy jej nie znaleziono, a to zepsuł się podsystem optyczny. Zdarzało się, że satelita wchodził na orbitę pod takim kątem, że zdjęcia Ziemi można było wyrzucić do kosza. Dopiero od 1960 roku „Corona" działała jak należy. Nerwowy generał Curtis LeMay, zastępca dowódcy sztabu sił powietrznych, zwolennik ataku na Kubę, pojechał do zakładów Leckheeda, gdzie budowano „Coronę", i wziął sprawy w swoje ręce. Do czasu zaangażowania generała w sprawę satelitarnego podglądania najlepszym sposobem szpiegowania były samoloty.

Od połowy czerwca 1959 roku – jak pisze pułkownik Przęzak – „odbywało się intensywne zgrywanie dywizjonów i strzelania bojowe do celów powietrznych na pustyni Gobi”[8]. Podobno oficerowie radzieccy byli zaskoczeni zaangażowaniem i sumiennością chińskich załóg Dźwiny. Podziwiano również maskowanie dywizjonów. Żołnierze nie nosili mundurów. Miejscowym wmawiali, że szukają złóż naturalnych, a wyrzutnie to wierze wiertnicze poszukiwaczy złóż. Bazy musiały pozostać tajne, by amerykański wywiad nie zmienił kursów samolotów zwiadu.

Obchody dziesięciolecia Chińskiej Republiki Ludowej w Pekinie skończyły się 4 października 1959. Dzień później stacje radiolokacyjne stwierdziły naruszenie przestrzeni powietrznej Chin przez nieznany samolot w rejonie prowincji Fujian. W powietrze wzbiły się przechwytujące samoloty MiG-19. Obcy samolot leciał coraz wyżej. Osiągnął wysokość dwudziestu jeden kilometrów. Myśliwce Chińczyków mogły dolecieć do wysokości dziewiętnastu kilometrów. Wroga maszyna leciała w kierunku Pekinu. Czy pilot chciał ośmieszyć chiński rząd dzień po obchodach wielkiego jubileuszu? W Pekinie nie sprzątnięto jeszcze śladów wybuchów sztucznych ogni. W oknach powiewały czerwone flagi. Pięćset kilometrów przed stolicą samolot zmienił kurs i skiero-

---

[8] http://infowsparcie.net/wria/o_autorze/chrzest_boj_sa_2.html [dostęp: 10 marca 2014].

wał się na Szanghaj i Tajwan. Pierwsza myśl chińskich dowódców: pilot wie, że Pekinu bronią nowoczesne, radzieckie rakiety ziemia–powietrze.

Rankiem trzy dni później chińskie stacje radiolokacyjne znów namierzyły obcy samolot naruszający przestrzeń powietrzną. Maszyna była czterysta kilometrów od stolicy. Padł rozkaz wprowadzenia pełnej gotowości w dywizjonach rakietowych. Gdy szpiega dzieliło od Pekinu trzysta dwadzieścia kilometrów, chińskie dowództwo wydało rozkaz opuszczenia strefy ognia Dźwin pilotowi MiG-a-19. Minister Obrony Narodowej zapytał sowieckiego konsultanta, czy rakiety poradzą sobie z nieznanym obiektem. Pułkownik Wiktor Dmitrijewicz Slusar potwierdził. Minister wydał rozkaz zejścia rakiet ze stanowisk.

Stacje naprowadzania widziały cel na wysokości dwudziestu kilometrów i trzystu metrów. Gdy samolot był w odległości czterdziestu jeden kilometrów od dywizjonu II, dowódca tej jednostki, Yue Zhenhua, wydał komendę zniszczenia celu. Cztery minuty po godzinie dwunastej w południe wystartowała pierwsza rakieta. Pułkownik Slusar słyszał w słuchawce komendy Yue Zhenhuna: „Pierwsza – podryw!", „Druga – podryw!", „Trzecia – podryw!". I ostatnią, najważniejszą: „Cel zniszczony". Kilka sekund później obiekt zniknął z ekranów stacji radiolokacyjnej.

Chińczycy nie świętowali. Może nie dowierzali skuteczności swojej broni? Radziecki konsultant Slusar z chińskimi oficerami szybko pobiegł do śmigłowca Sztabu Generalnego. Maszyna poleciała w obszar, w którym został zestrzelony samolot wrogich sił powietrznych. Jego szczątki były rozrzucone w promieniu pięciu – sześciu kilometrów. Gołym okiem było widać, że rozpadł się jeszcze w powietrzu. Pułkownik Slusar nie miał wątpliwości, że zobaczył pozostałości amerykańskiej Canberry. Chińczycy długo oglądali to, co zostało z samolotu rozpoznawczego. Na trzech metrach kwadratowych fragmentu skrzydła znaleźli prawie dwa i pół tysiąca dziur. Te miejsca przeszyły odłamki ładunków, w które uzbrojone były rakiety SA-75.

Pilot zginął. Nie był Amerykaninem. Ying-Chin Wang miał 27 lat. Zabił go odłamek ładunku rakiety. Nie spodziewał się ataku nowej broni. Nie miał zielonego pojęcia o jej istnieniu. Nie zdążył się katapultować. Nieświadomy, że w jego kierunku lecą rakiety ziemia–powietrze, nie podał swojemu dowództwu przez radio komunikatu o niebezpieczeństwie. Nie skonstruowano jeszcze detektora opromieniowania samolotu przez samonaprowadzającą się radiolokacyjnie głowicę pocisku. Amerykanie nie przypuszczali, że Rosjanie stworzyli broń zwalczającą podniebnych szpiegów na wysokim pułapie.

Samolot wystartował z Tajwanu, wspieranego wówczas przez Stany Zjednoczone.

Oczywiście gazety nie napisały o sukcesie chińskiego II dywizjonu. Informacja była ściśle tajna. Im dłużej Amerykanie nie wiedzieli o zestawach Dźwina, tym dłużej ZSRR i ChRL zachowywały przewagę.

Tajwan szukał zaginionego samolotu. W końcu władze małej wysepki ogłosiły, że maszyna miała awarię i wpadła do morza. Chińska agencja prasowa odpowiedziała lakonicznym komunikatem, w którym stwierdzano, że samolot zwiadowczy został strącony siłami Armii Narodowowyzwoleńczej. Ambicja Chińczyków wzięła górę nad koniecznością utajnienia historycznego wydarzenia. Żadnych szczegółów nie podano.

Zbigniew Przęzak pisze, że radziecki oficer, który pomagał Chińczykom we wprowadzaniu zestawów Dźwina do służby, Wiktor Dmitrijewicz Slusar, został generałem majorem artylerii i jakiś czas temu był gościem chińskiej ambasady na Białorusi. Broniący Pekinu II dywizjon zestrzelił jeszcze cztery samoloty szpiegowskie, w tym trzy rewelacyjne amerykańskie U-2.

W roku 1964 Minister Obrony Narodowej Chin wydał rozkaz nadania dywizjonowi tytułu „Bohaterskiego Dywizjonu". W tym samym roku bazę odwiedził sam sekretarz Mao. Długo rozmawiał z dowódcą. Podobno powiedział, że Yue Zhenhuna za każdą zestrzeloną maszynę ma otrzymać gwiazdkę na pagony. To, że niewielkim dywizjonem wojsk przeciwlotniczych dowodził pułkownik, było w armii chińskiej ewenementem.

Chiny ujawniły szczegóły zestrzelenia Canberry dopiero w 1994 roku. Program lotów szpiegowskich RB-57D z Tajwanu zakończono w 1964 roku. Inżynierowie odkryli ślady zmęczenia materiału skrzydeł tych samolotów, które w konsekwencji wycofano ze służby. Zresztą Amerykanie posiadali już lepszy samolot szpiegowski – U-2. Duraluminiowa maszyna miała długie skrzydła, dzięki którym zachowywała się w stratosferze jak szybowiec. Pilot musiał latać w kombinezonie przypominającym strój kosmonauty. Na wypadek dekompresji pilot na godzinę przed startem oddychał powietrzem o zwiększonej ilości tlenu. Na pokładzie znajdowały się urządzenia fotograficzne, które widziały obiekty na ziemi, położone do czterystu osiemdziesięciu kilometrów w bok od U-2.

Piloci nazywali maszynę „Dragon Lady". „Żelazna Dama"[9] do dziś jest jednym z najtrudniejszych samolotów w pilotowaniu[10]. Nazwa U-2 pochodziła prawdopodobnie od amerykańskiego słowa *utility* – użyteczność. Oficjalnie był to samolot meteorologiczny NASA.

Zimnowojenna rola U-2 jest nie do przecenia. To obiektywy aparatów pokładowych „Żelaznej Damy" zobaczyły 5 sierpnia 1957 roku kosmodrom Bajkonur oraz rakiety na Kubie w 1962 roku. Maszyny – oczywiście zmodyfikowane i różniące się od prototypu oblatywanego w 1955 roku – służą armii amerykańskiej do dziś. Zwiadowcze, bezzałogowe RQ-4 Global Hawk wcale nie są lepsze[11]. Pewne jest natomiast, że ich użytkowanie jest droższe, co w czasach kryzysu może być ważnym argumentem dla amerykańskich kongresmenów konstruujących budżet na obronność. Przesuwają się kolejne daty planowanego przejścia zasłużonych „Że-

---

9 „Dragon Lady" powinno tłumaczyć się jako „smocza dama", ale w polskich książkach historycznych funkcjonuje nazwa „Żelazna Dama".

10 http://www.przeglad-tygodnik.pl/pl/artykul/ostatni-lot-u-2 [dostęp: 30 marca 2014].

11 http://www.altair.com.pl/news/view?news_id=6563 [dostęp: 30 marca 2014].

laznych Dam" na emeryturę[12]. To niewiarygodne, ale U-2 fotografowały niedawno Koreę Północną, talibów w Afganistanie i nafaszerowaną narkotykami Kolumbię. O U-2, ale przede wszystkim o nowych możliwościach radzieckiej obrony przeciwlotniczej, świat dowiedział się w czerwcu 1960 roku.

Już w czasach Stalina Amerykanie podglądali postęp zbrojeń na terytorium ZSRR. W komunistycznym państwie trudno było umieścić agentów. Pilni uczniowie towarzysza Dzierżyńskiego zachowywali daleko idącą czujność. W świecie Wielkiego Brata ciekawski szwędający się przed płotem bazy wojskowej mógł zwracać uwagę nawet dziecka w Moskwie.

Szpiedzy w przebraniu dyplomatów kończyli żywot na przejściu dla pieszych. Tylko z góry można było zobaczyć, co robi zimnowojenny wróg. Waszyngton był przerażony skąpymi co prawda, ale pewnymi informacjami o rozwoju radzieckiej broni atomowej.

Autorów programu szpiegowskiego ponosiła fantazja, bo maszyny zwiadu latały nawet nad Moskwą i Leningradem w komunistyczne święta państwowe. Ich widok musiał działać na kierownictwo ZSRR jak płachta na byka. Towarzysze nie mogli udowodnić społeczności międzynarodowej, że Amerykanie obserwują z nieba ojczyznę proletariatu. Nie było widać, do kogo należą samoloty szpiegowskie. Sowieckie gazety oczywiście milczały o nieproszonych podniebnych gościach. Oby-

---

[12] http://www.stripes.com/news/air-force-holds-off-on-retiring-famed-reconnaissance-plane-1.97796 [dostęp: 30 marca 2014].

watele państwa Rad żyli w przekonaniu, że ich wywodząca się z ludu władza dba o bezpieczeństwo ukochanej ojczyzny.

CIA szukało najzdolniejszych pilotów do prowadzenia lotów szpiegowskich. Takim niewątpliwie był zasłużony w wojnie koreańskiej, urodzony w 1929 roku Francis Gary Powers. Przeszkolono go w Nevadzie. Trafił do bazy w Turcji, do Incirlik. Latał wzdłuż granicy Turcji i ZSRR. W roku 1960 miał polecieć w głąb Związku Radzieckiego. Był to jego pierwszy lot w stratosferze, a dwudziesty czwarty w ogóle w historii lotów szpiegowskich na wielkich wysokościach. Trasa liczyła sześć tysięcy sto dziewięćdziesiąt kilometrów i wiodła z Peszawaru do Bodø w Norwegii. Czas realizacji zadania: dziewięć godzin. Cel: sfotografowanie lotnisk i instalacji wojskowych, szczególnie wyrzutni rakiet międzykontynentalnych ulokowanych w Kazachstanie. Widział je inny samolot U-2 lecący nad Związkiem Radzieckim 5 kwietnia. Rakiety spędzały sen z powiek prezydenta Dwighta Eisenhowera. Miał rozmawiać 16 maja w Paryżu z przywódcami mocarstw, między innymi z Chruszczowem, o odprężeniu zimnowojennych relacji. Gdyby amerykański przywódca wiedział, co się stanie 1 maja nad Swierdłowskiem...

Powers wsiadł do kabiny w kosmicznym skafandrze. Świtało. Zabrał ze sobą porządne amerykańskie śniadanie – jajka i wypieczony stek oraz – na wszelki wypadek – strzykawkę z trucizną, która mogła powalić konia. Pilot był spokojny. Tyle razy słyszał, że sowieckie myśliwce przechwytujące dolatują do wysokości ledwie dziewiętnastu kilometrów. Lot w strefie powietrznej ZSRR miał być kilkugodzinną „przejażdżką".

Maszyna pokonała granicę czerwonego mocarstwa w Tadżykistanie. Sowieckie radary natychmiast zobaczyły amerykańskiego intruza. Marszałek Rodion Malinowski o piątej rano chwycił za telefon i zameldował Chruszczowowi o obecności U-2 na sowieckim niebie. Pierwszy sekretarz i premier ZSRR zażądał zestrzelenia maszyny wszelkimi możliwymi sposobami. Malinowski dawno już wydał odpowiednie polecenia obronie przeciwlotniczej i uspokajał Chruszczowa żartem. Twierdził, że jeśli żołnierze wojsk przeciwlotniczych nie będą ziewać, szpieg nie runie na radziecką ziemię. Była to aluzja do wydarzeń z początku kwietnia, kiedy U-2 beztrosko przeleciał nad ZSRR, bo przeciwlotnicy zdrzemnęli się i za późno zaczęli szykować się do akcji.

Marszałek bardzo chciał, by 1 maja było świętem nie tylko pracy, ale służby dzielnych załóg dywizjonów. Armia Czerwona dopiero co otrzymała na uzbrojenie rakiety rażące cele na wysokości dwudziestu kilometrów nad ziemią. Czuł, że to będzie wielki dzień sowieckiej armii.

Pilot Powers zajadał jajka. Nie przypuszczał, że na dole osiągają gotowość bojową numer jeden rakiety ziemia–powietrze zestawów Dźwina dywizjonu ogniowego artylerii rakietowej OPK kapitana Michaiła Woronowa. O siódmej rano kapitana ze snu wyrwał dzwonek alarmowy. Był pewien, że to znowu ćwiczenia. Zaraz po ich zakończeniu chciał złożyć swoim żołnierzom pierwszomajowe życzenia. Na razie biegł na stanowisko bojowe i natychmiast zameldował pełną gotowość do otwarcia ognia.

Mijały długie minuty. Radiolokacyjna stacja wstępnego poszukiwania[13] niczego nie pokazywała. O ósmej trzydzieści na ekranie pojawił się wyraźny punkt. Kapitan posłał w jego kierunku pierwszą rakietę zestawu Dźwina. Jedne źródła mówią, że z wyrzutni zeszło osiem rakiet, inne, że aż czternaście. Ale to pierwsza rakieta uszkodziła „Żelazną Damę".

Pilot U-2 poczuł silny wstrząs. Oczy oślepiło pomarańczowe światło alarmu. Rakieta nie dotknęła maszyny, ale eksplodowała obok, wbijając metalowe odłamki w skrzydła i stery. Samolot powoli opadał. Powers upewnił się, że żyje i jest cały. Kochał życie i nie miał zamiaru korzystać z trucizny w strzykawce. Do dziś nie wyjaśniono, dlaczego nie zadziałał system automatycznego niszczenia szpiegowskiej maszyny w przypadku upolowania przez siły wroga. Być może pilot przed katapultowaniem zapomniał go uruchomić. Być może nie dowierzał, że niewielki ładunek wybuchowy zostanie odpalony z opóźnieniem, jak zapewniano go w czasie szkolenia.

Chruszczow odbierał defiladę na mauzoleum Lenina, gdy ktoś podszedł do niego i cicho zameldował o aresztowaniu amerykańskiego szpiega, który bezpiecznie wylądował na spadochronie, ewakuując się z trafionego U-2. Niestety, MiG-19 pilotowany przez

---

[13] RSWP – prawdopodobnie była to stacja typu P-8 lub P-12 standardowo używana w tych dywizjonach.

lejtnanta Siergieja Safronowa dostał się w obszar lotu rakiet. Eksplozja jednej z nich raniła lejtnanta. Pilot nie przeżył. Bohatersko zdążył jednak skierować maszynę w kierunku lasu, tak by nie runęła na domy.

Sowietom tak mocno zależało na złapaniu amerykańskiego samolotu szpiegowskiego, że kazano pilotowi nieuzbrojonego nowoczesnego SU-9 staranować intruza, gdyby rakiety nie zdołały strącić U-2. Była to straceńcza misja, pewna śmierć dla pilota. Na szczęście SU-9 był za wolny i nie dogonił „Żelaznej Damy".

Kierownictwo CIA było przekonane, że nawet jeśli pilot przeżył sam atak obrony przeciwlotniczej, to zrobił użytek z przygotowanej w bazie strzykawki z trucizną. Nerwowo szykowano komunikat o zaginięciu samolotu badającego atmosferę nad Turcją dla NASA.

Chruszczow 5 maja ogłosił zestrzelenie szpiegowskiej maszyny i na konferencji w Paryżu ogłosił wszem i wobec, że to atak na próbę budowy porozumienia międzynarodowego. O Powersie przesłuchiwanym w Moskwie I sekretarz milczał. Amerykanie trzymali się wersji o zaginięciu samolotu badającego atmosferę, a jego wlot w sowiecką przestrzeń powietrzną tłumaczyli uszkodzeniem systemu dostarczania powietrza pilotowi. To autopilot miał skierować U-2 nad terytorium sowieckie. Ekipie prezydenta Eisenhowera wydawało się, że pośpiesznie wymalowane logo NASA na jednym z U-2 i przekazanie prasie zdjęcia zamknie sprawę, ale Chruszczow na posiedzeniu Rady Najwyższej 7 maja nie tylko pokazał fragmenty maszyny, ale również zdjęcia szpiegowskiego pokładowego aparatu fotograficznego, strzykawkę z trucizną, banknoty i złote zegarki oraz pierścionki na łapówki[14]. Chruszczow, w charakterystyczny dla siebie sposób, pytał: Czy tymi błyskotkami pilot chciał ozdobić kobiety na Marsie?

Prezydent USA nie zamierzał przepraszać ZSRR. Publicznie przyznał się do szpiegowania, co było pewnym ewenementem w dotychczasowej polityce, opierającej się na zasadzie, że to, co dotyczy bezpieczeństwa, jest ściśle tajne. Chruszczow zerwał konferencję w Paryżu. Zimna wojna znów zmroziła świat i pokrzyżowała polityczne plany amerykańskiego prezydenta. Dwight Eisenhower miał problem z sojusznikami. Nowo wybrany prezydent Francji Charles de Gaulle zapowiadał ograniczenie zaangażowania militarnego w NATO. Francuzi chcieli zbudować własne siły odstraszania. Brytyjski premier Harold Macmillan był trochę rozsądniejszy, ale Wielką Brytanię bolała odmowa pomocy ze strony USA w czasie konfliktu sueskiego, kiedy armia jej królewskiej mości, Francja i Izrael zaatakowały Egipt, aby przeciwstawić się nacjonalizacji Kanału Sueskiego.

Kompromitacja z 1 maja komplikowała delikatne stosunki Waszyngtonu z – jak to się dziś mówi – partnerami w Europie, ale sojusz przetrwał. Kubłem zimnej wody dla polityków wolnego świata była decyzja I sekretarza KPZR, który odwołał Eisenhowerowi zaproszenie do Moskwy. Gdy Harold Macmillan wyrażał swoje stanowisko w tej sprawie na posiedzeniu Zgromadzenia

---

[14] Wystąpienie dokładnie opisuje między innymi W. Taubman, *Chruszczow. Człowiek i epoka*, Wrocław 2012, s. 518-519.

Ogólnego ONZ, sowiecki przywódca zdjął but i walił nim w stół. Historycy nie mają pewności, czy było to w czasie przemówienia Macmillana, czy w czasie wystąpienia Lorenza Sumulonga z Filipin...

– Ciekawa historia – mówi pułkownik Adam Litwinowicz, który służył w latach siedemdziesiątych w kilku nadmorskich polskich dywizjonach, czekających na kolejnych Powersów. Starszy, dziarski pan z lekką łysiną w czasie rozmowy cały czas zaciera ręce. – Szpiegowskie samoloty krążyły przy naszych wodach terytorialnych. Piloci NATO ryzykowali. Gdyby wlecieli, to miałem prawo posłać na nich pocisk.

– Pocisk?

– Tak się mówiło na rakiety – tłumaczy Litwinowicz. – Słowo rakieta było tajne. Rakiety kojarzą się z atakowaniem, a my mieliśmy bronić. Byliśmy obozem pokoju.

– Coś fotografowali?

– Gdzie tam. Namierzali nasze stacje radiolokacyjne. Gdy ja służyłem w Dźwirzynie, to Zachód wszystko już wiedział. Nasze Dźwiny znali na wylot. Przecież widzieli je w Wietnamie. Ale cały czas latali. Do końca komuny.

– Kadra interesowała się polityką?

– Kadra myślała o tym, żeby najlepiej wykonać zadanie. To była dla nas pasja. Służyliśmy Polsce i nawet ci, którzy należeli do partii, mieli w dupie zimną wojnę. W wojsku nikt nie garnął się do PZPR. Partyjnym zostawało się po to, by awansować. Ale taki zawodowy podoficer nie myślał o karierze generała. Chciał zarobić na wakacje dla dzieci i na kieckę dla żony, napić się wódki w sobotę i nie zmieniłaby tego ani „Trybuna Ludu", ani Dziennik Telewizyjny. Pamiętam, jak żołnierze musieli obowiązkowo oglądać Dziennik. Gapili się w to jak woły na malowane wrota. Ta historia z Chruszczowem ładnie brzmi i pewnie zainteresuje pana czytelników, ale ma się do naszej służby jak ... – oficer szuka odpowiednio mocnego porównania, ale rozmowę przerywa nam żona. Czas łyknąć lek na cukrzycę.

Inny oficer, który prosi, by nie podawać jego nazwiska, również związany z wojskami rakietowymi, opowiada, że wyszkolenie specjalisty, który mógłby służyć w dywizjonie, trwało zbyt długo, by kogokolwiek karać z powodów politycznych.

– Byliśmy najlepsi w naszym fachu i mogę śmiało powiedzieć, że w całej armii – mówi oficer.

– Służyliście Polsce?

– A komu? – denerwuje się mój rozmówca. – Mieliśmy do Ruskich strzelać? Taka była geopolityka. Ani pan, ani IPN tego nie zmieni. Gdy umarł generał Wojciech Jaruzelski, spotkaliśmy się u kolegi na działce i oddaliśmy hołd temu wielkiemu Polakowi.

– Słyszał pan pułkownik o komisji Rokity, która zbadała prawie sto przypadków tajemniczych śmierci opozycjonistów i księży w latach osiemdziesiątych? O grupie „D" w IV departamencie? Jaruzelski to tolerował.

– Widzę, że pan mówi jak ci mędrcy z Warszawy.

Inaczej do sprawy podchodzi major Tomasz Klimczyk ze Śląska.

– Zaczynałem od służby w dywizjonach OPK. Potem mnie przenieśli do administracji. Nie będę się rozwodził za co – major opowiada, głośno oddychając. – Przecież każdy rozgarnięty oficer wiedział, że nasz „przyjaciel" ze Wschodu wysysa z Polski to, co najlepsze. Koledzy cichcem jeździli pomodlić się do Częstochowy. Słuchałem Wolnej Europy. Myślę, że inni też słuchali. Wojsko Polskie to nie była armia trepów jak to się maluje w mediach. Zawsze kochałem wojsko. Innego nie było jak ludowe. Gdzie miałem służyć? Tak to się w Polsce wszystko pozamazywało. Źli stają się dobrymi, a dobrzy złymi. Proszę pamiętać, że w Polsce żaden gensek nie walił obcasem buta w stół – podkreśla mój rozmówca.

Klimczyka zachwyca polska moda na historię i literaturę faktu. Zaczytuje się w kolorowych magazynach historycznych.

– O lotach szpiegowskich i Chruszczowie sporo czytałem. Wie pan, że za jego czasów ZSRR wypowiedziała wojnę własnemu narodowi? Polecam panu *Tajną wojnę Chruszczowa*. Proszę przeczytać i zadzwonić. Porozmawiamy dalej.

W dniu 8 lutego 1955 roku brytyjski ambasador sir William Hayter prawie spadł z krzesła w loży dyplomatycznej w siedzibie fasadowego parlamentu ZSRR – Rady Najwyższej. Rada była maszynką do głosowania, która najpierw długo gadała o niczym, międliła tematy dawno już przedyskutowane w partii, a na koniec ujmowała widzów w galeriach widokiem lasu podniesionych tysiąca trzystu rąk[15].

---

[15] A. Fursenko, T. Naftali, *Tajna wojna Chruszczowa*, Warszawa 2007, s. 11-23.

Ambasadorowie słuchali długich obrad, a potem pisali sprawozdania i raporty na podstawie których próbowano zmierzyć polityczną temperaturę imperium. W najwyższych władzach państwowych komunistycznego molocha Amerykanie nie mieli szpiegów. Niewiele wiedziano o przepychankach na Kremlu, gdzie po śmierci Stalina rządziła trojka, czyli premier Malenkow, I sekretarz Chruszczow oraz minister spraw zagranicznych Mołotow.

Gdy 8 lutego 1955 roku na mównicę wdrapał się biurokrata Wołkow i odczytał oświadczenie premiera Malenkowa, Hayter przecierał oczy ze zdziwienia. Dziwna sprawa – pomyślał ambasador brytyjski. Premier nie przyszedł stanąć przed Radą Najwyższą? Wołkow przeczytał z kartki, że Gieorgij Malenkow bierze na siebie całą odpowiedzialność za problemy w rolnictwie, które nie wyżywiło narodu. Bez debaty maszynka do głosowania przyjęła dymisję Malenkowa. Po obiedzie delegaci namaścili na premiera pięćdziesięciodziewięcioletniego ministra obrony narodowej, alkoholika, marszałka Nikołaja Bułganina. Nikt nie wiedział, że za zmianą kierownictwa w rządzie stoi rubaszny i głośny Nikita Siergiejewicz, którego drażniła niezależność premiera Malenkowa.

Zachód lubił Malenkowa. To on powiedział głośno, że Sowieci nie są w stanie zmierzyć się z Amerykanami w wojnie jądrowej, podważając w ten sposób wcześniejsze twierdzenia Stalina. To Malenkow sprawił, że Chiny uznały zawieszenie broni w wojnie koreańskiej. To on stawiał na produkcję dóbr konsumpcyjnych, aby robotnikom i chłopom żyło się lepiej. To on rozumiał, że liczy się nie produkcja, ale produktywność. To on sceptycznie odnosił się do gospodarki centralnie planowanej. To on podniósł ceny w skupach i obniżył podatek na prywatne grunty rolne. To Malenkow oderwał rząd od administracji partyjnej. Tymczasem Chruszczow chciał, by tysiące młodych komunistów uprawiało dziewicze ziemie na zachodzie Syberii, nad Wołgą i w Kazachstanie. Ten jeden jaskrawy przykład pokazuje różnice między towarzyszami.

Prezydent Eisenhower na wieść, że premierem ZSRR został marszałek Armii Czerwonej, powiedział: „Gdy się jest wojskowym i zna te niszczycielskie bronie, zwykle zostaje się większym pacyfistą niż przeciętny człowiek". Problem w tym, że nowy premier alkoholik był narzędziem. Chruszczow pochował ideę kolektywnego zarządzania komunistycznym państwem na wieki wieków amen.

Chruszczow, nowy dyktator, nie wyrzucił Malenkowa z Politbiura. To najważniejsze kierownicze ciało nadal podejmowało decyzje w głosowaniu. Malenkow mógł się przydać w przegłosowywaniu ambitnego Mołotowa, który grał w tej samej orkiestrze pod batutą towarzysza Nikity, ale lubił też wykonywać partie solowe.

Chcielibyśmy pokazać, że w czasie rządów Chruszczowa działy się w Związku Radzieckim rzeczy równie okropne jak za Stalina, i że Sowieci byli gotowi na III wojnę światową. Ćwiczono użycie broni atomowej na żywych ludziach. We wrześniu 1954 roku „o godzinie dziewiątej pięćdziesiąt trzy na wchodzącym w skład

Południowouralskiego Okręgu Wojskowego poligonie pod Tockoje bombowiec strategiczny TU-4 zrzucił bombę A z pułapu 13 kilometrów. Jej moc wybuchu to ekwiwalent 40 kiloton trotylu, zatem równoważna siła eksplozji w Hiroszimie i Nagasaki razem wziętych. Wybuch ładunku nastąpił w atmosferze, na wysokości 350 metrów"[16].

To była wojna wypowiedziana własnemu narodowi tylko po to, by sprawdzić, jak broń jądrowa oddziałuje na ludzi. Opis tych ćwiczeń, które przedstawia Wiktor Suworow, przyprawia o dreszcz.

Bomba „A" eksplodowała 14 września 1954 roku, a 17 września agencja TASS poinformowała, że „zgodnie z planem prac naukowo-badawczych i eksperymentalnych, na terytorium Związku Radzieckiego przeprowadzono próbę jednego z rodzajów broni jądrowej. Celem próby było zbadanie przebiegu wybuchu atomowego. Doświadczenie dało cenne rezultaty, które pomogą naukowcom i inżynierom pomyślnie rozwiązać zadania z zakresu obrony przed atakiem nuklearnym".

Na materiałach filmowych ujawnionych w latach dziewięćdziesiątych widać, że bomba nie była prototypem. Produkowano ją seryjnie. Zatem ZSRR miał w 1954 roku arsenał atomowy. Zrobiło to ogromne wrażenie na generałach z NATO. Sowieci rozpoczęli prace nad bronią jądrową w 1939 roku, ale dopiero po Hiroszimie powołali Komitet do spraw Bomby Atomowej, którym kie-

---

[16] Pełen opis w książce Wiktora Suworowa, *Cień zwycięstwa*, Poznań 2009.

rował Ławrientij Beria. Na filmie widać, jak do okopów wprowadzane są owce. Na poligon przywieziono kilkadziesiąt tysięcy zwierząt domowych i dzikich. W ćwiczeniach brało udział tysiąc dwieście czołgów, pięćset dział, sześć tysięcy pojazdów i trzysta dwadzieścia samolotów. Wśród żołnierzy był Kazimierz Tatur z Koła w Wielkopolsce. Wspomina, że na czas manewrów żołnierze włożyli pasy ze skóry. Na co dzień nosili parciane. Ten szczegół utkwił w jego pamięci.

Na poligonie tockim stworzono linię obrony wroga. Bogu ducha winni czerwonoarmiści odgrywali rolę żołnierzy brytyjskich, zachodnioniemieckich i amerykańskich. Suworow szacuje, że na poligon przywieziono czterdzieści pięć tysięcy młodych, zdrowych chłopaków, których wpakowano w okopy i schrony. Po eksplozji mieli zatrzymać atak drugiej grupy żołnierzy biorących udział w ćwiczeniach. Wyłom w linii obrony miał zostać zamknięty.

Opis ćwiczeń przytacza Józef Szaniawski w książce *Pułkownik Kukliński – tajna misja*[17].

> Wokół panowała przerażająca cisza. Świeciło słońce, zarośla leciutko kołysały się na wietrze. Gdzieś wysoko leciał samolot z bombą atomową. [...] Wreszcie jest sygnał do ataku. Pierwsze, co rzuciło się w oczy po wyjściu z podziemnych schronów, to ogromny na pół nieba obłok. Od spodu popychał go huczący purpurowy płomień.

---

[17] Józef Szaniawski, *Samotna misja, pułkownik Kukliński i zimna wojna*, Warszawa – Chicago 2003, s. 35-40.

który zmieniał barwę, stawał się malinowy, mniej jaskrawy – wszystko kłębiło się, podnosiło wyżej, ciągnąc za sobą, zasysając z ziemi słup kurzu. Przerażało jeszcze jedno: nie do poznania zmieniła się położona przed nami okolica. Ziemia była równa, obsypana kamieniami, jakby zorana. Gdzieniegdzie stopiona, jakby zastygła. Gdzieniegdzie dymiła. Nie było żadnych roślin ani niczego innego. [...] I rzecz nieoczekiwana: licznik Geigera prawie nie reaguje na promieniowanie. Dowódca plutonu czołgów ze strachem donosi przez radio: sprzęt jest niesprawny. To samo z innymi czujnikami. [...] Po drodze, bliżej epicentrum, widziano kilka czołgów, również ciężkich. Niektóre z nich roztopiły się i jakby osiadły na ziemi, inne leżały gąsienicami do góry, odrzucone na kilkadziesiąt metrów. Wybuch obejmował całe wzgórza.

Jeden z żołnierzy tak wspominał 14 września 1953 roku:

Naraz poczułem na szyi, przez niedopiętą maskę, lekkie i ciepłe muśnięcie. Podobne odczucie ma się na plaży, gdy słońce schowało się na chwilę, wychodząc zza chmur. Zrozumiałem, że wybuch już nastąpił. Po kilku chwilach dotarła do nas fala akustyczna. [...] Przeszedł podmuch uderzenia, a ja wydałem pozycjom obrony komendę [...] i wyskoczyłem z okopu. Wysoko, nad głową, w której buzował jeszcze płomień, wznosił się ku niebu kolosalny, niesamowity obłok. Grzyb podobny był do tego ze zdjęć, lecz ileż on wydzielał złej mocy. Jakie przerażenie wywołał w umyśle naocznego świadka! [...] Tego, co zobaczyliśmy nie da się opowiedzieć słowami i nie mieści się to w głowie, nie można się do tego przyzwyczaić ani tego zapomnieć. [...] Bliżej epicentrum cały las zamieniony był w drzazgi i drobne odłamki, jakie można zobaczyć na niektórych porębach. I wreszcie – ciemne i puste pole, zniwelowane jak plac budowy, z roztopioną powierzchnią, z małymi otworami od spopielonych albo porwanych przez atomowy huragan drzew. [...] Na roztopionym gruncie poniewierały się zerwane wieże czołgowe, postawione na sztorc jak pudełka zapałek, kadłuby czołgów, powyginane lawety dział, powiązane w wymyślne węzły lufy armatnie, pomięte jak stare chusteczki do nosa kadłuby transporterów opancerzonych i karoserie samochodów. [...] Co krok w okopach i na otwartym polu można było spotkać skazane na atomową rzeź krowy, owce i inne zwierzęta domowe. Jedne jeszcze stały i żuły trawę, innym wypłynęły oczy i tliła się sierść. [...]

Na ludziach wychowanych na katastrofie w Czarnobylu ten opis może wywołać piorunujące wrażenie. Ale to nie koniec relacji z poligonu pod Tockoje. Michaił Arensburg z Łotwy pamięta piękny schron, który przypominał stację metra. Z dwudziestu dwóch uśmiechniętych saperów przeżył jeden.

Chociaż wybuch nastąpił nad ziemią i byliśmy tak daleko, i tak poczuliśmy jak przez jakąś chwilę ziemia pod nami się ruszała, jak fala na morzu. [...] Na naszych przyrządach zabrakło skali, przestały działać. Ku miejscu wybuchu runęły czołgi, rzucili się żołnierze, z okrzykiem

„Hura!". Wieże jednego z czołgów po wybuchu wyrzuciło aż na 150 metrów. [...] Wysocy urzędnicy wyjechali od razu po zakończeniu działań, dosłownie w ciągu kilku minut. Żadnych obiadów i uroczystych przemówień o umacnianiu pokoju na świecie. A na poligonie zostało nie tylko leżące zwałami bydło z oderwanymi kończynami i spalonymi bokami. Zostały tam też ludzkie trupy. Akcja zaplanowana była aż tak źle, że w czasie inscenizowanego natarcia czołgi często najeżdżały na namioty w krzakach, w których znajdowali się żołnierze. Naturalnie, że straty przemilczano. Wydaje się, że przede wszystkim chciano przeprowadzić doświadczenie na ludziach i zwierzętach.

Wkrótce Żukow został ministrem obrony ZSRR. Co z tysiącami ludzi? Dopiero w 1992 roku „Krasnaja zwiezda" napisała, że nie zapewniono odpowiedniego zabezpieczenia żołnierzy. Polska Agencja Prasowa w tym czasie informowała, że „z czterdziestu czterech tysięcy żołnierzy biorących udział manewrach na Uralu w 1954 roku przeżyło do dziś jedynie czterdzieści osób"[18].

Uczestnicy ćwiczeń wrócili do domów. Zgłaszali się do lekarzy przychodni rejonowych z krwawą biegunką. Pod karą więzienia nie mogli powiedzieć o ćwiczeniach i promieniowaniu. Lekarze zachodzili w głowę, co to za dziwna choroba. Ani to cholera, ani czerwonka. Do tego dochodziła jeszcze impotencja, która przyczyniła się do wielu rozwodów. O nowotworach strach pisać. Nawet

---

[18] Film: *Tajemnice Układu Warszawskiego – Broń atomowa w PRL-u*, reż. OTVP, Opole 2006.

jeśli któryś z żołnierzy powiedział felczerowi o ćwiczeniach, ten brał opowieść za zmyślone wariactwo. Przecież w papierach jak byk widniał wpis o służbie w strefie podbiegunowej, Dalekim Wschodzie lub Azji Środkowej.

Nie wiadomo, kto miał więcej szczęścia. Czy ci, którzy umierali na raka w objęciach żony i w otoczeniu dzieci, czy ci, którzy zaraz po eksperymencie trafili do obozów dla umierających w konwulsjach. Utworzono je na poligonie. Obozy otaczano zasiekami. W jednym wybuchł bunt, ale natychmiast został krwawo stłumiony.

Po latach uczestnicy ćwiczeń zaczęli domagać się odszkodowań i odpowiedniego leczenia. Urzędnicy żądali dokumentów potwierdzających udział w manewrach atomowych. Oczywiście nikt nie miał żadnych papierów. Żołnierze zostali zapomniani przez swoją ukochaną ojczyznę. Nie zapomniała o nich historia.

Tajny eksperyment nikogo niczego nie nauczył. Lekarze nie uczyli się pomagać napromieniowanym, chemicy nie uczyli się czyścić sprzętu wojskowego, a żołnierzom wiedza o skutkach ataku jądrowego nie była do niczego potrzebna, bo wydalono ich z wojska.

– Broń atomowa, do tego rakiety sterowane radarem. Teraz widzisz, że Sowieci szykowali się do wojny – mówi Jarosław Burchardt. – Przygotowaniom do trzeciej wojny światowej towarzyszyła wojna wywiadów.

Amerykańska prasa pisała o torturach, którym miano poddawać Powersa, ale dziś wiadomo, że Sowieci traktowali go po ludzku. Pilot nie był ani torturowany, ani nie wyprano mu mózgu. W Moskwie usłyszał wyrok trzech lat więzienia i siedmiu lat robót. W więzieniu, w miejscowości Władimir, znajduje się małe muzeum poświęcone wydarzeniom z 1 maja 1960 roku.

W 1962 roku w Berlinie mocarstwa wymieniły się więźniami. Rosjanie wydali Francisa Gary'ego Powersa za agenta Rudolfa Abla. W Stanach pilota czekała seria przesłuchań. Ojczyzna nie mogła zrozumieć, dlaczego nie oddał za nią życia. Całkiem niedawno ujawniono, że NSA, czyli Agencja Bezpieczeństwa Narodowego, miała dowody, że Powersa zestrzelono na wysokości dziewiętnastu kilometrów i ośmiuset metrów, a nie, jak utrzymywał pilot, dwudziestu jeden kilometrów. Świadczyły o tym zapisy radarowe. Coś w opowieści Powersa – nieelegancko mówiąc – śmierdziało. Ktoś puścił plotkę, że po zatrzymaniu pilot spędził noc na zabawie w Swierdłowsku. Wszystko jednak wskazuje na to, że NSA posługiwało się zapisem lotu zestrzelonego MiG-a lejtnanta Safranowa, a nie „Żelaznej Damy".

Pojawiło się wiele teorii spiskowych, związanych z zestrzeleniem nad Swierdłowskiem. Według jednych Powers dał się zestrzelić, aby nie dopuścić do odprężenia politycznego w Paryżu. Według innych dane o trasie lotu przekazał Moskwie niejaki Lee Harvey Oswald, który obsługiwał radar w amerykańskiej bazie lotniczej w Japonii. Ten sam Oswald został później oskarżony o zabicie prezydenta Kennedy'ego. Jedno jest pewne. Sowieci mieli w tym czasie szpiega w bazie NATO w Bodø w Norwegii, dokąd leciał Francis Gary Powers.

W końcu uznano, że pilot zestrzelonej nad Swierdłowskiem maszyny zachował się adekwatnie do sytuacji, ale nie pozwolono mu wrócić za stery ani w lotnictwie wojskowym, ani zwiadowczym. Powers podjął pracę w firmie Lockheed. Oblatywał samoloty. Odszedł z pracy, bo podobno dowiedział się, że pieniądze na jego wypłatę przekazuje CIA. Został dziennikarzem relacjonującym ruch na autostradzie z pokładu śmigłowca. Niedaleko Los Angeles 1 sierpnia 1977 roku maszyna spadła na ziemię z bardzo prozaicznego powodu: w śmigłowcu skończyło się paliwo. Powers zginął. Pochowano go z honorami na cmentarzu wojskowym w Arligton. Jego syn po latach odwiedził Moskwę i rozmawiał z konstruktorami zestawów Dwina. Francis Gary Powers jr. założył Muzeum Zimnej Wojny. Bronił dobrego imienia ojca.

– Dobrze go traktowali – mówi Powers jr., który prowadzi stronę internetową. Można do niego napisać. Powers jeździ po świecie i opowiada o tacie. – Proszę pamiętać, że było to sowieckie więzienie z lat sześćdziesiątych. Nie mieli klimatyzacji, telewizora, codziennego prysznica. Eisenhower bardzo się wstydził, jakby nie patrzeć, porażki Stanów Zjednoczonych.

W Muzeum Zimnej Wojny pracuje człowiek, który podkreśla, że za programem lotów szpiegowskich stoją cywile.

– Naukowcy z okolic Bostonu pracowali w think-tanku. Edwin Land, założyciel firmy Polaroid został szefem podzespołu pracującego nad urządzeniami szpiegowskimi. W projekcie pracował również laureat Nagrody Nobla Ed Purcell.

– A za co dostał nagrodę?

– Zdaje się, że za coś związanego z magnetyzmem.

Konkretnie za rozwinięcie metod precyzyjnych pomiarów magnetyzmu jądrowego.

– A jakim człowiekiem był twój ojciec? – pytam Powersa syna.

– Dżentelmen – odpowiada junior. – Jego uścisk dłoni był jak słowo honoru. Dotrzymywał umów. Kiedy coś obiecał, to ziemia mogła się zapaść, a nie odpuścił. Kochał samoloty. To była jego pasja. Ale nas też nigdy nie zaniedbywał. Lubił spędzać czas z rodziną. Zawsze mówił prawdę. Był szczery do bólu. Co prawda to jest jego obraz z perspektywy dziecka. Tata umarł, gdy miałem dwanaście lat. Pamiętam, że jeździłem z nim na ryby i bawiliśmy się w śniegu.

Francis Gary Powers jr. twierdzi, że po powrocie do USA ojciec czuł się dobrze. Podobnie czuł się Nikita Chruszczow, który na wieść o zestrzeleniu U-2 zacierał ręce z zadowolenia. Miał dowód szpiegowskiej działalności śmiertelnego wroga i skuteczną broń, która zamykała niebo nad ZSSR. Nie tylko nad ZSRR, ale całym Układem Warszawskim.

Dwiny przyjechały do Polski. Minister Obrony Narodowej PRL-u wydał dyrektywę numer 009/MON, w której czytamy, że „dla wzmocnienia obrony przeciwlotniczej obszaru kraju zostaje wprowadzone na wyposażenie Wojska Polskiego uzbrojenie rakietowe". Zestawy pojawiły się również w Czołowie, niedaleko Kórnika. Prężnie działa tam stowarzyszenie byłych żołnierzy jednostki. Jego prezesem jest podpułkownik Ryszard Grześkowiak, który zakładał bazę (bardzo nie lubi słowa „baza", ale sam go w rozmowie ze mną używa).

– Do jednostki przychodzili wyszkoleni fachowcy – mówi Grześkowiak. – Żołnierze mieli wykształcenie średnie techniczne, byli po szkołach młodszych specjalistów. Proszę sobie wyobrazić, że mieliśmy pięciominutową gotowość. Po piętnastu minutach rakiety musiały wystartować – dodaje pułkownik.

Przed stanem wojennym dywizjon w Czołowie odwiedziła delegacja sztabu Układu Warszawskiego: pułkownik czeski, podpułkownik z NRD, podpułkownik rosyjski i dwugwiazdkowy generał polski. Chcieli sprawdzić morale wojska.

– Polski generał gadał głupoty. Nie miał zielonego pojęcia o naszej pracy – śmieje się pułkownik Grześkowiak. – Zdziwił się, gdy powiedziałem mu o pięciominutowej gotowości. Powiedział: „Majorze, nie kpijcie ze mnie". Dowódca w tym momencie jednym zdaniem zarządził gotowość. Zanim dojechaliśmy samochodem na stanowiska ogniowe, wszystkie rakiety patrzyły w górę. Rosyjski podpułkownik podszedł do mnie i powiedział, że u nich takich głupców jak polski generał można liczyć na pęczki.

Dywizjonu przed atakiem samolotów lecących na niskich wysokościach chroniła bateria klasycznych automatycznych dział przeciwlotniczych 57 mm. Baterię obsługiwali rezerwiści, którzy mieszkali w promieniu pięciu kilometrów od Czołowa. W ciągu kilku godzin mieli się stawiać w jednostce na wezwanie. Co dwa lata bateria jechała na ćwiczenia do Mrzeżyna.

– Chłopaki spotykali mnie na ulicy i pytali, kiedy jedziemy na strzelanie – wspomina Ryszard Grześko-

PZR SA-75 Dwina. Rakiety można kupić w demobilu i postawić w ogrodzie (fot. Jarosław Burchardt).

wiak. – Mogli się urwać od baby, dzieciaków. Nad morze za darmo w lecie jechać. To byli fachmani.

Operatorzy wstępnego przeszukiwania widzieli niebo od Berlina po Warszawę. Od morza po Czechy. Nieraz myśliwce z Krzesin wzbijały się w powietrze i naprowadzały zbłąkany samolot pasażerski na korytarz. Zdarzało się, że wymuszały lądowanie niezidentyfikowanych samolotów na lotnisku w Krzesinach. Gdyby obca maszyna wyrwała się myśliwcom, dowódca z podziemnego połączonego stanowiska dowodzenia w Babkach pod Poznaniem mógł wydać rozkaz „o zejściu rakiety z wyrzutni". Tylko raz dywizjon mógł sam decydować o strzelaniu. Dowódca jednostki 13 grudnia 1981 roku otworzył zalakowaną kopertę. Był w niej jednozdaniowy rozkaz podpisany przez generała Wojciecha Jaruzelskiego: „Niebo nad Polską ma być czyste". Żołnierze mówią, że przez pierwsze tygodnie stanu wojennego nad Polską nie latały nawet jaskółki.

Obsługa dywizjonów, szczególnie tych rozmieszczonych nad polskim morzem, nie nudziła się. Codziennie nad Bałtykiem latały samoloty szpiegowskie NATO.

– Były to amerykańskie SR-71 Blackbird i Atlantyki – mówi pułkownik z Kórnika. – Latały na grubość linii na planszecie. Linii oddzielającej polskie wody terytorialne. Prowokowali naszą obronę rakietową.

Szpiegowskie maszyny miały za zadanie namierzyć polskie stacje radiolokacyjne. Wojna elektroniczna toczyła się całą dobę, cały tydzień. Bez przerw na święta.

Dźwiny były jedną wielką elektroniką. Miały tylko jedną podstawową wadę: rakiety można było wystrzelić ze stacjonarnych wyrzutni. W warunkach bojowych rozstawienie zestawu trwało do siedmiu godzin. Przed odpaleniem rakiety musiała się rozgrzać elektronika. Jedynie dywizjony z koszarami, schronami, budynkami zaopatrzenia, warsztatami i garażami mogły zapewnić stałe dyżury broni rakietowej. W wojsku nie ma nic gorszego niż rakieta przyspawana do jednego miejsca. Przeciwnik przed głównym atakiem niszczy znane mu bazy obrony przeciwlotniczej. Dlatego dywizjony uzbrojone w Dźwiny były najściślejszą tajemnicą państwową i wojskową. Nikt nie mógł wiedzieć o ich istnieniu. Bezpieka robiła wszystko, by ustalić, kto interesuje się dywizjonami ukrytymi w lasach. Służba Bezpieczeństwa prowadziła Sprawę Operacyjnego Rozpracowania „Motyle".

Rozdział 2

Kryptonim „Motyle"

Wieczorem 4 listopada 1968 roku przed bramę jednostki w Czołowie podeszła dziwnie wyglądająca para młodych ludzi. Ona – w białej bluzce i ciemnej spódnicy, jakby wyrwana z akademii szkolnej – szła pewnym krokiem w kierunku uzbrojonego po zęby wartownika. On nieśmiało kroczył za nią. Trzymał w ręku skórzaną kurtkę. Była noc. Zimno zwiastowało szybko mającą nadejść zimę. Jakby nigdy nic podeszli pod supertajny dywizjon rakietowy. Co robili w środku lasu?

Kapitan Zielewicz dosyć koślawym językiem w notatce służbowej adresowanej do Naczelnika Wydziału II Służby Bezpieczeństwa Komedy Wojewódzkiej MO w Poznaniu napisał, że „nieznana dziewczyna w towarzystwie nieznanego chłopaka domagała się widzenia z jednym z żołnierzy tej jednostki"[19].

„Dwójka" była cywilnym kontrwywiadem, zajmowała się szpiegami. Zakładał ją w 1944 roku pułkow-

[19] Wszystkie cytaty w tym rozdziale pochodzą z akt: IPN Po 003/549, t. 1; IPN Po 003/548, t. 3; IPN Po 003/548, t. 4; IPN Po 003/550; IPN Po 003/551; IPN Po 003/643, tom 1; IPN_Po_00_3_748 815/IV.

nik Roman Romkowski. To ten człowiek przesłuchiwał słynnego rotmistrza Pileckiego. Został skazany za torturowanie zatrzymanych na piętnaście lat więzienia[20].

„Trójka" zajmowała się opozycją, „czwórka" Kościołem, pion studiów – podziemiem solidarnościowym. Dokumenty wyprodukowane przez funkcjonariuszy tych wydziałów trafiają dziś na pierwsze strony gazet, ale po „dwójce", która osłaniała tajemnice PRL-u, między innymi dywizjony rakietowe, również zostało sporo ciekawych dokumentów rzucających światło na życie zwykłych obywateli PRL-u.

Służba Bezpieczeństwa widziała zagrożenie w dyplomatach podróżujących w okolicach dywizjonów OPK, ale również w grzybiarzach, listonoszach, dzieciach idących do szkoły, taksówkarzach i, oczywiście, w samych żołnierzach. Werbowano piekarzy, bufetowe, sklepikarki, pracowników GS-ów w miejscowościach sąsiadujących z dywizjonami, by wiedzieć, co dzieje się wokół jednostek i w samych jednostkach.

– Informacje musiały płynąć do Poznania na bieżąco – mówi Jarek Burchardt. – Czy ktoś podejrzany nie kręci się po, dajmy na to, Kórniku. Sprawdzano, czy obywatele miejscowości, w których znajdowały się dywizjony nie podróżują za granicę, czy nie mają rodziny na Zachodzie. Kto dostaje paczkę z Francji, kto zamawia rozmowę telefoniczną do Londynu, kto składa wniosek paszportowy, kto pisze list do cioci w Nowym Jorku.

---

[20] R. Terlecki, *Miecz i tarcza komunizmu, historia aparatu bezpieczeństwa w Polsce 1944–1990*, Kraków 2007, s. 369.

Radar kompanii radiotechnicznej w Babkach. Zdjęcie wykonał geodeta mierzący pole. Tłumaczył później oficerowi kontrwywiadu wojskowego, że sfotografował antenę z ciekawości.

Bezpieka wyprodukowała stosy papierów, z których wyłania się obyczajowy obraz społeczeństwa PRL-u.

Czytamy materiały z teczki sprawy operacyjnego rozpracowania „Motyle". Tym razem ślepej kurze (SB) trafiło się prawdziwe ziarno (być może szpieg). Młoda kobieta nie miała przy sobie dokumentów. Raz mówiła, że nazywa się Maria Bogacz i mieszka w Konarzewie w województwie opolskim, po chwili przedstawiała się jako Nina Chorbacz z adresem zamieszkania w miejscowości Karczów. Noc. Brama tajnej jednostki. Kobieta w towarzystwie młodego mężczyzny. Bez dokumentów.

Dziewczyna prosiła o widzenie ze starszym szeregowym Adamem Zdzisławem Muzykiem, który spał smacznie w budynku koszarów. Już dawno było po

Dzienniku Telewizyjnym, oglądanym co wieczór na rozkaz w świetlicy na parterze.

Co ciekawe, doszło do spotkania nieznajomej z żołnierzem. Zbudzono szeregowego Muzyka. Znał dziewczynę. Żołnierz wysłał młodych ludzi do swojego kolegi, mieszkającego tuż obok jednostki.

Oficer dyżurny nie zatrzymał pary do wyjaśnienia. Koniec lat sześćdziesiątych to nie były już czasy pułkownika Romana Romkowskiego. Zatrzymywać do wyjaśnienia mogła milicja, i to w uzasadnionych przypadkach. Na razie mieliśmy do czynienia z nieproszonymi gośćmi bez dokumentów. Poza tym nieraz zatrzymywano zbłąkanych w lesie turystów, amatorów jagód, grzybiarzy, kochanków. O zatrzymaniu robiło się w okolicy głośno, co oczywiście nie służyło sprawie tajnych baz. Kórnik był miejscowością turystyczną. Przecież to mogła być studentka historii sztuki, która przyjechała badać siedzibę Górków i Działyńskich – zamek Białej Damy.

Rano plutonowy zawodowy Józef R. postanowił wyjaśnić sprawę. Znał córkę mężczyzny, u której zatrzymała się podejrzana i jej kolega. Dowódca zgodził się, by R. pojechał porozmawiać z parą. Dziewczyny w mieszkaniu już nie było.

W notatce znalazł się jej rysopis:

> Ubrana w spódnicę czarnego koloru i białą bluzkę. Niskiego wzrostu. Lat około dwadzieścia, otyła, włosy rude kasztan, czesane w kok, buty białe niskie. Posiadała przy sobie czarną torebkę damską i czerwony worek turystyczny, w którym posiadała białe spodnie.

Czy zostawiła w Czołowie worek ze spodniami? Kompan dwudziestolatki zeznał później na posterunku w Kórniku, że jechał pociągiem do dziadka, do Poznania. W przedziale poznał kobietę w czarnej spódnicy i białej bluzce. Namówiła go, by wysiedli w Kórniku. Miała przy sobie mapę z zaznaczoną tajną bazą wojskową. Twierdziła, że zna jednego z żołnierzy.

> Ponadto na mapie tej miała oznaczone [...] miejsca stacjonowania innych jednostek wojskowych, m.in. w Jeleniej Górze, Nysie, Gubinie, Tarnowskich Górach, Opolu, Leśnicy Opolskiej, Wrocławiu i Zielonej Górze.

W czasie podróży do Kórnika dziewczyna zatrzymała się razem z przygodnie poznanym chłopakiem w Turawie. Pół dnia spędziła z pewnym żołnierzem, którego nazwiska przesłuchiwany nie znał. W przedziale zdążył wysłuchać historii życia Marii vel Niny. Jak zeznał – „miała trudną przeszłość". Uciekła z domu poprawczego w Leśnicy Opolskiej. Gdy miała pięć lat, straciła matkę. Ojca nie znała. Chorowała na kiłę. Przed przyjazdem do Wielkopolski ukradła ciotce tysiąc sześćset złotych.

Oczywiście przesłuchano szeregowego Adama Muzyka, do którego przyjechała dwudziestolatka. W czerwcu poznał dziewczynę w restauracji „Turystyczna". Spędził z nią dwa dni i niewykluczone, że jedną upojną noc.

Ślad po kobiecie – przynajmniej w aktach – urywa się. Nie wiadomo, czy udało się ją odnaleźć. Nie wiadomo, jakie konsekwencje poniósł szeregowy.

Zaraz za notatką opisującą historię rudej dziewczyny z kokiem znajdujemy pełen żalu pożółkły dokument z 1972 roku opisujący zachowanie grupy żołnierzy.

> W dniu 13.03.1972 roku w godzinach wieczornych w lokalu gastronomicznym „Turystyczna" w Kórniku przebywały trzy osoby wojskowe z J.W. w Czołowie w tym:
> - oficer w stopniu porucznika - nazwiska nie ustalono,
> - oficer w stopniu podporucznika w ubraniu cywilnym - nazwiska nie ustalono,
> - sierżant Zdzisław Dajm s. Marka, urodzony w 1946 roku zamieszkały w Kórniku w bloku wojskowym przy ulicy Staszica nr 1/16.

– Jarku, czyli ta jednostka nie była aż tak tajna, skoro oni mieszkali w Kórniku? – proszę Jarka o wyjaśnienie.

– Kadra miała mieszkania w Kórniku, bo gdzieś musiała mieszkać z żonami i dziećmi. W jednostce stacjonowali żołnierze służby zasadniczej i oni nie wystawiali stamtąd nosa. Bezpieka stwarzała atmosferę, która miała zniechęcić ludzi do zadawania pytań. Wszyscy wiedzieli, wszyscy się domyślali, ale nikt o tym nie mówił. A nawet jeśli mówił, to miał nie wiedzieć o czym.

> Wymienieni nadużywali alkoholu i zachowywali się bardzo głośno i nieprzyzwoicie - śpiewali piosenki i wypowiadali wulgarne słowa. Następnie około godziny 21.45 tego samego dnia udali się do „Baru-kawiarni" w Kórniku przy Niepodległości.

W „Turystycznej" i w „Barze-kawiarni" pracowali tajni współpracownicy. Mieli obserwować, czy ktoś obcy nie kręci się po mieście. Ktoś, kto mógł być szpiegiem. Ponieważ nikt taki się nie pojawiał, oczy i uszy TW zwróciły się w kierunku kadry, która po pełnym stresu, trwającym dwa tygodnie dyżurze bojowym chciała odreagować. Dla SB przydatne były nawet informacje o piciu piwa w barze. Kontrwywiad miał pewność, że TW czuwają. Oficerowie mieli też co pisać w aktach.

Oto meldunek sytuacyjny z 1972 roku:

> Sieć informacyjna na dzień sprawozdawczy wykorzystywana po zagadnieniu „Motyle" jest następująca:
> - tajnych współpracowników 5 – „Stanisław", „Andrzej", „Miś", „Leon" i „Roj". Jednego t.w. ps. „Wykładowca" przekazano do dalszego wykorzystania po pionie III z uwagi na przejście na rentę i braku możliwości współpracy po pionie II.
> - kontaktów obywatelskich – 28.
>
> W trzecim kwartale br. nie pozyskano T.W. Pozyskano natomiast 4 kontakty operacyjne.

Kontakt obywatelski to człowiek, który gdy czegoś się dowiedział, biegł do organów bezpieczeństwa i meldował o swoim odkryciu. Kontakt operacyjny natomiast to świadomy współpracownik tajnych służb. Jeśli podpisywał zobowiązanie do współpracy, stawał się tajnym współpracownikiem. Ale nie musiał tego robić.

Zaglądamy do jednego z meldunków.

Wypowiadali się negatywnie pod adresem funkcjonariuszy M.O. i ORMO w Kórniku, uważając ich za donosicieli do WSW.

WSW to Wojskowa Służba Wewnętrzna. Wojskowy kontrwywiad. Każdy dywizjon OPK miał swojego oficera WSW. Jego zadaniem było szukanie szpiegów oraz zwalczanie dywersji politycznej. Upijanie się w „Turystycznej" było niewątpliwie dywersją polityczną, tak jak kradzież mleka w Państwowym Gospodarstwie Rolnym mogła być próbą obalenia ustroju siłą.

Najbardziej aktywny w wulgarnych wypowiedziach i prowokacyjnym zachowaniu był sierżant Zdzisław Dajm, który wypowiedział się w następujący sposób: „w Kórniku rządzi wojsko i wszystkim innych mamy w d..., jestem Ukraińcem i mogę Wam tutaj Ukrainę zrobić".

Na pewno na Ukraińca doniósł współpracownik SB. Zwykły obywatel dzwoniący na milicję ze skargą na głośne zachowanie pijanych gości restauracji nie przekazywałby takich szczegółów jak imię i nazwisko oraz stopień zakłócającego spokój.

Szukałem Zdzisława Dajma w Kórniku. Mieszkał w bloku wojskowym przy ulicy Staszica. W bloku nikt o nim nie słyszał. Mieszkają w nim w większości młodzi ludzie.

Długo szukałem „Turystycznej". Jedni mieszkańcy Kórnika twierdzili, że „Turystyczna" była tam, gdzie teraz jest „Biała Dama", inni, że tam, gdzie nieistniejąca już

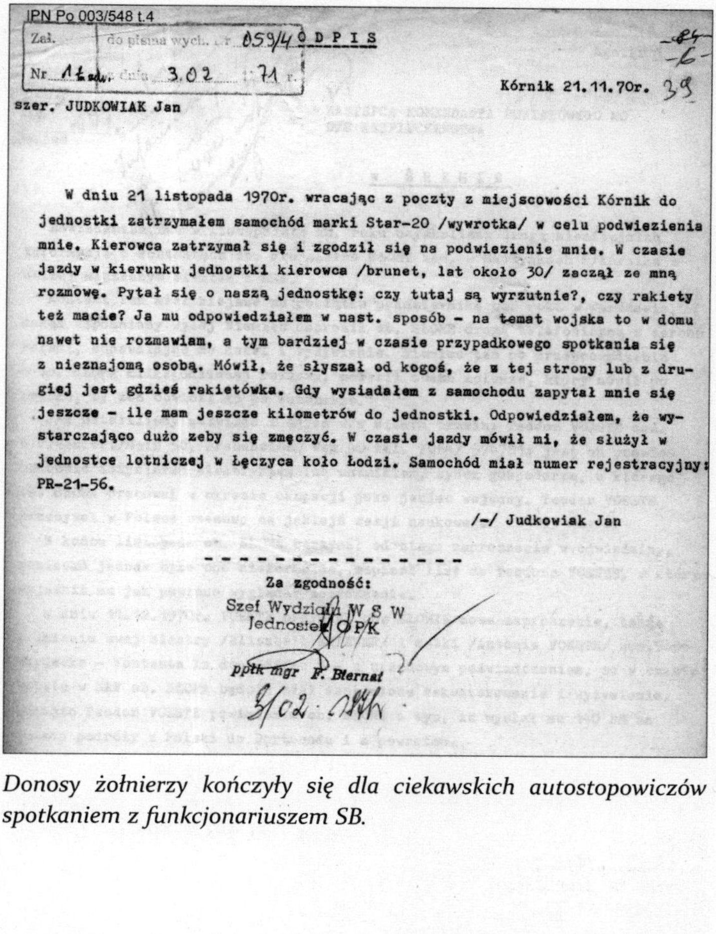

IPN Po 003/548 t.4

Zał. do pisma wych. nr 059/4 Nr 1 tajne z dnia 3.02.71 r.

ODPIS

Kórnik 21.11.70r.

szer. JUDKOWIAK Jan

W dniu 21 listopada 1970r. wracając z poczty z miejscowości Kórnik do jednostki zatrzymałem samochód marki Star-20 /wywrotka/ w celu podwiezienia mnie. Kierowca zatrzymał się i zgodził się na podwiezienie mnie. W czasie jazdy w kierunku jednostki kierowca /brunet, lat około 30/ zaczął ze mną rozmowę. Pytał się o naszą jednostkę: czy tutaj są wyrzutnie?, czy rakiety też macie? Ja mu odpowiedziałem w nast. sposób - na temat wojska to w domu nawet nie rozmawiam, a tym bardziej w czasie przypadkowego spotkania się z nieznajomą osobą. Mówił, że słyszał od kogoś, że z tej strony lub z drugiej jest gdzieś rakietówka. Gdy wysiadałem z samochodu zapytał mnie się jeszcze - ile mam jeszcze kilometrów do jednostki. Odpowiedziałem, że wystarczająco dużo zeby się zmęczyć. W czasie jazdy mówił mi, że służył w jednostce lotniczej w Łęczyca koło Łodzi. Samochód miał numer rejestracyjny: PR-21-56.

/-/ Judkowiak Jan

- - - - - - - - - - - - - - -

Za zgodność:
Szef Wydziału W S W
Jednostek OPK
ppłk mgr F. Biernat

3/02.1971

Donosy żołnierzy kończyły się dla ciekawskich autostopowiczów spotkaniem z funkcjonariuszem SB.

„Ratuszowa". Okazuje się, że „Turystyczną" była „Restauracja Kórnicka". Budynek wygląda na wzniesiony w latach pięćdziesiątych. Trzy duże sale, antyki, stare obrazy, zabytkowy telefon na ścianie, zakurzone łby dzików. Przed budynkiem kwiaty podlewała żona właściciela.

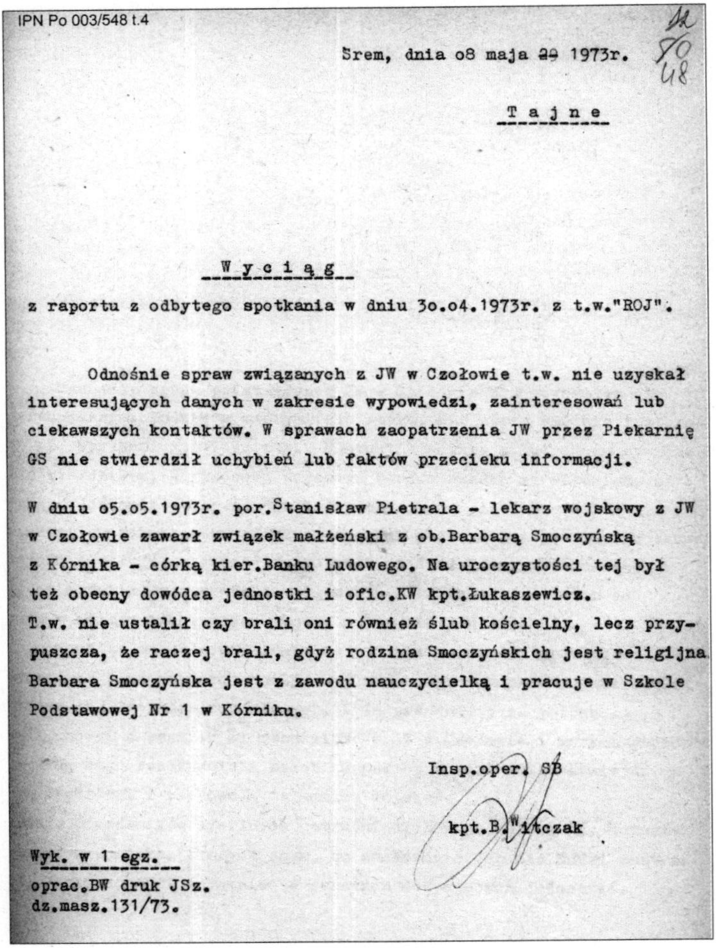

IPN Po 003/548 t.4

Śrem, dnia o8 maja 19 1973r.

T a j n e

W y c i ą g

z raportu z odbytego spotkania w dniu 3o.o4.1973r. z t.w."ROJ".

Odnośnie spraw związanych z JW w Czołowie t.w. nie uzyskał interesujących danych w zakresie wypowiedzi, zainteresowań lub ciekawszych kontaktów. W sprawach zaopatrzenia JW przez Piekarnię GS nie stwierdził uchybień lub faktów przecieku informacji.

W dniu o5.o5.1973r. por. Stanisław Pietrala - lekarz wojskowy z JW w Czołowie zawarł związek małżeński z ob.Barbarą Smoczyńską z Kórnika - córką kier.Banku Ludowego. Na uroczystości tej był też obecny dowódca jednostki i ofic.KW kpt.Łukaszewicz. T.w. nie ustalił czy brali oni również ślub kościelny, lecz przypuszcza, że raczej brali, gdyż rodzina Smoczyńskich jest religijna. Barbara Smoczyńska jest z zawodu nauczycielką i pracuje w Szkole Podstawowej Nr 1 w Kórniku.

Insp.oper. SB

kpt.B.Witczak

Wyk. w 1 egz.
oprac.BW druk JSz.
dz.masz.131/73.

Służbę Bezpieczeństwa interesowało życie prywatne oficerów jednostki w Czołowie.

▸•◂

Ja: Czy tu była „Turystyczna".

Żona właściciela: Tak, była. A co się stało?

Ja: Nic się nie stało. Przygotowujemy reportaż o żołnierzach z Czołowa.

Żona: Żołnierze tu nie przychodzili, ale kadra owszem. Jako dziecko przychodziłam tu do ciotki. Ale tu było wesoło.

Ja: Awantury?

Żona: Nie przypominam sobie.

Więcej pamięta właściciel lokalu.

Właściciel: Oni pili tu, ja jeździłem do jednostki pić.

Ja: Do tej tajnej?

Właściciel: Znałem dowódcę. Panie, tam były trzy płoty, zasieki, wartownicy z bronią. Pytał mnie ten polityczny, czy w Kórniku mówi się o jednostce. Ze mną nikt nie rozmawiał, bo widywali mnie na ulicy z tym dowódcą, więc nie mogłem mu pomóc.

Ja: SB pilnowała tego terenu?

Żona: Jaka SB?!

Mąż: Ja pamiętam. Miałem taką śmieszną sytuację. Przyjechał do Kórnika pewien Amerykanin. Poznał dziewczynę, chciał się żenić, ale musiał nagle wyjechać. Załatwiliśmy z adwokatem, że ja wezmę ślub za niego. Bez ślubu nie mogła wyjechać do Stanów.

Żona otwiera szeroko oczy. Mąż się śmieje.

Żona: Dzięki panu dużo się tutaj dowiem!

Mąż: SB się o wszystkim dowiedziała i nie dali jej paszportu. Oczywiście małżeństwo nie było skonsumowane. (śmieje się)

▸•◂

Z „Turystyczną" wiążą się całe kilometry akt. Autor tajnej notatki skarży się na niewłaściwe zabezpieczenie konspiracyjne ćwiczeń. Jeden z oficerów siedział ze znajomymi w „Turystycznej", kiedy do restauracji wpadł goniec, meldując, że w jednostce zarządzono alarm. Gońca słyszała cała restauracja.

Tajny współpracownik „Roj" 15 października 1973 roku poinformował, że w „Turystycznej" bawił się kapitan Gołąbek z małżeństwem Kowalczyków i rudym kierowcą Kaziem. Po kolacji urządzili sobie libację w mieszkaniu, w bloku wojskowym.

> W libacji tej miało brać udział osiem par. Wiem o tym dlatego, że Kowalczykowa była u moich znajomych: Wandy Piedziewicz i Teresy Kutrzeby i namawiała je, aby poszły na to przyjęcie. Wiem również, że kapitan Gołąbek adoruje Teresę Kutrzebę i pisze do niej listy. Gołąbek jest wdowcem, a dwoje jego dzieci wychowuje teściowa zamieszkała w Kórniku przy ulicy Wojska Polskiego.

Co przygody wesołego wdowca miały wspólnego z poszukiwaniem szpiegów? Być może informacja przekazana przez „Roja" uświadomiła oficerowi SB z Poznania, który czytał tę notatkę, że kadra w Czołowie bawi się przy alkoholu, więc pewnie papla o tajnej bazie na prawo i lewo. Wróg ludowego państwa może ciągnąć za języki. Informacje o bazie mogą żyć wśród mieszkańców swoim życiem i przeciekać za granicę. Co prawda po wojnie w Wietnamie budowa Dwin była dobrze znana NATO, ale nadal tajemnicą pozostawało samo usytuowanie dywizjonów.

„Roj" donosił dalej:

> W dniu 16 czerwca (niedziela) GS w Kórniku miał do rozładowania 2 wagony nawozów sztucznych. Nie mogli dostać do rozładowania żadnych ludzi. Zwrócili się do dowódcy JW w Czołowie, który skierował do tej pracy 6 ludzi z podoficerem. Rozładunek wagonów trwał od godziny 13.00 – 18.00. Przy rozładunku obecny był v-ce prezes GS, ob. Bajeczny. Był też obecny na stacji kolejowej t.w. który dowoził swoim samochodem napoje i wyżywienie dla tych żołnierzy. Rozmawiał z nimi podczas spożywania posiłku. O sprawach związanych z jednostką nic nie mówili. Żalili się tylko, że mają ograniczoną swobodę, że rzadko wychodzą na przepustki i że żyją w lesie jak zwierzaki. Za wykonaną przez nich pracę rozładunkową GS przekazał na konto JW pieniądze w wysokości 20 zł od tony.

Oficerowie cywilnego kontrwywiadu wiedzieli, gdzie zaopatrzeniowiec jednostki kupuje pieczywo i mięso, w jaki sposób składane są zamówienia, gdzie trzymane są rachunki, faktury, dokumenty „magazyn wydał", gdzie leżą kopie tych dokumentów, jak nazywają się pracownicy piekarni, masarni, gminnej spółdzielni, centrali ogrodniczej.

Wyżej wymienione osoby nie posiadają powiązań rodzinnych w krajach kapitalistycznych. Nie wyjeżdżały za granicę i nie były odwiedzane przez cudzoziemców.

SB odradzała wydania paszportu dziewczynie, której rodzice pracowali w tajnej jednostce. Być może piekarz sprzedający chleb do Czołowa też z tego powodu nigdy nie pojechał na wycieczkę do Francji.

Służbę Bezpieczeństwa niepokoiło niezabezpieczenie dokumentów zamówień. Były trzymane z innymi papierami. Pracownik masarni czy centrali warzywnej mógł łatwo ustalić, ile osób służy w jednostce. Kierownik Gminnej Spółdzielni przekonywał, że sprawa przechowywania dokumentów rozwiąże się sama, gdy GS otrzyma nowy budynek wraz z nowoczesną szafą pancerną.

Służbę Bezpieczeństwa interesowały też sprawy rodzinno-obyczajowe żołnierzy. „Roj" informował, że lekarz wojskowy jednostki ożenił się z córką kierownika banku, nauczycielką w podstawówce. Tajny współpracownik nie ustalił, czy para wzięła ślub kościelny, ale podejrzewał, że tak, bo rodzina panny młodej była bardzo religijna. Ze swoim podejrzeniem oczywiście dzielił się z oficerem prowadzącym.

Donosy „Roja" są bardzo szczegółowe. Mężczyzna obserwował również dowódcę dywizjonu.

Święto 30-lecia w tej jednostce odbyło się bez echa. W czwartek sierżant Sz. poza pieczywem normalnym brał 150 szt. pączków z okazji święta. Kadra oficerska nie miała żadnej zabawy – odłożono tę imprezę na późniejszy termin. W dniu 12.10.73 w godzinach 12.00 – 14.00 w lokalu Turystyczna w Kórniku przebywali dowódca JW ppłk. S. i major K. W towarzystwie ich przebywali Z. Kazimierz (kierownik szkoły [...]) oraz Wojciechowski Z. (właściciel zakładu fotograficznego). Konsumowali drób i pili koniaki. Rachunek wynoszący 380 zł płacił major K. Miałem możliwość przysiąść się do tego towarzystwa, lecz musiałem zrezygnować z uwagi na pilną sprawę służbową.

Szukam w Kórniku szefa zakładu fotograficznego. Zakład mieścił się przy Poznańskiej. Z. Wojciechowski nie żyje już wiele lat. Miał opinię niesłownego i niedokładnego fotografa.

Nie tylko „Roj" wykazywał się postawą obywatelską. Jeden z oficerów poinformował, że do syna, ucznia drugiej klasy szkoły podstawowej, przyszedł kolega z karteczką, na której zapisano tekst pierwszej spowiedzi świętej. Oddany Polsce kapitan poinformował starszego inspektora operacyjnego SB o tym, że podobne karteczki trafiły do oficerskich synów w całym bloku. Sprawę przekazano „czwórce".

– Kiedy czytałem tę historię, przypomniał mi się Pawlik Morozow, bohater bolszewickiej propagandy, który doniósł na ojca kułaka – mówi Jarosław Burchardt. – Tu donosi ojciec na innych ojców, ale jest w donoszeniu na kolegów z pracy, z którymi mieszka się w jednym bloku, coś mrocznego, niczym z lat trzydziestych.

Jak łatwo można było zostać rozpracowanym, niech świadczy historia kierowcy ciężarówki – wywrotki Star 20, który 21 listopada 1970 roku podwiózł do Kórnika autostopowicza. Okazał się nim żołnierz dywizjonu w Czołowie, starszy szeregowy, który po dotarciu do jednostki natychmiast złożył stosowny raport (donos).

> [Kierowca] zaczął ze mną rozmowę. Pytał się o naszą jednostkę: czy tutaj są wyrzutnie?, czy rakiety też macie? Ja mu odpowiedziałem w nast. sposób – na temat wojska w domu nawet nie rozmawiam, a tym bardziej w czasie przypadkowego spotkania z nieznajomą osobą. Mówił, że słyszał od kogoś, że z tej strony lub drugiej jest gdzieś rakietówka. Gdy wysiadłem z samochodu zapytał mnie jeszcze – ile mam jeszcze kilometrów do jednostki. Odpowiedziałem, że wystarczająco dużo, żeby się zmęczyć.

Autor raportu podaje rysopis kierowcy oraz numer rejestracyjny wywrotki. Służba Bezpieczeństwa ustala imię i nazwisko ciekawskiego, trzydziestoletniego bruneta, i zdobywa najważniejsze informacje o nim i jego rodzinie.

Okazuje się, że Stanisław N. (w dokumencie podana jest data urodzenia, imię i nazwisko rodziców) ukończył siedem klas szkoły podstawowej. Był zatrudniony w zajezdni Przedsiębiorstwa Transportowego Budownictwa Rolniczego w Śremie. Pełnił służbę wojskową w 13. Pułku Lotnictwa Taktycznego w Łęczycy. Jego rodzice byli we Francji w odwiedzinach u brata matki. W dokumencie widzimy paryski adres wuja. Tymczasem trzydziestoletni ciekawski brunet, wypełniając ankietę personalną w wojsku, postawił długą kreskę w rubryce „rodzina za granicą". Okłamał ludową ojczyznę. Notatka kończy się sformułowaniem, że „powyższe podaje się do wiadomości, ewentualnego wykorzystania". Oficer Służby Bezpieczeństwa mógł teraz zaprosić kierowcę Stara na rozmowę i przekonać go do współpracy. Kłamstwo w ankiecie personalnej? W Ludowym Wojsku Polskim? Mały haczyk wystarczył, by rozpocząć ewentualne działania operacyjne.

W styczniu 1974 roku w pobliże jednostki podjechała taksówka. Dowódca warty wysłał do lasu patrole. Jeden z nich zaczaił się przy drodze Kórnik – Rogalin. Żołnierz nie rozpoznał taksówki. Był pewien, że auto wiezie szpiega. Otworzył ogień. W kierunku taksówki poleciały naboje całego magazynku broni automatycznej. Na szczęście nadgorliwy wartownik chybił. Taksówkarz przyśpieszył i „szczęśliwie dojechał do Kórnika". Wiózł żołnierza, wracającego z przepustki. Szeregowy zdążył wcześniej wyjść z auta i pomaszerować w kierunku wartowni.

Dowódca jednostki ukarał nierozważnego strzelca. Wartownik, który wcześniej słyszał trzaski i szmery w lesie, był pewien, że to szpieg, i że po szpiega przyjechał samochód. Taksówkarza oficjalnie przeproszono.

Innym razem w nocy słyszano strzały. Dochodzenie wykazało, że pijany młody podoficer „strzelał z broni osobistej na wiwat".

Służba Bezpieczeństwa miała problem z nadleśniczym, który zaprosił dyplomatów na polowanie. Nadleśniczy zorientował się, kto z jego otoczenia doniósł o grupie dyplomatów wyprawiających się na odyńce. Kontakt operacyjny żalił się oficerowi SB, że nadleśniczy „traktuje go z dystansem". Starszy inspektor operacyjny

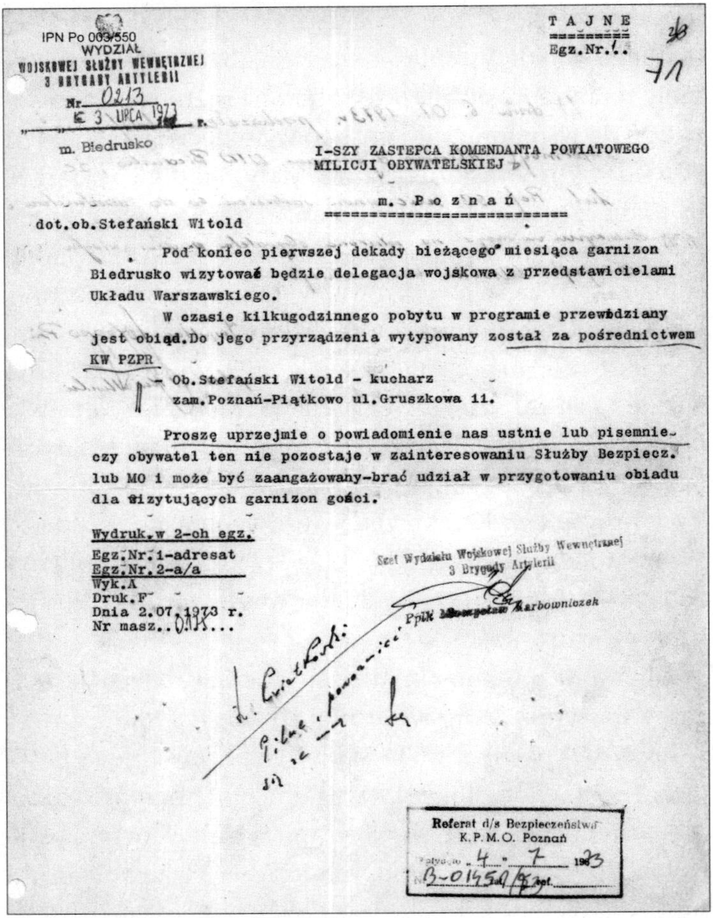

IPN Po 003/550
WYDZIAŁ
WOJSKOWEJ SŁUŻBY WEWNĘTRZNEJ
3 BRYGADY ARTYLERII
Nr 0213
3 LIPCA 1973 r.
m. Biedrusko

TAJNE
Egz. Nr. 1.

I-SZY ZASTEPCA KOMENDANTA POWIATOWEGO
MILICJI OBYWATELSKIEJ

m. P o z n a ń

dot. ob. Stefański Witold

Pod koniec pierwszej dekady bieżącego miesiąca garnizon Biedrusko wizytować będzie delegacja wojskowa z przedstawicielami Układu Warszawskiego.

W czasie kilkugodzinnego pobytu w programie przewidziany jest obiąd. Do jego przyrządzenia wytypowany został za pośrednictwem KW PZPR

– Ob. Stefański Witold – kucharz
zam. Poznań-Piątkowo ul. Gruszkowa 11.

Proszę uprzejmie o powiadomienie nas ustnie lub pisemnie czy obywatel ten nie pozostaje w zainteresowaniu Służby Bezpiecz. lub MO i może być zaangażowany-brać udział w przygotowaniu obiadu dla wizytujących garnizon gości.

Wydruk. w 2-oh egz.
Egz. Nr. 1-adresat
Egz. Nr. 2-a/a
Wyk. A
Druk. F
Dnia 2.07.1973 r.
Nr masz. 0115

Szef Wydziału Wojskowej Służby Wewnętrznej
3 Brygady Artylerii
Płk [signature] Karbowniczek

Referat d/s Bezpieczeństwa
K. P. M. O. Poznań
Wpłynęło 4.7.1973
B-01450/73

Kontrwywiad sprawdzał nawet kucharza, który miał ugotować obiad gościom z ZSRR.

w randze kapitana sugerował w dokumencie możliwość przeprowadzenia rozmowy ostrzegawczej z nadleśniczym lub usunięcie go z pracy.

To, co uderza w aktach sprawy „Motyle", to liczba dokumentów o niczym. Służba Bezpieczeństwa pisze, że w czasie wyjazdu sprzętu z lasu na ćwiczenia nic się nie wydarzyło. Szosą nikt nie jechał. Samochody poruszały się sprawnie. Nikt nie zaczepiał żołnierzy. Z okazji trzydziestej rocznicy powstania PRL-u żołnierze zjedli pączki. Pracownicy SB produkowali papiery na potęgę, by wykazywać się przed przełożonymi. Może w pączkach była trucizna?

Mrówczą pracę widać w papierach wymieniających, kto z obywateli mieszkających w okolicach dywizjonów miał rodzinę za granicą, kto otrzymywał paczki, kto wyjeżdżał na Zachód. Służba Bezpieczeństwa wiedziała, że w 1968 roku konduktorka rewizyjna „wyjechała do kuzyna we Francji", położna do siostry mieszkającej w Niemczech Zachodnich, a sprzątaczka z przedszkola dwukrotnie do matki, do Francji. Dodatkowo sprzątaczka dorabiała jako taksówkarka i jeździła w okolicach dywizjonu, co nie uszło uwagi oficerów.

Raporty są pełne charakterystyk ludzi mieszkających w sąsiedztwie dywizjonów. Tak oficer SB scharakteryzował obywatela Wincentego J. z Kowalewka, do którego przyjeżdżał młodszy brat z Belgii:

> Obywatel nie cieszy się dobrą opinią w zakładzie pracy, z tego względu, że jest znanym nałogowym pijakiem i bardzo często zmienia miejsce pracy.

Krawcowa ze Ślepuchowa zatrudniona w sklepie spożywczym w Żukowie w 1971 roku wyjechała do Francji.

> Według danych wywiadowczych wymieniona do PRL nie powróci z tego względu, że we Francji wyszła za mąż i tam już pozostanie.

Dla skromnej krawcowej SB musiała uruchomić sieć agentów, aby zdobyć „dane wywiadowcze". Było to kosztowne i czasochłonne. Pokazuje jednak, jak ważna była ochrona kontrwywiadowcza dywizjonów OPK.

W innym miejscu czytamy, że obywatel Teofil M., z zawodu monter telekomunikacyjny, zamieszkały w Murowanej Goślinie, gościł krewnych z Australii.

> Było to młode małżeństwo o nazwisku K., którzy przebywali w Murowanej Goślinie przez okres 3 dni. K. z zawodu jest kolejarzem, a jego żona modelką. [...] K. posiadał aparat fotograficzny, którym robił zdjęcia rodzinie M. [...] Nie stwierdzono, aby przebywali w rejonie dyslokacji jednostki wojskowej. Obywatel M. był długoletnim członkiem PZPR, lecz w 1971 roku skreślono go z listy członków partii za nieuczęszczanie i niecenzuralne wyrażanie się pod adresem odbywanych zebrań partyjnych.

Inspektor operacyjny Służby Bezpieczeństwa Komendy Powiatowej w Obornikach widzi potrzebę sprawdzenia stosunku „wspomnianych powyżej obywateli" do ustroju PRL-u, zaangażowania społeczno-politycznego i „posiadanych kontaktów z wojskiem".

Zaskakuje liczba obywateli PRL-u podróżujących do – jak określają to dokumenty – „krajów kapitalistycznych", ale taka była rzeczywistość lat sześćdziesiątych i siedemdziesiątych. Wojna rozdzieliła wiele polskich rodzin.

Można by w końcu zadać pytanie, po co cały ten kontrwywiadowczy spektakl, skoro SB zajmowała się życiem prywatnym żołnierzy i sprawdzaniem pracowników gminnych spółdzielni dostarczających jednostkom bułki i chleb. A jednak. Trafiamy na ślady działalności prawdziwych szpiegów. W miejscowości Nieczajna znajdował się dokładnie taki sam dywizjon jak w Kórniku. On też został objęty sprawą „Motyle". W jednej z notatek czytamy, że „rejon ten dwukrotnie był penetrowany przez pracowników konsulatu USA w Poznaniu, tj. 1963 i 1969 r."

> W poprzednich latach ujawniono dwa wypadki docierania pracowników wywiadu NRF do osób wyjeżdżających w odwiedziny do tego kraju, zamieszkałych w Murowanej Goślinie.

Znaleźliśmy też informację o tym, że w okolicach Obornik „w okresie analitycznym" stwierdzono dwadzieścia dziewięć przejazdów samochodów dyplomatycznych. Byli to pracownicy konsulatu amerykańskiego w Poznaniu, ambasady w Warszawie, przedstawicielstwa konsularno-handlowego w Hiszpanii, ambasady RFN i Holandii.

W ciągu zaledwie sześciu miesięcy (od stycznia do czerwca 1971 roku) garnizon w podpoznańskim Biedrusku penetrowało pięciu dyplomatów.

> Ustalono, że z samochodu [...] w dniu 20.03.1974 r. wykonano zdjęcia przy pomocy aparatu fotograficznego lub kamery filmowej po trasie przejazdu, co udokumentowano oświadczeniami.

Zastanawiające jest, dlaczego SB nie mogła poradzić sobie z przejazdami pracowników ambasad i konsulatów. Można przecież było skutecznie zablokować przejazd albo w ostatniej chwili wyjść z krzaków i chwycić aparat fotograficzny wystawiany przez okno. Wbrew obiegowej opinii o rozbudowanym aparacie bezpieczeństwa PRL-u, milicja miała swój budżet i stałą liczbę etatów. Cały warszawski Departament II MSW zatrudniał trzystu pracowników. W tym czasie w Polsce pracowało pięćset dwudziestu siedmiu dyplomatów z pięćdziesięciu pięciu krajów[21]. Do tego należy doliczyć członków ich rodzin – prawie tysiąc osób, oraz ośmiuset trzydziestu czterech cudzoziemców bez paszportów dyplomatycznych. Cała ta armia gości z zagranicy miała do dyspozycji tysiąc sto dwadzieścia samochodów, które mogły kursować po Polsce o dowolnej porze dnia i nocy. Powtórzmy: Departament II w Warszawie miał trzystu pracowników.

Braki kadrowe w kontrwywiadzie w latach osiemdziesiątych można tłumaczyć koniecznością prowadzenia puchnącej w zatrważającym tempie sieci agenturalnej w podziemnej „Solidarności". Służba Bezpieczeństwa

---

[21] P. Pleskot, *Dyplomata, czyli szpieg*, część 1, Warszawa 2013, s. 23, 101.

pracowała pełną parę nawet w czerwcu 1989 roku. Zatrzymanie aparatu zarządził 10 maja 1990 roku generał Czesław Kiszczak. Wyjątkiem był kontrwywiad, który musiał chronić państwo polskie, niezależnie od jego ustroju i zawirowań politycznych. Nieważne, że informacje wojskowe zdobywane w Polsce nie miały żadnej wartości dla państw zachodnich.

Służba Bezpieczeństwa sprawdzała swoich współpracowników, jeżdżąc autem na fikcyjnej rejestracji. To była gra. Z perspektywy czasu przypomina zabawę. Oficerowie udawali obcych i czekali na donosy. I tak: 1 czerwca 1965 roku mercedes na pseudobelgijskich numerach pojechał do Czerwonaka. Pasażerowie pytali o drogę na Koszalin, a na poczcie nadali telegram po francusku o treści: „Przyjeżdżam jutro – czekaj – Jerzy". W Kicinie pytano o pocztę. W leśniczówce Głęboczek szukano noclegu. Jeden z pasażerów ostentacyjnie przyglądał się okolicy przez lornetkę. W Zielonce robiono zdjęcia. W gajówce Kamińsko pasażerowie mercedesa rozłożyli mapę. W dokumencie opisującym ten kontrolny rajd SB znalazła się informacja, że przejeżdżający na motorze sierżant MO przyglądał się obcej tablicy rejestracyjnej. W Trojanowie pytano „grupę chłopów" o drogę. W Chrustowie, gdy zaczęło padać, esbecy poprosili o schronienie w szkole podstawowej. Robili zdjęcia. Pracownicy – prawdopodobnie administracyjni – przyglądali się numerom rejestracyjnym i niespodziewanym gościom (przez okno). Kwadrans po dwudziestej podejrzany wóz objechał Chrustowo, a dwadzieścia pięć minut później przejechał przez Maniewo. W Złotnikach dróżniczka pokazała, jak dojechać do jednostki wojskowej.

Niestety, w tym przypadku w aktach nie ma raportu o czujności współpracowników. Jest natomiast raport z podobnej akcji w okolicach Szczecina. Konkluzja dla kontrwywiadu jest smutna. Autor notatki stwierdza, że „możliwości uzyskania informacji o jednostkach wojskowych są wręcz nieograniczone". Przygodnie spotkani cywile wyśpiewali kontrolującemu, gdzie znajdują się ważne budynki wojskowe, ilu jest w nich żołnierzy i kiedy przekraczają granicę polsko-niemiecką. Zwykli żołnierze, marynarze i skierowani do przeszkolenia oficerowie rezerwy byli gadatliwi i „nie przestrzegali elementarnych zasad ostrożności". Kontroler dowiedział się, ile trałowców zacumowało w porcie w Świnoujściu i jaka jest jakość sprzętu produkowanego dla Sowietów. Wartownicy nie zwracali uwagi na cywilów kręcących się przed bramami obiektów. Na swoje szczęście reagowali na próby przekroczenia bram. Żołnierze i cywile mówili wszystko. Jedna z przypadkowo spotkanych kobiet okazała się sekretarką szefa sztabu i ze szczegółami scharakteryzowała kadrę, miejsca ćwiczeń, liczbę samochodów przewożących rakiety; podała nawet numery jednostek.

W dniach 29 i 30 grudnia 1966 roku SB jeździła mercedesem na francuskich numerach rejestracyjnych w okolicach obiektów objętych sprawą „Motyle". Oficerowie gościli u sklepowej w sklepie GS-u w Dziećmierowie. Kobieta bez skrępowania opowiedziała, gdzie leży jednostka rakietowa Czołowo. Na stacji benzynowej w Kórniku pracował kontakt operacyjny [KO] Służby Bezpieczeństwa. Markowano tankowanie, aby KO mógł spokojnie przyjrzeć się francuskim numerom rejestracyjnym. Milicjant przed komisariatem w Kórniku miał w nosie samochód „dyplomatów". Czujność zachował lotnik, który co prawda na pytanie, dlaczego przy drodze stoją znaki zakazu skrętu, odpowiedział, że w lesie znajduje się jednostka wojskowa, ale jednak spisał numery rejestracyjne. Kontaktem operacyjnym w Mieczewie była sklepowa. Powiedziała o jednostce w Czołowie wszystko, co wiedziała. Podobnie jak gajowy, również KO. Wypaplał wszystko, ale zainteresował się niespodziewanymi gośćmi. Odwiedzono również PGR w Otuszu, gdzie pracował KO „SS". Panowie z Poznania urządzili sesje fotograficzne w państwowych gospodarstwach rolnych Cieśle i Niepruszewo. W Dopiewie napatoczono się na podporucznika i sierżanta Milicji Obywatelskiej. W dokumencie nie znalazła się wzmianka o tym, czy kontrolerom smakowały ciepłe bułeczki z piekarni w Dopiewie.

Dzień później SB pojechała sprawdzić dwa kontakty operacyjne w PGR-ze Pamiątkowo oraz tajnego współpracownika na stacji kolejowej. By ułatwić mu pracę, „towarzysz Bojarski pytał kasjera w języku francuskim". W Przecławiu pytano o drogę do Roztworowa. Rzecz jasna, po francusku. W przydrożnym barze „towarzysz Bojarski" wypił sto gramów wódki i piwo. Bufetowa wygadała się, że w pobliżu znajduje się jednostka wojskowa.

– Jak widzisz, panowie ze Służby Bezpieczeństwa zjadają własny ogon – śmieje się Jarek. – Opisy kontroli współpracowników ocierają się o komedię. Z jednej strony teren jest zabezpieczony osobowymi źródłami informacji, a z drugiej – niewiele te źródła są warte. Ale oni wierzą w swoją pracę i sensowość zabezpieczenia. Produkują raporty dla swoich przełożonych, a przełożeni dla swoich przełożonych i tak to idzie w górę. Teraz widzisz też, że akta sprawy „Motyle" to nie wymysł. Bezpieka nie koloryzuje, nie wmawia sobie, że wszystko jest cacy. Piszą prawdę. Nie słuchaj tych, którzy mówią, że SB fałszowała papiery. Po pierwsze dokumenty służyły tylko i wyłącznie bezpiece. Po co bezpieka miała kłamać sama sobie. Nikt nie wiedział, że kiedykolwiek ktoś zajrzy do teczek. Ci, co mówią, że trzeba by to zalać betonem, spalić, zapominają, że archiwa to podstawowe źródło historyczne. Najpierw trzeba to wszystko zbadać – mówi Jarek.

> W trakcie realizacji zadania zaobserwowano, że funkcjonariusze służby mundurowej MO nie przejawiają na ogół większego zainteresowania pojawieniem się wozu dyplomatycznego.

Referaty Służby Bezpieczeństwa komend milicji otrzymały informację o kontroli. Ich zadaniem było oczekiwanie na raporty KO i TW. Raporty spłynęły i na ich podstawie możemy ocenić skuteczność zabezpieczenia kontrwywiadowczego.

Komisariat milicji w Dopiewie donosił o czarnym mercedesie i trzech tajemniczych mężczyznach z aparatem fotograficznym.

> Jeden z pasażerów wszedł do sklepu piekarniczego i rozpytywał sklepową ile wojsko zakupuje chleba oraz jak są umundurowani. [...] Rozmawiano w tej sprawie z tow. Gbiorczykiem z wydziału II, który poinformował, że samochód ten zabezpieczony jest przez Wydział „B", w związku z czym nie należy się nim interesować.

O samochodzie w Dopiewie poinformował również TW „Walek". Co za pech, doszło do dekonspiracji. Obywatelka rozpoznała oficera z Komendy Wojewódzkiej z Poznania. Był w Dopiewie zamykać masarnię po zatruciu niemal całej wsi wiosną 1966 roku.

Auto widział również KO „BS". Wyszedł nawet do dyplomatów i tłumaczył im, że nie wolno wchodzić do lasu. Zareagował leśniczy z Czołowa, który zadzwonił na komendę. Dyplomatów widział i nie omieszkał poinformować o tym miejscowej milicji KO „ZF".

Inne meldunki nie spłynęły.

Prości, zwyczajni obywatele dowiadywali się o dywizjonach od żołnierzy. W maju 1963 roku na weselu bawiło się niemal całe Kamińsko. Na zabawie pojawiło się piętnastu żołnierzy, w tym dwóch oficerów. Po wypiciu opowiadali o budowie wyrzutni rakietowych i planowanych wysiedleniach mieszkańców. Podporucznik ukradł radio, a inny żołnierz próbował włamać się do syrenki gościa weselnego. O rakietach opowiadali żołnierze batalionu budowlanego z Kamińska, którzy sprzedawali miejscowym smary, cegły i cement. Targów dobijano w barach przy wódce.

Do poważnego incydentu doszło w Obornikach 2 grudnia 1963 roku. Z mercedesa o numerze rejestracyjnym WZ-1218CD wyszedł polski żołnierz. Przytomny funkcjonariusz milicji wylegitymował mundurowego. W aktach widzimy jego imię i nazwisko. Służył na lotnisku wojskowym w Krzesinach. Wyglądało na to, że mercedes był samochodem dyplomatów. Wewnątrz – według informacji milicjanta – siedziało trzech mężczyzn.

Auto patrolowało okolice dłuższy czas. Widział je czternastoletni chłopiec, który zaalarmował ojca, a ojciec miejscowy komisariat. Samochód widział też porucznik Gizler z jednostki niedaleko Nieczajnej. Mercedes zatrzymał się czterysta metrów od jednostki. Kierowca majstrował przy silniku, a pasażerowie rozeszli się z aparatami fotograficznymi w ręku. Interweniował porucznik Gizler. Nieproszeni goście tłumaczyli mu, że nie wiedzieli, że zatrzymali się przy obiekcie wojskowym. Zapraszali nawet oficera do samochodu. Gizler odmówił, ale opowiedział im, jak jechać do Nieczajnej.

Z bramy jednostki w Nieczajnie wyszło dwóch żołnierzy. Szli poboczem. Tajemniczy mercedes zatrzymał się przy nich. Kierowca proponował podwiezienie. Żołnierze odmówili.

W rejestrze numerów rejestracyjnych samochodów dyplomatów akredytowanych w Polskiej Rzeczypospolitej Ludowej nie było numeru WZ – 1218 CD.

Po kilku dniach udało się zidentyfikować żołnierza, który wysiadł z czarnego mercedesa na rynku w Obornikach. Był to lotnik Bronisław Dolatowski, który szedł drogą i „zabrał się z panami na stopa".

W podobnej sprawie z czerwca 1964 roku Milicja Obywatelska zareagowała bardziej zdecydowanie. Za tajemniczym zagranicznym samochodem jechał radiowóz. Milicjantów zaalarmował kontakt obywatelski „St.-Śl." Auto jechało szybko, pewnie. Kierowca znał lokalne drogi. Nie zatrzymywał się. Radiowóz nie nadążył za zachodnim wozem.

W kolejnych papierach teczki „Motyle" trafiamy na sprawę mieszkanki Pamiątkowa, która niezwykle często wysyłała listy do Republiki Federalnej. Szybko ustalono, że jej ojciec, kierownik szkoły, był rozpracowywany ze względu na niedającą się określić postawę wobec Polskiej Rzeczypospolitej Ludowej. Do pani korespondującej z nieznanym Niemcem wieczorami przychodziła planistka miejscowego Państwowego Gospodarstwa Rolnego. Panie bawiły się przy wódce z żołnierzami. Było głośno i wesoło.

Pewna bibliotekarka z podpoznańskiego Boborówka żałowała, że nie może spotykać się z panami z jednostki. „Przyczyną – jak ustalono – jest to, że do Przecławia skierowani zostali żołnierze młodego rocznika".

Odchodzący do cywila żołnierze chcieli osiedlać się wokół jednostek i żenić z miejscowymi pięknymi kobietami, co mogło mieć niedające się przewidzieć konsekwencje natury polityczno-wojskowej. Czy panny z Nieczajnej chciały wychodzić za żołnierzy? Przynajmniej w świetle zachowanych akt rysuje się nieciekawy obraz pretendentów na męża. Jeden z pijanych mundurowych, opierając się o kiosk Ruchu, krzyczał do ekspedientki, że „wystrzela ją rakietą". Groźbę usłyszał kowal, a za jego sprawą również Służba Bezpieczeństwa.

Problemem były rowery kradzione przez żołnierzy po zabawach w barze w Pamiątkowie. Pijani, chcąc szybko wrócić do jednostki, kradli rowery i zostawiali je w rowie. Zdarzyło się, że pijana kompania ustawiła w parku w Pamiątkowie przerażonych mieszkańców pod drzewami i mierzyła w nich z broni osobistej. Tak zareagowali na wcześniejsze prośby o nieco spokojniejsze zachowanie.

Interweniował przewodniczący gromadzkiej rady narodowej. Żołnierzy aresztowano, a dowódca jednostki przepraszał mieszkańców Pamiątkowa. Od czasu incydentu z bronią żołnierze nie przychodzili już do Pamiątkowa. Awanturowali się w Żydowie.

Służba Bezpieczeństwa zwróciła uwagę na Irenę R. z Bnina, która wyszła za mąż za Niemca z NRD. Na szczęście Niemiec nie znał języka polskiego, stąd spokojny ton oficera sporządzającego notatkę. Niepokój budziła za to sama Irena R. Kobieta została zwolniona z restauracji „Arkadia" w Poznaniu „za nieprawidłowości, do jakich dopuściła się przy zaparzaniu kawy". Wsypywała do niej truciznę?

Tajny współpracownik „Piotr" zauważył przy przejeździe kolejowym dowódcę miejscowej jednostki z podchmielonym mieszkańcem Lulina. Obrażali oficera. Tajny współpracownik powiadomił dzielnicowego, a dzielnicowy sąd w Szamotułach.

Na uszkodzoną drogę „w okresie poprzedzającym akcję cukrową" narzekali obywatele Maksymilian P.,

Piotr J. i inni. Drogę zniszczyły pojazdy wojskowe i rolnicy „będą mieli trudności w odstawie buraków". Dowódca jednostki obiecał obywatelowi P. naprawienie drogi, ale nie dotrzymał słowa. P. interweniował na sesji Gminnej Rady Narodowej. Niczego nie wskórał, za to naraził się SB, która odkryła przy okazji, że jego brat Tadeusz był działaczem mikołajczykowskiego PSL i uciekł na Zachód.

Tajny współpracownik „Olek" opowiedział swojemu oficerowi prowadzącemu, że Leon O. mówi, iż jednostka wojskowa w Przecławiu to zguba ludzkości.

> Dalej twierdzi, że mogą tam być wyrzutnie rakietowe na bezbronny naród cywilny. Twierdzi, że żołnierze coś niecoś w przyszłości powiedzą na temat rakiet i stacjonującego wojska w Przecławiu. Zaznacza się, że Leon O. posiada swe gospodarstwo w Przecławiu o obszarze 24 ha, w przeszłości był członkiem PSL-mikołajczykowskiego i jest dość wpływowym na terenie Przecławia, jednak w ostatnich latach zaniedbał swoje gospodarstwo i z tych względów ma duże zadłużenia finansowe, jak i w obowiązujących dostawach wobec państwa.

Ile wysiłku kosztowało ustalenie życiorysu obywatela RFN-u Bruno K., który przyjechał do Pamiątkowa na pogrzeb matki. Esbecy znali jego adres zamieszkania i miejsce pracy (fabryka żyletek Solingen), wiedzieli, że przed wojną mieszkał w Nakle nad Notecią. Bezpiekę niepokoił fakt, że w budynku należącym do zmarłej mieścił się bar, a w barze – wiadomo – piją żołnierze. Gdyby tak po pogrzebie Bruno K. usiadł do piwa z żołnierzami wojsk rakietowych? Na dodatek kucharka z baru wyjechała do męża, do Niemiec. Bar w Pamiątkowie mógł być penetrowany przez obcy wywiad.

Oficerowie na podstawie informacji o życiu i poglądach ludzi decydowali, z kim przeprowadzić rozmowę ostrzegawczą, kogo porządnie nastraszyć, kogo przekonać do zmiany poglądów, a kogo zwerbować.

Żołnierze z Pamiątkowa 22 kwietnia 1964 roku przechodzili do cywila. Ponieważ z bazy na dworzec PKP trzeba było iść kilkadziesiąt minut, panowie weszli odpocząć do Urzędu Pocztowego. Na szczęście naczelniczkę poczty znał TW „Kowalski", dzięki któremu powstała notatka, na którą natrafił Jarek. „Podchmieleni żołnierze" niczego nie chcieli wysłać ani nadać. Chcieli awantury. „Kowalski" obserwował burdę. Później zapytał kierowniczkę, czy wie coś o dywizjonie obrony przeciwlotniczej ulokowanym w okolicach Pamiątkowa. Wiedziała. Mąż obywatelki, pracownik Centralnego Instytutu Obróbki Plastycznej, służył w dywizjonie. W dokumencie znajduje się wzmianka, że w czasie podróży pociągiem inżynier nie rozmawiał o tajnej bazie rakietowej. Skąd SB to wiedziała?

Tajny współpracownik „Kowalski" był niezwykle aktywny. Donosił, że z własnej inicjatywy rozmawiał z robotnikiem rolnym w PGR-ze w miejscowości Górka niedaleko Obornik. Obywatel K. stwierdził, że „co tam jest, to nikt nie wie".

> Wystarczy podejść pod las to zaraz podjedzie samochód i gościa, który się zbliży legitymują, posiadają wysoką wie-

żę i obserwują podchodzenie, dlatego każdy się obawia i tylko mogą być domysły czym ta jednostka się zajmuje.

Z kolei TW „Olek" uspokajał, że w Pamiątkowie nie widuje się już żołnierzy. Nadal zdarzały się incydenty, jak chociażby ten, o którym informuje kontakt obywatelski „O." Otóż żołnierze oddawali mocz wprost na posadzkę poczekalni stacji kolejowej.

Inny TW, „Marian", wypowiadał się z nutą optymizmu. Według niego ludzie nie dyskutowali o leśnej jednostce, a jeśli już dyskutowali, to z przekonaniem, że w końcu „każde państwo się zbroi i nasze jest zmuszone".

Obywatel Piotr J. szedł dalej i stwierdził, że „winniśmy być zawsze zabezpieczeni, ponieważ Niemcy mogą dojść do porozumienia z Izraelem i w ten sposób wywołać III wojnę światową".

W maju 1965 roku z organami porządku i bezpieczeństwa zetknęła się studentka germanistyki z Poznania „zamieszkała w domu akademickim przy ulicy Stalingradzkiej" (dziś aleja Niepodległości). Studentka Lidia B. dorabiała jako tłumaczka na Międzynarodowych Targach Poznańskich. Po pracowitym dniu wraz z koleżanką (studentką trzeciego roku germanistyki) dała się zaprosić przez dwóch Niemców na dancing do „Adrii", słynnego poznańskiego lokalu przy targach.

Po pełnej wrażeń nocy rozbawieni wsiedli do samochodu i pojechali do lasu. Pierwsza myśl – najładniej jest w Kórniku. Zamek pięknie wyglądał o poranku. Nic dziwnego, że Lidia chciała zawieźć miłych Niemców i swoją koleżankę właśnie do Kórnika, opisywanego w każdym przewodniku po Polsce.

W drodze powrotnej napili się mleka u gospodyni w Gądkach. Wiele mówi to o obyczajach panujących za Gomułki. Można było napić się mleka w każdej wsi i żaden gospodarz nie odmówił poczęstunku.

Pech chciał, że o piątej rano nie spał obywatel Bronisław S., który jechał za wartburgiem Wolfganga B. Pan Wolfgang był zameldowany w hotelu „Merkury", a jego kolega, Karol H., w hotelu „Lech". Bronisław S. jechał za wartburgiem do samego końca, na poznańskie Rataje. Zadzwonił na milicję. Samochód przeszukano. Nie znaleziono aparatu fotograficznego. Mleko z Gądek odbiło się Lidii czkawką.

Oficerowie przesłuchali również czujnego Bronisława. Milicję interesowało, skąd wie, że nie wolno zatrzymywać się w lesie niedaleko Kórnika. Zalecenia dołączone do raportu kazały rozważyć możliwość wykorzystania Bronisława jako tajnego współpracownika.

Niepohamowana chuć żołnierzy sowieckich, przejeżdżających przez powiat turkowski, ściągnęła kłopoty na sprzedawcę miejscowego sklepu. Była noc. Sklepowy kupił od żołnierzy dwa zegarki, sprzedał im wino, zaprosił do swojego mieszkania. Rozbawieni żołnierze wybili szybę u sąsiada sprzedawcy. Próbowali namówić jego żonę do „stosunku płciowego, ale gdy ta dała im do zrozumienia, że jest w ciąży, zrezygnowali z niej, udając się w nieznanym kierunku". Po drodze ukradli dwa rowery.

Incydenty z udziałem żołnierzy ze Wschodu były traktowane ze szczególną ostrożnością. Do mieszkania sklepowego przyjechał komendant powiatowy milicji, kapitan SB i prokurator rejonowy. Żołnierzami miał zająć się dowódca jednostki, a sklepowym – polskie organy i Komitet Powiatowy PZPR. Sprzedawca musiał złożyć samokrytykę. Został publicznie potępiony za sprzedawanie wina w nocy. Nie zatrzymało to plotki, jakoby „został dokonany gwałt na dwóch kobietach przez oficerów radzieckich z bronią w ręku".

Pijany szeregowy z obiektu w Kamińsku 21 lutego 1964 roku wygadał znajomemu ze wsi, że w podziemnych bunkrach leżą „małe cygara". Tak nazwał rakiety zestawu Dźwina. Gościnny rozmówca szeregowego był znany SB jako kontakt obywatelski „J.A.". Kontakt obywatelski pił prawdopodobnie wódkę również z żołnierzem zasadniczej służby, który szedł do rezerwy. Mężczyzna opowiadał o stacji radarowej i o tym, że na ekranach można było zobaczyć wszystko w promieniu wielu kilometrów. Może „J.A." miał zdolności przyciągania gadatliwych żołnierzy?

Służba Bezpieczeństwa trafiła również na niezwykle groźnego dla obronności ludowej ojczyzny byłego żołnierza Szymona Stachowicza, syna Jana, urodzonego w 1901 roku, który wyrokiem sądu rejonowego na sesji wyjazdowej w Obornikach w 1951 roku został skazany na sześć miesięcy więzienia za rozpowiadanie, że spółdzielnie produkcyjne nikomu ani niczemu nie służą. Ten sam groźny przestępca opluwający socjalistyczną gospodarkę paplał na prawo i lewo o budowie radaru w lesie. Funkcjonariusze bardzo lubili, gdy bohaterowie doniesień mieli konflikty z prawem. Ładniej wyglądało to w teczce.

W aktach sprawy „Motyle" znaleźliśmy notatkę dotyczącą kradzieży puszki z mięsem.

Żołnierze stacjonującej jednostki wojskowej opuścili miejsce zakwaterowania, udając się do miejscowego sklepu, gdzie sprzedali konserwę mięsną jednemu z obywateli, zamieszkałemu w Przecławiu, za którą otrzymali 30 zł. Za uzyskane pieniądze kupili jedną butelkę wina oraz papierosy „Sport".

Żołnierze wypili wino u „kobiety lekkich obyczajów" w Przecławiu. Pani urządzała w mieszkaniu nocne potańcówki.

Wspomniani żołnierze udali się do gospodarza, u którego jest zatrudniona jako siła najemna obywatelka, również kobieta lekkiego prowadzenia się. W czasie pobytu w pokoju żołnierze w żartach jeden do drugiego wymierzali broń i w sposób żartobliwy wypowiadali się, co by było, gdyby nastąpił wypał.

Ta historia, w przeciwieństwie do pozostałych, skończyła się tragicznie. Broń wypaliła. Zginął żołnierz. Sprawę prowadził prokurator wojskowy. Służba Bezpieczeństwa przewidywała, że o wypadku będą opowiadali mieszkańcy okolicznych wsi. Przewidywania się sprawdziły. Ludzie dziwili się, do czego może prowadzić połączenie wódki, prostytutki i pistoletu. Zdziwienie nie przeszkadzało kupować od wojskowych taniej benzyny, o czym donosi TW „Karol". Paliwo kupował między innymi zamożny gospodarz i poznański taksówkarz.

W aktach znaleźliśmy doniesienia niezwykle aktywnego tajnego współpracownika „Kot". Mężczyzna donosił na krewnych. Poinformował swojego oficera prowadzącego, że pilot z Poznania, kapitan Stanisław R. (nie znamy stopnia pokrewieństwa TW i jego ofiary) zgubił tajne dokumenty i trafił do więzienia. W czasie odsiadki jego żonie pomagała ciotka z Wiednia. Synowie ciotki odwiedzali Polskę. Jeden z braci podróżował po kraju.

Po wyjściu z więzienia kapitan R. został szefem kolumny lotnictwa sanitarnego w Poznaniu. Był obserwowany w ramach sprawy „Motyle". Oficer sugerował w dokumencie, że dyrektor nie otrzyma licencji pilota cywilnego. Nie będzie mógł dalej kierować placówką.

> R. nie cieszy się wśród pracowników dobrą opinią. Powszechnie jest wszystkim wiadomo, że po zwolnieniu go z wojska siedział w więzieniu za zgubienie dokumentów tajnych lub ich podrobienie. Poza tym R. posiadać ma skłonność do nadużywania alkoholu.

Kapitan R. utrzymywał częste i stałe kontakty z rodziną w Wiedniu i szybko się bogacił. Inspektor Grupy IV Departamentu II pisał, że dyrektor przelatywał śmigłowcem nad jednostkami ukrytymi w lasach. Rozumiemy, że jako pasażer. Wszak nie miał licencji pilota cywilnego. Esbecy otwierali wszystkie listy nadchodzące na adres dyrektora. Oficerowie dokładnie wiedzieli, kiedy rodzina z Austrii zamierzała przyjechać do R., by wspólnie jeździć po Polsce.

Okazało się, że TW „Kot" przejaskrawił informację o krewnym. Status materialny poprawił się w niewielkim stopniu, bracia z Wiednia mieli po osiemnaście lat (co w oczach SB obniżyło prawdopodobieństwo ich współpracy z obcym wywiadem), a R. nie został skazany za zgubienie dokumentów, a za kradzież pieniędzy. Nie siedział w więzieniu, ale został przez sąd wydalony z wojska.

Kontrwywiad w Wielkopolsce miał na głowie nie tylko „rakietówkę". Poznań był ważnym punktem na trasie uderzeniowej ZSRR na Zachód. Przez Wielkopolskę przechodziła trasa kolejowa i drogowa do Berlina. Teren obsługiwały „czasowo przebywające" jednostki sowieckie, a pilnował ich polski kontrwywiad. Każdy incydent mógł mieć następstwa polityczne. Jak pokazują akta sprawy obiektowej „Tarcza", incydentów nie brakowało.

Czy wojska sowieckie miały prawo stacjonować na terytorium Polskiej Rzeczypospolitej Ludowej? Czy ktoś pytał nas o zgodę na wjazd Armii Czerwonej na nasze ziemie? Czy to w ogóle była nasza ziemia? Istnieją na ten temat dwie teorie. Według pierwszej Polska od 1945 do 1989 roku była państwem legalnym, a według drugiej – nielegalnym. Wybór ma swoje poważne konsekwencje. Również polityczne. I należy do każdego z nas.

– Nikt dokładnie nie wie, ile jednostek sowieckich stacjonowało na terenie Polski do 1956 roku – mówi Jarosław Burchardt. – Nie podpisano żadnej umowy międzynarodowej. Po 1947 do Polski przyjeżdżają Polacy w przebraniu. Większość z nich to czerwonoarmiści z polskim pochodzeniem. Następuje restrukturyzacja polskich sił zbrojnych. Należy stworzyć armię ludową zgodnie z maksymą, że nie matura, lecz chęć szczera... Wystarczyło siedem klas szkoły podstawowej, aby zostać oficerem.

Sowieci realizowali koncepcję stworzenia szerokiego pasa sił uderzeniowych w Polsce, NRD, Czechach i na Węgrzech. Co robiła Armia Czerwona w Polsce do 1956 roku? Najkrótsza i najtrafniejsza odpowiedź – robiła, co chciała. Na próżno szukać wiarygodnych informacji na ten temat w źródłach. Ludzie Bieruta nie śmieli pytać. Ich zadaniem było wykonywanie poleceń doradców przysłanych do Polski. Po 1956 roku obecność wojsk sowieckich również była tematem tabu. Nawet w aktach SB pisze się o nich „czasowo przebywające". Czasowo, to znaczy, do kiedy?

– Sowieckie dowództwo jako priorytet dla Polski wyznaczyło siły pancerne i lotnicze. Budowano sieć lotnisk. W Poznaniu działa szkoła pancerna. We Wrocławiu szkoli się żołnierzy wojsk zmechanizowanych. Lotnictwo to nie tylko Dęblin, ale również Radom. Wszystko służyło potędze Armii Czerwonej, nieustannie planującej atak na Zachód. Mówi się, że mieliśmy niezależne siły zbrojne, że naszym obowiązkiem była obrona granic, że oficerowie naszego wywiadu służyli Polsce. To naginanie historii. W ramach Układu Warszawskiego byliśmy szykowani na najeźdźców.

Sztabowcy przygotowali dwa uderzeniowe kierunki pomocnicze. Pomorze – Jutlandia – Północne Niemcy, oraz Chemnitz w NRD – Norymberga w RFN. Najkrótsza droga do Paryża wiodła jednak przez Poznań.

W ramach sprawy „Tarcza" Służba Bezpieczeństwa ochraniała jednostkę wojskową w Czerwonaku, która zajmowała się konserwacją napowietrznej linii telefonicznej Moskwa – Berlin.

> Cały obiekt otoczony jest parkanem z płyt betonowych – wysokości ok. 2 metrów. Swym wyglądem zewnętrznym [jakby mógł być wygląd wewnętrzny – autorzy] nie różni się od sąsiadujących zabudowań i nie uwidacznia żadną cechą jednostki wojskowej [czyli po prostu nie przypomina jednostki wojskowej – autorzy]. Z powyższych względów obiekt nie jest narażony na wizualną penetrację ze strony dyplomatów.

Z jednej strony stała podstawówka, z drugiej spółdzielnia, pośrodku jednostka. Gdzieś na mapie plątał się dom dowódcy i jego zastępcy. Służba Bezpieczeństwa wierzyła, że nikt nigdy nie zapyta, co jest za murem. Wierzyła, że mieszkańcy Czerwonaka nie będą zagadywać podoficerów i żołnierzy jadących w teren naprawiać linię telefoniczną. Nie wierzyła natomiast, że skoro w Czerwonaku są Ruscy, to nie będzie handlu z Ruskimi. Nie wierzyła w abstynencję Ruskich. Tak jak w Kórniku, tak w Czerwonaku kadra (czterdziestu podoficerów, dowódca i jego zastępca) po służbie chodziła do miasta coś zjeść i wypić. Tam była „Turystyczna", tu „Słoneczna".

> Dodatkowo na terenie jednostki znajduje się kantyna, która zaopatrywana jest przez ruchomy punkt sprzedaży w Legnicy.

– Czy ty wiesz, co to jest ruchomy punkt sprzedaży? – z rozbawieniem pyta Jarek. – Na poligon przyjeżdżał samochód. W środku piwo, artykuły papiernicze, znaczki pocztowe. Widziałem coś takiego w wojsku na poligonie.

Żołnierze oglądali filmy trzy razy w tygodniu w swoim własnym kinie. Nie chodzili do kina „Warta".

Miejscowy referat przyglądał się, rzecz jasna, obywatelom kontaktującym się z rodziną z zagranicy. W 1971 roku prowadzone były sprawy „Ślusarz" i „Samotna".

Nikt nie chciał drażnić Rosjan, więc nie dziwota, że sprawa uszkodzenia powietrznej linii telefonicznej Moskwa – Berlin postawiła na nogi niemal całą milicję w Czerwonaku i Tarnowie Podgórnym oraz pół milicji w Poznaniu.

Komendant milicji w Poznaniu 24 marca 1965 roku o godzinie dziesiątej pięćdziesiąt otrzymał informację, że nieznani sprawcy okręcili drutem kolczastym przewody na słupach telefonicznych. Centralka telefoniczna iskrzyła. Sowieci wpadli w panikę. Łączność Moskwa – Berlin była sprawą wagi nie tylko państwowej, ale osobistej oficerów, dla których służba w Polsce to były wakacje. Gdyby tak wybuchła wojna i nie można byłoby wydać odpowiednich rozkazów? Pół biedy. Gdyby tak przełożeni wysłali na daleką Kamczatkę? Toż to w Polsce był prawdziwy Zachód.

Pies milicyjny nie wyczuł wandali. Ekipa sowiecka w nocy w wielkim pośpiechu usuwała drut. Miejsce przestępstwa było zadeptane. Na szczęście przytomny podporucznik z grupy operacyjnej rozpoznał ślady ciężkich gumowych butów, które nie pasowały do sowieckich trepów. Były też ślady opon motocyklowych.

Milicja chodziła od drzwi do drzwi w Rumianku. Obywatel Józef Sz. co prawda nie widział ani sprawców, ani miejsca sabotażu (Sowieci nie mieli wątpliwości, że doszło do sabotażu), ale wiedział, że trzysta metrów od jego chaty mieszkał Adam M., którego dwaj synowie chętnie jeździli motocyklami, budząc ciężko pracujących, a pragnących odpocząć mieszkańców wsi. Do tego bracia znali niejakiego P., który również posiadał motocykl i był karany za chuligaństwo.

Ślady opon przy słupie pasowały do junaka. W Rumianku było dwadzieścia motocykli, w tym cztery junaki. Pierwszy podejrzany kupił swój motor już po wypadku. Junak drugiego podejrzanego nie miał korka od gaźnika, więc nie mógł jeździć. Trzeci podejrzany był panem w słusznym wieku i choć jego junak był sprawny, on sam nie. Zresztą mieszkał tak blisko słupów, że mógł pójść owinąć je drutem. Nie potrzebował junaka. Junaka miał Adam M. wskazany przez obywatela Józefa Sz. Tak, tego, który skarżył się, że synowie M. jeżdżą po nocach i nie dają spać uczciwym ludziom.

M. miał sto mórg ziemi (czyli prawdopodobnie około pięćdziesięciu sześciu hektarów, choć wielkość morgi bywała różna), zszarganą opinię, starą warszawę, trzy ciągniki, cztery motocykle i dwóch synów, siedemnasto- i osiemnastolatka. Starszy jeździł junakiem. W przeciwieństwie do ojca, osiemnastolatek miał dobrą opinię. Wieczorami uczył się grać na akordeonie. Chłopcy zapewniali, że poszli spać o dwudziestej drugiej. Odlewy gumowców nie pasowały do ich butów.

Linię telefoniczną owinięto również w 1971 roku. Sprawa była na tyle poważna, że kierownik grupy VI Wydziału II pofatygował się do konsulatu ZSRR w Poznaniu. Musiał wytłumaczyć skąd na śniegu przy słupie telefonicznym wzięły się ślady butów dzieci i jak to możliwe, że cienki emaliowany drut nawojowy zwisał z przewodów linii telefonicznej. Towarzysze sowieccy byli również zaniepokojeni wycinką drzew przy poszerzaniu jezdni. Drzewa zniszczyły przewody łączące Moskwę z Berlinem.

Polak musiał tłumaczyć się Rosjanom w ich konsulacie, przepraszać i zapewniać, że dołoży wszelkich starań, by więcej nie zdarzył się już żaden incydent z dziećmi wracającymi ze szkoły i ekipą wycinającą drzewa.

– Wzywają polskiego śmiecia i ustawiają go – mówi Jarek.

Z oficerami radzieckimi był kłopot. Oto kapitan Zikow „utrzymuje kontakty towarzyskie z aktywem z terenu Czerwonaka". Pod słowem „aktyw" autor dokumentu rozumiał przewodniczącego gromadzkiej rady narodowej, sekretarza komitetu gromadzkiego „z którym wędkuje" oraz przewodniczącego Rolnej Spółdzielni Mieszkaniowej. Z dwoma innymi mieszkańcami wymienionymi w notatce kapitan pije. Również z „prywatną inicjatywą", czyli miejscowymi prywaciarzami.

Sowieci piją i awanturują się. Jest to dla SB temat niewygodny. Pijany oficer z jednostki łączności w Czerwonaku wybił szybę w restauracji „Słoneczna". Siedział przy stoliku z zakrwawioną twarzą, „a po małej chwili zaczął oddawać torsje". Zbił szybę „lady chłodniczej" i porozbijał szklanki.

Pod raportem opisującym wydarzenie odręcznym pismem ktoś nabazgrał, że sprawa porucznika nie ma większego znaczenia i nie zamierza się prowadzić dalszych czynności.

W aktach zachował się opis niepokojącego dla kontrwywiadu zdarzenia z września 1973 roku. Pod bramę jednostki w Czerwonaku podeszły trzy kobiety. Jedna mówiła po rosyjsku. Opowiedziała wartownikowi historię swojego życia, którą można by streścić w jednym złożonym zdaniu: pochodziła z Ukrainy, wyemigrowała do Stanów Zjednoczonych, przyjechała do Polski spotkać się siostrą. Razem planowały odwiedzić siostrzenicę w Czerwonaku. Od Rosjan chciała kupić papierosy.

Kontakty obywateli PRL-u z jednostkami armii radzieckiej „posiadały charakter spekulacyjno-handlowy". Bezpiece udało się pozyskać osobowe źródło informacji, które donosiło, kto, kiedy i co chciał kupić od Ruskich. Źródło aktywnie współpracowało. Za handel do ZSRR wróciło kliku żołnierzy zawodowych. Cieplarniane warunki w Polsce zamienili na służbę na Syberii, gdzie oddychanie mroźnym powietrze boli, jakby ktoś bił pałką w klatkę piersiową.

Policja polityczna sprawdzała obywatelkę M.R. (kryptonim „Karolina"), która – według informacji przekazywanych przez „życzliwych" – handlowała z Rosjanami i była w Belgii, gdzie leczyła się jej córka.

Każdy Polak wracający z zagranicy był potencjalnym szpiegiem. Na nieszczęście „Karoliny" brat mieszkający w Belgii był w przeszłości w AK, a więc posiadał wrogie politycznie zapatrywania na ustrój Polski Ludowej. Był podejrzewany o kontakty z wywiadem brytyjskim. Nic dziwnego, że kontrwywiad przyglądał się M.R.

Obywatel D.J. (kryptonim „Renegat") sam się przyznał służbom, że w czasie pobytu w RFN-ie rozmawiał z pracownikiem wywiadu „na temat radzieckich obiektów wojskowych na terenie Wrześni". Na dodatek „Renegat" nielegalnie pracował w wojskowych jednostkach amerykańskich. Dziwne, prawda? Amerykanie nielegalnie zatrudnili Polaka. Może nie chcieli, by w papierach został ślad pracy dla imperialistów. Bezpieka mogła wykorzystać obywatela D.J. do podrzucania CIA fałszywych informacji.

Służba Bezpieczeństwa nie narzekała na brak informatorów. Oko na jednostkę w Czerwonaku mieli tajni współpracownicy: „Marek", Markus", „Ares", „Napoleon".

W Lesznie prowadzono sprawę operacyjnego sprawdzenia o kryptonimie „Niepewny". Nauczyciel języka rosyjskiego zbyt ochoczo kontaktował się z oficerami jednostek sowieckich. Chciał zaprosić żołnierzy na akademię z okazji rocznicy rewolucji październikowej.

Sprawa o kryptonimie „Emblemat" wydaje się nieco poważniejsza. Na warsztat wzięto mieszkańca Gniezna, obywatela R.Z., oraz A.B., jego znajomego z Belgii.

> Podstawą do założenia tej sprawy były informacje uzyskane od organów radzieckich KW, że obydwaj figuranci

nawiązali podejrzany kontakt z oficerem AR we Wrześni, agentem radzieckiego kontrwywiadu ps. „Bałyk". Z informacji tych wynika, że figuranci dążą do materialnego uzależnienia od siebie „Bałyka" dla wykorzystania go w bliżej nieznanym celu.

Wywiad zachodnioniemiecki nie spał i rozmawiał z wieloma Polakami przyjeżdżającymi do RFN-u. Niemcy „rozpytywali naszych obywateli o jednostki sowieckie". Pytania sugerowały, że zachodnie służby niewiele wiedziały o dyslokacji jednostek sowieckich na terenie PRL-u.

Rozwój lotnictwa wprawił w przerażenie Departament II, gdy okazało się, że w 1973 roku do pracowników obsługujących stację radiolokacyjną „Avia – B" na lotnisku Poznań-Ławica dołączyło dziewięciu wojskowych. Przeloty wojskowe stanowiły tak duży procent operacji lotniczych, że obsługa cywilna i wojskowa musiały wspólnie kontrolować przestrzeń powietrzną nad krajem. Oczywiście powstało pytanie, czy cywile nie będą opowiadać w domu, że na przykład nad Wielkopolską leciało dziesięć ciężkich maszyn transportowych w kierunku Berlina. Bezpieka odnotowała, że „na dwudziestu czterech koordynatorów" (chodzi zapewne o kontrolerów) cywilnych tylko jeden należał do partii. Jeden z kontrolerów, pseudonim „Zbyszek", był tajnym współpracownikiem. Oficerowie prowadzący sprawę „Lotnisko" mogli liczyć na czujność kontaktu „Jaś".

Poglądy i zachowania cywilnych kontrolerów budziły zgrozę. Jeden z nich był „bezkompromisowy w sprawie dolarów". Po długim pobycie w Belgii Mieczysław M. handlował walutą na lotnisku. Koledzy dla żartu nasyłali na Mieczysława „chętnych do nabycia dolarów". Żona Mieczysława prowadziła księgowość ojcu, właścicielowi przedsiębiorstwa przewozowego. Kontroler przywiózł żonie z Danii maszynę do pisania, co nie uszło uwagi bezpieki. Przez pewien czas, tak na wszelki wypadek, podsłuchiwano rozmowy telefoniczne Mieczysława M.

Andrzej W. jest charakteryzowany w aktach przez kontakt „Jaś". Dowiadujemy się, że kontroler „to człowiek o wąskich kręgach zainteresowania konsumpcyjnego, świadomy swej przegranej, który zawalił studia i podziwia Zachód". Na domiar złego Andrzej W. przyniósł do pracy katalog zachodniego sprzętu elektronicznego. Cała zmiana obsługująca radar dziwiła się, że telewizory na Zachodzie są tańsze niż w krajach obozu socjalistycznego.

Cichy i skryty Jan M. zaczytywał się w amerykańskich czasopismach technicznych i „cynicznie oceniał ubóstwo techniczne, ekonomiczne i gospodarcze" krajów demokracji ludowej. M. wyleciał ze studiów w marcu 1968 roku i „miał ciągotki do Zachodu".

Nawet partyjny inżynier Zenon B., były pracownik Komendy Wojewódzkiej Milicji Obywatelskiej, „miał problemy z ateistycznym wychowaniem swojej rodziny" i czytał Jasienicę. B. opowiadał na wieży o swoich poglądach niezgodnych z linią partii i rządu. Nie pomagały napominania I sekretarza portu.

Władze lotniska nie mogły zwolnić wszystkich cywilnych operatorów i zatrudnić nowych, pewnych ideologicznie. Nie dało się wysiedlić mieszkańców Czerwonaka i rozstrzelać wszystkich posiadaczy junaków w Rumianku. Lata siedemdziesiąte to nie były już czasy stalinizmu, a Polska nie była Koreą Kim Ir Sena. Nie dało się przenieść jednostek radzieckich do lasów, a dywizjonów OPK na pustynie. Bezpiece pozostało to, co wszystkim służbom na całym świecie: tajni współpracownicy. Takich nie brakowało w miastach i miasteczkach otulających jednostki wojskowe. Byli też w koszarach, bazach, garażach i wojskowych warsztatach. Agenci byli, są i będą najskuteczniejszą bronią w czasie pokoju. CIA werbowało Polaków m.in. w Wietnamie.

Rozdział 3

Wietnam

Jesienią 2013 roku przygotowałem z Jarkiem cykl audycji historycznych dla Radia Merkury. Były emitowane przez cały 2014 rok pod hasłem „Historia, jakiej nie znacie". Audycje dostępne są na stronie radia[22]. Jarek przynosił papiery z IPN-u, opowiadał o nich dwie, trzy godziny, pił w tym czasie herbatę w plastikowym kubku, a ja później zajmowałem się radiową pracą.

Pewnego wieczoru Jarek zadzwonił z propozycją jeszcze jednego tematu, który – jego zdaniem – powinien znaleźć się w naszym cyklu.

– Słyszałeś o Zenonie Celegracie, agencie CIA z Leszna?

– A powinienem słyszeć?

Wbiłem „Zenon Celegrat" w Google. Wyskoczyło zawiadomienie o przestępstwie napisane przez tymczasowo aresztowanego Adama Michnika, skierowane do prokuratora pułkownika Kubali z Naczelnej Prokuratury Wojskowej. Celegrat dał w łeb przyszłemu naczelnemu „Wyborczej".

---

[22] http://www.radiomerkury.pl/audycje/sluchowiska.html [dostęp: 1 września 2014].

> Dnia 6.III.1983 r. ok. godz. 7.30 rano zostałem uderzony ciosem pięści w głowę przez ob. Celegrata Zenona, z którym – we dwójkę – przebywałem we wspólnej celi (nr 21, odd. III, paw. III) od dnia 7 II br. Uderzenie w głowę poprzedzone zostało krótką sprzeczką werbalną, która niczym nie uzasadniała takiego postępowania.

Michnik uruchomił dzwonek alarmowy. Klawisz otworzył drzwi. Więzień wyskoczył z celi jak oparzony. Powiedział, że nie wróci tam za żadne skarby. Poskarżył się oddziałowemu na Celegrata. Na dwadzieścia minut trafił do innego pomieszczenia. Po powrocie do celi Celegrata już nie było.

> Ob. Celegrat Zenon – jak sam mnie wcześniej poinformował – przebywa w Areszcie Śledczym na ul. Rakowieckiej 37 w Warszawie od niemal 5 lat. **Skazany został w 1979 r. na karę 25 lat więzienia – za szpiegostwo na rzecz wywiadu amerykańskiego.** Będąc więźniem karnym, przebywa przez cały ten czas w pawilonie śledczym ciesząc się wszystkimi przywilejami tymczasowo aresztowanych (własne cywilne ubranie, co miesiąc paczka żywnościowa etc.) Na podstawie słów ob. Celegrata doszedłem do przekonania, że jest on wykorzystywany przez funkcjonariuszy Służby Bezpieczeństwa Ministerstwa Spraw Wewnętrznych w roli tzw. „tajnego informatora" wobec tymczasowo aresztowanych. Nie powiedział mi tego wprost, ale aluzyjnie sugerował[23].

---

[23] IPN Biuro Udostępniania i Archiwizacji Dokumentów [dalej IPN BU], 483/49.

Adam Michnik wnioskował w piśmie o wszczęcie śledztwa w sprawie „uderzenia w głowę". Stwierdził, że Celegrat to chuligan. Opozycjonista pytał, „na jakiej zasadzie obywatel Celegrat, więzień karny, przebywa od czterech lat na terenie pawilonu śledczego, czemu zawdzięcza swe nadzwyczajne przywileje oraz czym kierowano się, umieszczając go ze mną w jednej celi".

Celegrat złożył oświadczenie, w którym tłumaczył, że Michnik po przeczytaniu „Trybuny Ludu" drwił z rządu.

> Nie było dnia, ażebym nie słyszał, że jeszcze nigdy nie czytał tak spanikowanych wypowiedzi „Jaruzela", że jedyna jego siła to wojsko, że na najbliższym Plenum KC zaatakuje go „konserwa", nazywał to jeszcze „betonem", że ten „beton" chce Polaków mocno złapać za mordę, że będzie coraz gorzej, bo ten system nie nadaje się w naszym kraju i tylko poprzez jego zmianę można myśleć o polepszeniu sytuacji, że ludzie wyjdą na ulicę, że poleje się krew.

Celegrata wyprowadzały z równowagi zachwyty Michnika nad zachodnią demokracją i twierdzenia, jakoby to Związek Radziecki stał za atakiem na papieża. Amerykański szpieg próbował przemówić do rozsądku współwięźnia, „który zaraz powiedział, że jest mądry, [...] że wydał dwie książki za granicą i ma tam szerokie stosunki".

> Do tego wszystkiego dochodzi jeszcze karygodne niechlujstwo Michnika: nie myje się, nie pierze skarpet, nie sprząta celi albo udaje, że ją sprząta. Trudno przebywać z takim, który śmierdzi, choć posiada wszystko, aby móc o to zadbać. Bez przerwy panował w celi bałagan.

Celegrat poprosił, by Michnik umył kubek, „bo wstyd przed innymi, którzy będą go napełniać". Jeśli wierzyć pisemnemu wyjaśnieniu Celegrata, Michnik udał, że nie słyszy uwagi. Zdenerwowany sierżant sztabowy odepchnął go od stolika i powiedział, że „z takim brudasem" nie będzie jadł przy jednym stole. Michnik krzyczał.

Adam Michnik pamięta Celegrata, ale zapisał się w jego pamięci na tyle ponuro, że nie ma ochoty rozmawiać na jego temat.

Tego wieczoru, gdy zapytałem, czy powinienem znać Celegrata, Jarek rzucił hasło: „wielkopolski Kukliński". Zaznaczył, że Kukliński był informatorem CIA z pobudek czysto patriotycznych, a Zenon Celegrat pracował dla Amerykanów za pieniądze. Jeden i drugi działał na rzecz Zachodu.

Jarek wyciągnął laptop i pokazał mi swoją cenną zdobycz. W pierwszym dokumencie zespołu akt znajdowała się prozaiczna notatka podpisana przez dyrektora Departamentu II MSW generała Władysława Pożogę. Dokument był tajny. Pożoga kierował go do poznańskich funkcjonariuszy SB, aby zapoznali się z opisaną w załączniku historią Zenona Celegrata. Był to materiał szkoleniowy. Pożoga przesyłał historię agenta, ponieważ „rozpoznanie metod bieżącego kierowania i form łączności winno być wykorzystywane w toku codziennej pracy operacyjnej do ujawniania agentury wywiadu amerykańskiego oraz organizowania przedsięwzięć ofensywnych"[24].

---

[24] IPN Po 003/822/1.

Sierżant sztabowy Zenon Celegrat w Sajgonie. Radiotelegrafista 69. Pułku Artylerii Przeciwlotniczej w Lesznie od czerwca 1974 roku do marca 1975 roku pełnił funkcję radiotelegrafisty polskiej delegacji w Międzynarodowej Komisji Kontroli i Nadzoru.

Wykrycie agenta Zenona Celegrata w szeregach ludowego wojska otworzyło oczy bezpiece. Oczywiście wiadomo było, że PRL była infiltrowana przez szpiegów, nie tylko dyplomatów. Sprawa Celegrata zadziałała na bezpiekę jak kubeł zimnej wody. Okazało się, że CIA grała SB na nosie. Sprawy nie nagłaśniano i nie wykorzystano jej do zorganizowania pokazówki. Dokładnie spisano przebieg zatrzymania agenta i sposób jego pracy, aby kontrwywiad w terenie mógł uczyć się na błędach.

List generała Władysława Pożogi datowany jest 6 września 1979 roku i oznaczono go gryfem „tajne specjalnego przeznaczenia". Był powielony w pięćdziesięciu egzemplarzach. Trafił do komend wojewódzkich MO, a dokładnie do zastępców komendantów do spraw służby bezpieczeństwa.

Pożoga udzielił obszernego wywiadu Henrykowi Piecuchowi. Rozmowa z szefem wywiadu PRL-u wyszła pod koniec lat osiemdziesiątych nakładem „Czytelnika". Władze ocieplały wizerunek, otwierały się na pluralizm polityczny (chociaż nie na związkowy) i wietrzyły pancerne szafy. Chciano pokazywać socjalizm z ludzką twarzą. Jednym z dokumentów ujawnionych przez szefa wywiadu i kontrwywiadu pod koniec lat osiemdziesiątych była „Instrukcja wywiadowcza agenta CIA Zenona Celegrata z 1978 roku"[25].

> Drogi Przyjacielu,
> Pańską lutową paczkę podjęliśmy z powodzeniem. Jak to Panu powiedzieliśmy przez radio, Pańskie fotografie, jak na pierwszy raz, były bardzo dobre. Informacje przekazane były dla nas bardzo interesujące. A teraz przechodzimy do spraw, które Pan poruszył w swoich tajnopisach.

---

[25] H. Piecuch, *Siedem rozmów z generałem dywizji Władysławem Pożogą, I zastępcą ministra spraw wewnętrznych, szefem wywiadu i kontrwywiadu*, Warszawa 1987, s. 400.

– Oni tak pisali do agentów – mówi Jarosław Burchardt. – Gratulowali dobrej pracy, chwalili, głaskali po głowie. Wiedzieli, jakiej presji poddawani są ich współpracownicy.

Jest trudno uwierzyć, że może Pan kontynuować ukrywanie znacznych sum pieniędzy, które dla Pana przygotowaliśmy. Całość, cośmy Panu przekazali, wynosi prawie dziewięć tysięcy dolarów w stosunku rocznym. Jest rzeczą oczywistą, że Pańska żona i dziecko potrzebują Pana jako męża, ojca, żywiciela. Aczkolwiek sumy Panu przekazane pozwalają Panu zadośćuczynić potrzebom rodzinnym, to jednak mogą one stanowić dla Pana poważny problem bezpieczeństwa.

Zgadzamy się, że do tej pory był Pan w stanie pokryć te sumy oszczędnościami z Wietnamu i zakupionymi tam drobiazgami w złocie.

– Czyli sugerują mu, żeby nie przesadzał z wydawaniem, bo ktoś może pozazdrościć nowych dżinsów i donieść o życiu ponad stan.

Zapewniamy Pana, że informacje nam przekazane są dla nas interesujące i wartościowe.

– Czyli po kiju teraz marchewka. Uważaj z pieniędzmi, bo cię wsadzą, ale generalnie to ładnie pracujesz.

My Pana nie prosimy o zdobywanie informacji, które są poza Pańskim dostępem i możliwościami, ani tego od

Pana nie oczekujemy. Aby jeszcze bardziej zmniejszyć jakiekolwiek ryzyko dla Pana, prosimy opisać szczegóły o Pańskim nowym stanowisku, jego dostępie, zmianach wspomnianych w ostatnim tajnopisie i Pańskiej pozycji w pułkowej organizacji partyjnej.

– Wyraźnie widać, że liczą na awans Celegrata, co oznaczałoby dostęp do tajnych dokumentów. Chcą zmniejszyć prawdopodobieństwo wpadki.

Prosimy używać takiego samego plastycznego kontenera, jakiego użył Pan w lutym (duży brązowy, który normalnie zawiera smar samochodowy), dla przyszłych paczek do nas. Życzymy Panu przyjemnego lata i urlopu.

– Miło, kulturalnie, grzecznie, zachęcająco i uspokajająco. Wmawiają mu, że to, co robi, to normalna działalność, i że nie musi się stresować.

Zenon Celegrat został zatrzymany w Warszawie, gdy „podejmował z martwej skrzynki pojemnik z wyposażeniem szpiegowskim". Z dokumentów dowiadujemy się, że żołnierz urodził się w 1937 roku, mieszkał w Lesznie, był zawodowym podoficerem i co najważniejsze – od czerwca 1974 roku do marca 1975 roku pełnił funkcję radiotelegrafisty polskiej delegacji w Międzynarodowej Komisji Kontroli i Nadzoru. W takiej samej, na przełomie 1967 i 1968 roku, służył Ryszard Kukliński.

Japończycy wykorzystują upadek Francji i w 1940 wkraczają do Indochin. W szeregach wojsk strzegących francuskich terytoriów jest wielu Wietnamczyków. Nie mają zamiaru umierać za Francję. Rząd z Vichy, któremu podlegają Indochiny, kolaboruje z Japończykami. Na kronikach filmowych z tamtych czasów widać uśmiechniętych francuskich oficerów w białych, okrągłych wojskowych czapkach, żartujących z Japończykami. Twarze Japończyków są pogodne, jakże inne niż te na amerykańskich filmach o wypatrującym Pearl Harbor Isoroku Yamamoto. Japończycy pragną Indochin dla kauczuku, ryżu, kukurydzy i węgla. Indochiny są idealną bazą dla sił, które chciałyby zaatakować Chiny, Birmę, Indie, Filipiny i Australię. Traktują Indochiny tak, jak Hitler Polskę. Rabują płody rolne. Kiedy oddziały marszałka Żukowa ostrzeliwują centrum Berlina, co drugi Wietnamczyk umiera z głodu.

Wietnamczycy podnoszą głowy znad pustych misek. Związana z komunistami Liga na rzecz Niepodległości Wietnamu, w skrócie Việt Minh, i jej przywódca Hồ Chí Minh, ruszają z nienawiścią na Japończyków. Cieszy to rządy w Pekinie i Waszyngtonie. Z samolotów z białą gwiazdą zrzucane są broń i leki dla pragnących wolności wietnamskich komunistów. W 1945 roku Ho Shi Min mógł pękać z dumy. Japońscy zbrodniarze wojenni z rękami w kajdanach nie uśmiechają się już tak promiennie do kamer kronik filmowych jak w 1940 roku, gdy popijali herbatkę z Francuzami. Wietnamczycy rozbrajają żołnierzy cesarza w imieniu komunistycznego rządu w Hanoi. Na czele rządu stoi Hồ Chí Minh. Na zdjęciach przypomina Lenina. Ma długą, rzadką brodę i bystre oczy. Europejscy politycy musieli go pamiętać. W 1919 roku napisał list do uczestników konferencji wiedeńskiej, wzywając ich do zagwarantowania suwerenności narodowi wietnamskiemu. Hồ Chí Minh czyta dzieła Lenina i wierzy, że niepodległość może dać Wietnamowi jedynie komunizm.

Północ to obszar Hồ Chí Minha. Na południu stacjonują Brytyjczycy z resztkami wojsk francuskich. Jest ich tak mało, że ulice miast w mundurach policjantów patrolują Japończycy. Komunistyczna zaraza wdziera się na południe. W największym mieście regionu, w Sajgonie, na ulicach pojawiają się hasła wzywające do zjednoczenia kraju, by hydra francuskiego kolonializmu nie podniosła łba.

Do Indochin przybywają kolejne oddziały armii francuskiej. Paryż ogłasza, że o sprawach wewnętrznych Indochiny mogą decydować same, ale polityka obronna i zagraniczna to sprawa Paryża. Hồ Chí Minh wie, że Francuzi wyprą z kraju panoszących się po ulicach chińskich nacjonalistów. Jest to krótkotrwały sojusz polityczny. Małżeństwo z rozsądku. A wiadomo, że prawie każde małżeństwo z rozsądku musi się rozpaść. I rozpada się. Rośnie napięcie między panami w białych galowych mundurach a ludźmi Hồ Chí Minha, których denerwują parady francuskich „pajaców” ulicami Hanoi. Wielu wietnamskich polityków widzi, jak pobici w czasie wojny Francuzi leczą swoje kompleksy w Indochinach. Prężą muskuły, jakby nie stracili pozycji międzynarodowej. A przecież Paryż przestaje być stolicą świata. Środek ciężkości przenosi się do Nowego Jorku.

Rząd Hồ Chí Minha przyjmuje 2 września 1945 roku Deklarację Niepodległości, w której powołuje się na deklaracje Wielkiej Rewolucji Francuskiej z 1971 roku. To okupanci Wietnamu napisali, że wszyscy ludzie są równi. Ci sami ludzie „nadużywając podstawowych zasad Wolności, Równości i Braterstwa, poniewierali naszą ojczyzną i zniewalali naszych rodaków, zaprzeczając wszelkim ideałom człowieczeństwa i sprawiedliwości" – czytamy w wietnamskiej deklaracji.

Charles de Gaulle chce utrzymać kolonie. Generał stawał na głowie, aby po zakończeniu wojny alianci uznali Francję za mocarstwo (obok USA, ZSRR i Wielkiej Brytanii). Gdyby teraz Indochiny wyzwoliły się z francuskiego panowania, okazałoby się, że mocarstwowość Paryża to złuda. Francuzi pragną odrodzenia swojego imperium z bogatymi Indochinami jako perłą w koronie. Wieśniacy ze strachem w sercach przyglądają się coraz częstszym utarczkom Việt Minhu z francuskim wojskiem na polach ryżowych.

Wybucha wojna. Francuskie charakterystyczne czołgi z krótkimi lufami przy wsparciu lotnictwa wdzierają się na tyły wroga. Francuzi stosują niemiecki blitzkrieg. W Polsce to działało, w dżungli – nie. Wietnamczycy – ku zaskoczeniu Europejczyków – wycofują się. Generałowie z Paryża bezskutecznie proszą oficerów z Indochin o wytyczenie linii frontu na mapach sztabowych. Frontu nie ma. Komuniści nie chcą bezpośredniego starcia.

Việt Minh stawia na wywiad. W niemal każdej wiosce działa komunistyczny wywiadowca. Ma donieść o ruchach wojsk, uświadamiać politycznie cywilów i szkolić żołnierzy. Francuzi nie są w stanie odróżnić przyjaciela od wroga. Podobnie jak dziś w Afganistanie mały chłopiec może być talibem uzbrojonym w wyrzutnie rakiet, tak w Wietnamie Północnym dziadek w kapeluszu siedzący przed chatą otuloną trzciną mógł być komunistycznym żołnierzem.

Francuzi nie chcą tracić żołnierzy. Nie mają wyraźnego pomysłu na działania wojskowe, starają się przywrócić stary porządek polityczny. Wietnam miał cesarza. Ten pyzaty, dobrze odżywiony, elegancki pan z wydatnymi ustami, Bảo Đại, jest do 1942 roku całkowicie podporządkowany Francuzom. Od roku 1942 służy Japończykom. W 1945 roku abdykuje i doradza Hồ Chí Minhowi. W roku 1949 Francuzi wyciągają z szafy dyspozycyjnego cesarza i mówią mu, że zostanie szefem rządu. Premier Bảo Đại niemal przez cały czas sprawowania urzędu bawi się w Paryżu. Tam też w 1997 roku umiera.

Wojna w Wietnamie pełznie. Francuzi chcą zniszczyć stanowiska dowodzenia komunistów, ale jak tu zniszczyć coś, co jest ukryte w dżungli? Przytomni szefowie Việt Minhu wiedzą, że nie mają szans w otwartej bitwie. Francuzów krew zalewa, gdy na pozornie zdobyty teren niespodziewanie wkracza wietnamska komunistyczna partyzantka.

Na północy Francuzi budują system umocnionych obozów, które mają chronić resztę Wietnamu przed napływem komunistów z Chin. Obozy leżą na wielkich zielonych wzniesieniach, wyglądają, jakby wycięto je z filmu *Władca pierścieni*. Widać z nich Chiny. Ich siła jest słabością. Są wystawione na atak wroga. Sztuka wojenna wykorzystywana w Europie przeniesiona do kraju lasów i gór przyniesie kolonistom wielką klęskę.

W końcu Mao Zedong rozgramia nacjonalistów i przejmuje władzę w Chinach. Hồ Chí Minh otrzymuje wsparcie: broń, amunicję, żywność. Việt Minh rośnie w siłę. W 1950 roku uderza na francuskie obozy na wzgórzach. Obozy nie mają lądowisk. Francuzi zrzucają zapasy na spadochronach albo dowożą drogą lądową. Zrzuty są nieprecyzyjne, a na wąskich, grząskich drogach wylatują w powietrze w zakładanych przez komunistów zasadzkach. Konwoje zakopują się w błocie. Obozy padają jeden po drugim. Ginie sześć tysięcy Francuzów. Broń z Chin płynie do Việt Minhu tak szybko, jak rzeka Bến Hải.

Francuzi marzą o stoczeniu jednej, decydującej bitwy. Bitwa odwracająca losy wojny to kolejny element europejskiej sztuki wojennej, ale nieprzystający do leśnej rzeczywistości.

Przychodzi wiosna 1951 roku. W Chicago zostaje uruchomiana telewizja kablowa. W Polsce powstaje fabryka samochodów na Żeraniu. Nadawać zaczyna Radio Wolna Europa. Francuzi w Wietnamie nie mają czasu ani na telewizję, ani na radio, ani na myślenie o samochodach mknących drogami Doliny Loary. Wojska pancerne, ciężka artyleria, lotnictwo ruszają na Việt Minh. Pociski artyleryjskie zamieniają całe wioski w kule ognia. Po ostrzale do ataku rusza piechota. Generał Jean Joseph Marie Gabriel de Lattre de Tassigny, naczelny dowódca wojsk francuskich, pośmiertnie mianowany marszałkiem, traci w walce jedynego syna. Delta Rzeki Czerwonej znów jest francuska. Komuniści dostają niezły łomot. Napalm i broń maszynowa robią swoje.

Czy bitwa o deltę Rzeki Czerwonej była rozstrzygająca? Nie. Partyzanci kryją się w gęsto porośniętych górach na północ i zachód od Hanoi. Francuskie garnizony nie zaznają spokoju. Oficerowie nie mają czasu na popijanie piwa. Do akcji wkracza ostatnia francuska rezerwa. Desant powietrzny. Spadochroniarze w wojnie indochińskiej spełniali kluczową rolę. Szczególnie, że tak jak wietnamscy komuniści, tak i francuscy imperialiści (to określenie brzmi jak wzięte z socjalistycznej propagandy, ale trudno inaczej określić postawę Francuzów) wiedzą, że bój toczy się nie tylko o deltę Rzeki Czerwonej, ale o północ i zachód kraju. To tereny zasiedlone. Blisko stamtąd do Chin. Operacje Francuzów do złudzenia przypominają późniejszą taktykę Amerykanów „szukaj i zniszcz". Oddziały przeszukują wioskę po wiosce. Przeciwnik nie nosi mundurów, nie okopuje się na froncie. Nie ma frontu. Jest morze drzew, za którymi może kryć się Wietnamczyk. Oni rozpływali się w dżungli.

Co na to wszystko zwykli mieszkańcy Wietnamu? Obserwują. Zbyt wiele nieszczęść spadło na ich głowę. To oni stanowią klucz do zwycięstwa. Po której stronie będą ich nadzieje i sympatie? Czy uwierzą komunistom z buszu, czy bogatym Francuzom z miękkimi chustkami na szyi i papierosami w zębach? Francuzi wysyłają do wiosek swoich lekarzy, pomagają ludności cywilnej. Niektórych Wietnamczyków kłuje w oczy obraz Francuza w dobrze skrojonym mundurze, osłuchującego stetoskopem brudne, wygłodzone wietnamskie dziecko. Lekarze popołudniami leżą w domach. Việt Minh pojawia się nocą. Trochę przekonuje, trochę straszy.

Francuzi nadal wczytują się w swoje podręczniki prowadzenia wojny. Tworzą obóz w Hòa Bình. Przez miasto przechodzi szlak prowadzący z Chin na południe. Garnizon ma przeciąć szlak zaopatrzeniowy komunistów. Operacja budowy obozu otrzymuje kryptonim „Maszynka do mięsa". Francuskie dowództwo wierzy, że Việt Minh natknie się na Hòa Bìnhi i wykrwawi. Powstają stanowiska ziemne, okopy, gniazda broni maszynowej. Powodzenie „Maszynki do mięsa" ma przekonać Zgromadzenie Narodowe, które decyduje o budżecie obronnym Francji. Osłabienie Việt Minhu oznaczać będzie zastrzyk franków do armii, która z takim poświeceniem walczy o kolonię w Indochinach dla swojej ukochanej republiki. Zwycięstwo umocniłoby przekonanie prezydenta Trumana, że warto stawiać na Francuzów.

Wietnamscy komuniści są zmęczeni wojną. Również marzą o ostatecznym starciu, które przechyliłoby szalę zwycięstwa. Việt Minh wie, że kluczową sprawą są drogi zaopatrzeniowe do Hòa Bình. Francuzi chcą obozem warownym zatarasować drogę Wietnamczykom, ale to Wietnamczycy tarasują drogi Francuzom. Próbują opanować Rzekę Czarną, na której operują francuskie jednostki. Na drogach Francuzi wylatują w powietrze, najeżdżając na wietnamskie miny. Giną w zasadzkach.

Hồ Chí Minh rzuca do walki wszystko, co ma. Jego żołnierze atakują falami. Z determinacją nacierają na okopy, niczym Niemcy w 1916 roku pod Verdun. Ciała wplątują się w zasieki. Wietnamskie natarcie posuwa się po trupach swoich braci. Życie dla wietnamskich bojowników nie ma znaczenia. Komuniści nie boją się śmierci pod gąsienicami czołgów. Tańczą przeszywani gradem pocisków pokładowych karabinów. Odważniejsi chcą rozrywać lufy czołgów granatami. Co musi być w ich sercach i umysłach, skoro dobrowolnie przekraczają bramę piekła na ziemi?

Determinacja Wietnamczyków sprawiła, że „Maszynka do mięsa" zaczyna mielić sama siebie. Odpierani Wietnamczycy wracają ze zdwojoną siłą. Ostrzeliwują Hòa Bình z dział rozstawianych na pobliskich wzgórzach. Francuzi walczą już tylko o życie.

Nie wiadomo kiedy i w jaki sposób bitwa przenosi się na drogę numer sześć. Walka trwa wzdłuż całej trasy. O każdy centymetr. Na początku 1952 roku Francuzi zarządzają odwrót z Hòa Bình. „Maszynka" zniszczyła nie tylko najlepszych francuskich żołnierzy, ale również morale armi. Cały 1952 rok to jedno wielkie nękanie posterunków armii francuskiej w delcie Rzeki Czerwonej. Francuskim chłopcom wydaje się, że ta wojna nie ma końca. Walki trwają już pięć lat. Tyle, co druga wojna światowa.

Komuniści szybko uczą się wojennego fachu. Chcą wciągnąć Francuzów w lasy na północy i zachodzie. Francuzi nie uczą się w ogóle. W listopadzie 1952 roku spadochroniarze mają przeciąć szlaki zaopatrzeniowe na północnym zachodzie. Piechotę wykańczają całodniowe marsze w poszukiwaniu schowanych Bóg wie gdzie Wietnamczyków. Bombowce skonstruowane do niszczenia miast mają razić ścieżki w górach albo maleńkie wioski. Tylko nieliczni piloci znają współrzędne celu. Bomby zrzucają na oko. Podobno Hồ Chí Minh chwali się, że nie stracił ani jednego czołgu. Nie ma żadnego. Czy musi? Sprzyjają mu wojenne przyzwyczajenia Francuzów. Ci do końca wierzą w europejskie metody walki. Nie uczą się na błędach. Nie potrafią zdobyć życzliwości miejscowych. To ważniejsze niż kolejna zmechanizowana dywizja przysłana przez Paryż.

Pod koniec 1952 roku Wietnamczycy orientują się, że Francuzi zawsze odpowiadają na ich atak. Nie potrafią odmówić sobie zemsty. Việt Minh świadomie atakuje z zachodu. Wciąga wojska wroga na swój teren. Wietnamczycy chcą porozciągać francuskie linie, by pozbawić je wsparcia lotnictwa.

Kolejny przełom następuje wiosną 1953 roku. Żołnierze Hồ Chí Minha przenikają do Laosu. Mieszkańcy Laosu wierzą, że jedynie komuniści mogą sprzeciwić się kolonizatorom. Francuzi wściekają się, że muszą teraz walczyć w Laosie. Nie mają już czym i kim.

W kwietniu 1954 toku w Genewie rozpoczynają się rozmowy pokojowe. Przy jednym stole zasiadają przedstawiciele światowych potęg, aby rozprawiać o przyszłości Wietnamu. Tymczasem odporni na naukę prowadzenia wojny w buszu Francuzi zakładają nowy obóz warowny na granicy Wietnamu z Laosem, w miejscowości Điện Biên Phủ. Nowa „Maszynka do mięsa" leży w dolinie i ma dwa pasy startowe. To ostatnia szansa Francuzów. Ta bitwa ma rozbić w proch Việt Minh.

Dwanaście batalionów piechoty, artyleria, czołgi i wieki tradycji wojennej dodają Francuzom wiary w zwycięstwo. Jakby nigdy nie było walki o drogę numer sześć. Nie wiedzą, że garnizon otoczy czterdzieści tysięcy komunistów. Ćwierć miliona tragarzy, cichutko stąpając po cienkich jak nitka ścieżynkach, taszczy na plecach uzbrojenie pod osłoną zielonej gęstwiny. Przenoszą w plecakach rozmontowane do ostatniej śrubki działa. Ciężką broń przewożą rowerami. Francuskie dowództwo jest pewne, że bez samolotów i ciężkich samochodów ciężarowych Wietnamczycy nie przewiozą pod Điện Biên Phủ sprzętu wojskowego, że nie tkną warowni w dolinie.

Europejczycy tak ufają europejskiej technologii, że nie raczą nawet przyjrzeć się lasom otulającym dolinę. A wystarczyłoby przetrzeć szkła lornetek, aby zauważyć wietnamskie baterie zatopione w liściach.

Działa Việt Minhu walą w pasy startowe. Francuzi nie wiedzą, skąd lecą pociski. Nie mogą skutecznie odpowiedzieć ogniem. Z lądowisk zostaje kupa gruzu. Znów buta i duma dowódców skazuje na śmierć szeregowych żołnierzy, marzących o powrocie do narzeczonych, żon i dzieci. Wietnamczycy nie boją się drutów kolczastych. W nocy ryją długie, głębokie okopy, otaczają warownię. Konsekwentnie zbliżają się do obozu. Francuzi nie mogą uciec. Việt Minh nie oszczędza nawet samolotów z czerwonym krzyżem.

Francuzi zrzucają posiłki. Mimo to przewaga komunistów jest zatrważająca. Pod koniec kwietnia na szesnastotysięczny garnizon francuski naciera pięćdziesiąt tysięcy Wietnamczyków. Lotnictwo Franzów jest uziemione przez nisko wiszące chmury.

Oranie w ziemi trwa. Komuniści niczym krety, niczym wygłodniałe szczury zbliżają się do okupantów. Z nienawiści chcą przegryźć ich tętnice.

Amerykanie nie lecą Francuzom na pomoc. Nie podnoszą maszyn z sennych lotniskowców. Nie wysyłają bombowców. W dowództwie amerykańskim pojawia się pomysł użycia broni jądrowej, aby wybić komunistyczną pluskwę, ale Brytyjczycy są przeciwni. Jeszcze tego brakowało, by lokalna wojenka w Indochinach wywołała kolejną wojnę światową.

Ostatnie gniazda francuskiego oporu padają 7 maja. Szeregowcy zachodzą w głowę, kto wpadł na pomysł utworzenia garnizonu w środku rozszalałego, ukrytego w lasach wietnamskiego żywiołu. Kto wymyślił samobójstwo Điện Biên Phủ? Kilka tysięcy Francuzów żegna się z życiem na wietnamskiej ziemi. Dwanaście tysięcy trafia do niewoli. Wielu umiera w powodu złych warunków przetrzymywania. Do Francji wraca połowa wojska. Są szkieletami, cieniami ludzi. Według szacunków francuskich straty wśród komunistów sięgają ośmiu tysięcy zabitych i piętnastu tysięcy rannych. Wietnamczycy podają liczby o połowę niższe. Rannych nikt nie liczy i nigdy nie policzy. Wietnamscy jeńcy wrócą do wiosek zdrowi i syci.

W Paryżu ludzie wychodzą na ulice. Wielka armia przegrywa z dzikusami z lasu? Z partyzantką? Francuzi chcą powrotu Charles'a de Gaulle'a, który odszedł z rządu w styczniu 1946 roku. Wobec tragedii Điện Biên Phủ rząd republiki ogłasza koniec wojny. Czas kolonii europejskich potęg bezpowrotnie mija.

Upadek ostatniego bastionu to znak, że należy kończyć konferencję w Genewie. Francuzi mają opuścić Wietnam, a pokoju będzie pilnować międzynarodowa komisja. Porażka boli, bo to druga przegrana wojna Francji w XX wieku. Uznaje się rząd Hồ Chí Minha. Kraj zostaje podzielony wzdłuż siedemnastego równoleżnika. Na północy leży państwo komunistów, na południu – demokratyczna republika. Jej stolicą jest Sajgon. Na mocy porozumienia w Genewie w całym Wietnamie, zarówno północnym, jak i południowym, mają zostać zorganizowane wybory.

Dla Chińczyków i Việt Minhu podział kraju to przegrana. Z tego niezadowolenia za chwilę wylęgnie się kolejna krwawa wojna, którą pokaże amerykańska telewizja. Relacje na żywo z pola walki przewrócą rozumienie konfliktu zbrojnego ludziom na całym świecie. Od tego momentu wojnę będzie się oglądać, jedząc śniadanie i szykując dzieci do szkoły.

Od podpisania porozumienia w Genewie Wietnamczycy mają trzy miesiące na podjęcie decyzji, w którym Wietnamie chcą żyć. Z północy wyjeżdża dziewięćset tysięcy ludzi. Porzucają dorobek życia. Byleby tylko uciec od komunizmu. Ten pochłonie życie stu tysięcy posiadaczy ziemskich. Kolektywizacja wsi zrujnuje kraj. Powtórzy się historia Chin i Związku Sowieckiego.

Wśród uciekinierów z północy są agenci Việt Minhu. W 1957 roku na południu grupy komunistów tworzą partyzantkę walczącą o wyzwolenie. Komuniści marzą o zjednoczeniu Wietnamu. Będą nękać siły rządowe na południu, a w 1958 roku oficjalnie wesprze ich północ. Szlakiem zwanym „drogą Hồ Chí Minha" popłynie uzbrojenie i wojsko. Wietkong – komunistyczna partyzantka na południu – urośnie w siłę gotową zgnieść rządy kapitalistów. W grudniu 1961 roku do Wietnamu przypłynie pierwszy amerykański statek ze śmigłowcami H-21-C. Ciąg dalszy można zobaczyć w nagrodzonym czterema Oskarami *Plutonie* Oliviera Stone'a.

Po dziewięćdziesięciu dniach północ zamyka granice. Obywatele zostają zmilitaryzowani. Stalin mógłby się uczyć od Hồ Chí Minha „zarządzania" masą posłusznych, jednakowych robotoludzi. Wysiłek narodu podporządkowany zostaje przyszłej rewolucji.

– Proszę pamiętać, że za czasów francuskich wietnamska elita studiowała na Sorbonie – mówi Jacek Głuski, tłumacz polskiej komisji w Wietnamie w drugiej połowie lat sześćdziesiątych, później przez wiele lat dziennikarz Telewizji Polskiej. – Młodzi, bardzo zresztą zdolni Wietnamczycy naczytali się Marksa. Wtedy nie było innej odpowiedzi na zniewolenie jak komunizm. To były takie czasy.

– A jak to się stało, że ta elita, o której pan mówi, ma przekonać Wietnamczyków, by fanatycznie uwierzyli w komunizm i szli ginąć w nierównej walce z Amerykanami?

Jacek Głuski chwilę się zastanawia.

– Odpowiem panu pytaniem. A jak to się stało, że udała się rewolucja październikowa?

Na południu również nie dzieje się dobrze. Premier Ngô Đình Diệm jest co prawda zażartym antykomunistą, ale uznaje nepotyzm i korupcję za normalne mechanizmy sprawowania władzy. Zmienia się w dyktatora. Południe nie jest już krajem wolności, ale państwem policyjnym.

Kruchego pokoju pilnuje Międzynarodowa Komisja Nadzoru i Kontroli, w skład której wchodzi polska delegacja. To dla nas wielkie wyróżnienie. W komisji są Kanadyjczycy, Hindusi i my – przedstawiciele bloku państw socjalistycznych[26].

– Amerykanie nie podpisali porozumień – mówi Jarema Słowiak, historyk z Uniwersytetu Jagiellońskiego, który przeczytał polskie dokumenty związane z Międzynarodową Komisją Kontroli i Nadzoru (CIC, Commission Internationale de Contrôle) w archiwum Ministerstwa Spraw Zagranicznych. – Dla Indii udział w komisji był sprawą prestiżową. Zależało im na umocnieniu swoich wpływów w Indochinach. Dla PRL-u był to zaszczyt, ale i wielki problem. Nie było zbyt wielu oficerów znających angielski. Tłumaczy języka angielskiego traktowano jak wrogów ustroju. Do 1956 roku komisja pełniła swoją funkcję należycie. Potem stała się przeszkodą dla Amerykanów. Prezydent Kennedy powiedział, że uznaje postanowienia komisji pod warunkiem, że nie są sprzeczne z racją stanu USA. Ale były sprzeczne – dodaje Słowiak.

Jerzy Moch był tłumaczem w Wietnamie. Wspomina, że komisja składała się z grup, a każda grupa

---

[26] http://www.unic.un.org.pl/misje_pokojowe/doc/MISJE.pdf [dostęp: 15 sierpnia 2014].

z polskiego oficera z tłumaczem, oficera kanadyjskiego, hinduskiego i wietnamskiego, który był łącznikiem[27]. Siedzibą komisji był Sajgon, a filie znajdowały się w Vientianie, w Laosie i w Phnom-Penh w Kambodży. Grupy działały też w wielu miastach Wietnamu Południowego. W okresie, w którym Jerzy Moch służył w Wietnamie, CIC kontrolowała te miejsca, które zechciał pokazać oficer łącznikowy, Wietnamczyk. Gdy komisja chciała odwiedzić magazyn na uboczu lub inne podejrzane miejsca, okazywało się, że a to droga jest uszkodzona, a to nie ma paliwa do Dodge'a. Auta komisji były malowane na biało. Z daleka było widać napis CIC. „Kontrolowano to, co pozwolono kontrolować. [...] Stwarzano pozory skuteczności" – wspomina Jerzy Moch.

Członkowie grupy kontrolującej mogli przy sporządzaniu protokołu zaznaczyć w punkcie dziesiątym: „brak współpracy z oficerem łącznikowym". Niechęć Wietnamczyka do współpracy była jaskrawym łamaniem postanowień układu genewskiego. Protokół trafiał do centrali CIC, a potem odpowiednia nota była wysyłana do rządu wietnamskiego. Zwykle pozostawała bez odpowiedzi. Punkt dziesiąty w protokole kilkakrotnie był wykorzystywany przez grupę, w której służył Moch.

– Dochodziło do wielu absurdów na lotnisku w Sajgonie – opowiada Jacek Głuski. – Pewnego dnia polski oficer poprosił, by odnotowano, że wylądował samolot

[27] http://www.mochowie.pl/Jurek/indochiny.pdf [dostęp: 15 sierpnia 2014].

amerykański i wyszedł z niego personel wojskowy. Kanadyjczyk oświadczył, że nic nie widzi, że to być może wycieczka japońska, a oficer łącznikowy powiedział, że wszystko, co komisja poda w protokole, jest nieważne i nie może być nawet zapisane.

– Dlaczego?

– Ponieważ komisja nie znajduje się w punkcie obserwacyjnym. A punkt obserwacyjny znajdował się przy wejściu na płytę lotniskową. Nic stamtąd nie było widać. Komisja zakończyła kontrolę i poszła na taras widokowy na kawę. Z tego tarasu było dokładnie widać, jak amerykańskie czołgi wyjeżdżają z Herkulesów.

– I co na to komisja?

– Oficer łącznikowy, Wietnamczyk, mówi, że to dobrze, że panowie to wszystko widzą, ale nie możemy wpisać tego do protokołu, bo nie znajdujemy się w punkcie, z którego można prowadzić obserwacje. Wietnamskie masło maślane.

Tłumacz z Warszawy opowiada mi jeszcze kilka szczegółów dotyczących pracy komisji. Na kontrolę grupa jechała pięcioma samochodami. W jednym jechał Hindus, w drugim Kanadyjczyk, w trzecim Polak, w czwartym tłumacz Polaka, a w piątym oficer łącznikowy wietnamskiej armii. Południowej albo północnej, w zależności od tego, w którym Wietnamie pracowała komisja. Każdy jechał sam, by ewentualny ostrzał samochodu albo mina nie zabiła wszystkich naraz.

– Czasami do nas strzelano.

Polacy niewiele kontrolowali, ale dobrze jadali w stołówkach CIC. Wietnamscy kucharze na południu przykładali się do pracy. Utrzymywali z niej całe rodziny. Obiady były podawane na modłę angielską. Nie do pomyślenia było usiąść do stołu w krótkich spodniach. Przed posiłkiem uzgadniano, czy obowiązują koszule z krótkim, czy z długim rękawem. Serwowano jajecznicę, kraby, wielkie krewetki, ryby bez ości i drób na ostro. Do tego ryż. Na deser podawano owoce, między innymi smażone banany, liczi, papaje. Z papai wyciskano mdły sok, ale wystarczyło go pokropić limonką i można go było wypić.

Oficerowie z PRL-u byli dobrze opłacani. Otrzymywali odzież, dzięki której mogli przetrwać upał, oraz dietę w miejscowej walucie. Tłumacz dostawał dodatkowo ponad sto dolarów miesięcznie. Dla porównania przeciętna pensja w Polsce wynosiła wtedy trzydzieści dolarów. Członkowie komisji za darmo latali po Indochinach samolotami wyczarterowanymi przez CIC.

Oficerowie nie głodowali. Można było spokojnie odkładać pieniądze na samochód, cieszyć się życiem i handlować. Członkowie CIC mogli tanio kupować francuskie alkohole, amerykańskie papierosy i herbatę Lipton. Sprzedawali je po przekwaterowaniu na północ pracownikom hoteli, kucharzom i kierowcom. Ci odsprzedawali je dalej, często władzom lokalnym i podobno również centralnym. Towary CIC skupowały sklepy. Była to kontrabanda, ale dopóki interes się kręcił i wszyscy byli zadowoleni, nikt się tym nie przejmował.

Dolary można było wpłacać na konto PKO lub wysyłać do domu pocztą. Świetnie działała poczta hinduskiej armii, która bazowała na starych brytyjskich wzorcach. Wszystkie byłe kolonie Wielkiej Brytanii miały dobre poczty.

CIC raz w miesiącu organizowała przyjęcia dla lokalnych ważniaków. Każdy członek komisji mógł przyprowadzić z sobą gościa. Często gośćmi byli Amerykanie. W niektórych miejscowościach na południu oficerowie mieli kontakt z Amerykanami prawie codziennie. „Przyjęcia organizowane były w stylu amerykańskim: dwie godziny i ani trochę więcej, no chyba, że było wyjątkowo fajnie! Nieraz sobie tam myślałem: oj, żeby tak ta zasada była przyjęta w Polsce!" – pisze Jerzy Moch[28].

Na przyjęcia wszyscy przychodzili w galowych strojach lub mundurach. Jerzy Moch wspomina, że Sardul Singh, szef grupy kontrolującej z Hajfongu, przyszedł na przyjęcie w pasie, który miał z przodu przypięty pojemnik na naboje. Były w nim prezerwatywy. Swobodnie po pracy żyli oficerowie z CIC.

Oczywiście były pewne utrudnienia życiowe. Owoce myto w nadmanganianie potasu. Zjedzenie banana na targu groziło zarażeniem lambliami. Pieczywo mocno opiekano. Ananasów nie jedzono. Ziemia w Wietnamie była nawożona ludzkimi odchodami. W jelitach Wietnamczyków żyją ameby. Im nie szkodzą, Europejczykom bardzo. Amebozę można leczyć, ale trudno ją wyleczyć. Mimo to oficerowie jedli ananasy obierane na rynkach przez handlarzy, którzy nie myli rąk. Nie można było się oprzeć soczystym owocom, gdy upał nie pozwalał oddychać. Zenon Celegrat zezna później

---

[28] Tamże [dostęp: 20 sierpnia 2014].

śledczym z MSW, że dla oszczędności jego koledzy kupowali przeterminowane amerykańskie konserwy i ich jelita zżerała robaczyca. Dowódca polskiej delegacji generał Czesław Dęga rozkazał Polakom jeść wspólne posiłki w stołówce, nie na mieście. Wojskowi bagatelizowali ochronę sanitarno-epidemiologiczną, żartując, że w Wietnamie łatwiej zarazić się chorobą weneryczną niż lamblią.

Skoro już jesteśmy przy temacie chorób wenerycznych, to warto zapytać, czy oficerowie CIC korzystali z usług prostytutek. Korzystali. Jerzy Moch przypomina, że buddyzm traktuje seks bardzo naturalnie. W Wietnamie Południowym buddyzm przybrał postać liberalną. Prostytucja nikogo nie dziwiła. Na północy komunizm wykluczał prostytucję. Krążyła anegdota mówiąca o tym, że wszystkie kobiety lekkich obyczajów z północy zapakowano na statek i zatopiono. Prostytutki z południa były przykładnymi żonami i matkami. Praca przynosiła im spore dochody, dzięki czemu mogły kupować domy dla swoich rodzin. Oczywiście mówiąc domy, mamy na myśli dwupokojowe, murowane parterowce. Dachem była blacha, na której ustawiano ciężkie kamienie.

Moch pisze: „W Quinhon cała grupa CIC chodziła na «dziewczęta» na zasadzie, że jak Polaka ciągnęło, to namawiał do towarzystwa Kanadyjczyka po to, żeby ten nie mógł na Polaka donieść i podobnie było z Kanadyjczykiem, no a Hindus, chairman i polski tłumacz z braku laku musieli im towarzyszyć".

Krótka wizyta u prostytutki kosztowała od dwóch do trzech dolarów. Cała noc – kilkanaście dolarów. Panie przyjmowały klientów w swoich mieszkaniach. Nie wystawały na ulicach. Raczej szukały chętnych erotycznych przeżyć w restauracjach albo na plażach. Jedna z prostytutek znana była ze słabej co prawda, ale jednak znajomości języka polskiego. Tak jak żołnierze Armii Czerwonej w czasie drugiej wojny światowej posiadali „frontowe żony", tak w Wietnamie członkowie CIC wiązali się na stałe z gejszami. Wietnamska „żona" mieszkała w hotelowym pokoju razem z „mężem". Robiła zakupy, pichciła i dotrzymywała szeroko rozumianego towarzystwa. Gdy oficer wyjeżdżał, przekazywał „żonę" swojemu zmiennikowi. Moch wspomina, jak jedna z Wietnamek rzuciła się lotnisku na podłogę i z żalu za wyjeżdżającym ukochanym wyrywała sobie włosy.

Kiedy Celegrat będzie w Wietnamie usłyszy od kolegi, który mieszka z lekarzem, że co trzeci Polak na misji łapie syfa, a wielu nie zgłasza się do lekarza ze strachu przed plotkami. Celegrat sam dwa razy walczył z chorobą weneryczną. Pierwszy raz wyleczył go lekarz w Sajgonie, a drugi raz w Đà Nẵng ktoś załatwił mu zastrzyki z niemieckiego szpitala. Kto? Będzie o to dopytywał śledczy z Warszawie.

Dlaczego o tym piszemy? Wystarczyło, by wywiad amerykański sfotografował nocne przygody Polaka i szantażował go: współpracujesz z nami albo wysyłamy zdjęcia do żony.

– Popularne było werbowanie na chorobę weneryczną – mówi dr Przemysław Benken z szczecińskiego IPN-u, który badał dokumenty związane z misją w Korei i Wietnamie. – Polacy bali się zgłaszać do polskiego lekarza. CIA o tym wiedziała i składała propozycję. Mamy lekarstwa, przyjdź, pozbędziesz się problemu. W zamian za zastrzyk chory odpowiadał na pytania dotyczące jednostki wojskowej w Polsce. Obserwowano tych Polaków, którzy chętnie korzystali z domów publicznych – mówi dr Benken.

Oczywiście władze wojskowo-polityczne przestrzegały członków komisji przed niemoralnym zachowaniem. Wysyłano instrukcje wychowawcze. Co z tego, skoro nawet „uszatki" (zwani też „firmą ucho") nie gardzili okazją do nawiązania stosunków pozamałżeńskich. Jak pisze o tym w swoim reportażu Jerzy Chociłowski[29].

> Masowa prostytucja nie byłaby zresztą jedynym ubocznym produktem wojny. Towarzyszkami jej były: gruźlica, kiła, narkomania, sieroca poniewierka dzieci, nędza slumsów. Po ulicach Sajgonu snuły się wojenne upiory: żebracy, lumpy, dzieci o czarnej skórze i kręconych włosach, handlarze heroiny, stręczyciele, waluciarze, nieszczęśni, którym cierpienia odebrały rozum. [...] W jednej z sal siedzi po turecku na kafelkowej podłodze 48 dziewcząt. Prostytutki. „Wszystkie mają co najmniej rzeżączkę" – powiada towarzyszący mi w obchodzie lekarz. Pospolite twarze, jedne przestraszone, inne wyzywające, jeszcze inne – puste, obojętne. [...] Le Muong ma 24 lata, pochodzi z prowincji Long Xuyen w delcie Mekongu. W Sajgonie mieszka od 1972 roku. Uciekła od

[29] J. Chociłowski, *Wietnam bez 17 równoleżnika*, Warszawa 1978, s. 79 i 91.

męża, który ją bił. Koleżanka poleciła ją do domu publicznego przy ulicy Le Van Duyet. Pracowała tam 8 miesięcy, potem wróciła do męża, który znów ją bił, więc znowu uciekła. Tym razem dostała się do małego domu publicznego w dzielnicy Go Vap i była w nim prawie dwa lata. Przychodzili tam głównie żołnierze, kierowcy, rykszarze... Nie brała dużo – 500 piastrów, a jeszcze z tego 300 szło dla mama-san.

Mimo biedy i zapachu wojny Wietnamczycy byli, i są nadal, ludźmi wyjątkowo serdecznymi. Nawet głodne dzieci uśmiechały się radośnie. Tylko taka postawa pozwalała przetrwać trudy życia w tropiku. W wielu relacjach z tamtego czasu można przeczytać o pięciocentymetrowych karaluchach i jaszczurkach chodzących po ścianach i sufitach hoteli. Radośni, biedni ludzie żyli i żyją do dziś w symbiozie z naturą. W komunistycznym Wietnamie było to widać wyraźniej. Kolorytu życiu ludziom z północy dodawały komunistyczne zwyczaje, na przykład zbiorowa pobudka o piątej rano, gdy z głośników rozlegał się hymn państwowy, później gimnastyka. Nic dziwnego, że burżuazja uciekła na zamożne Południe, gdzie klimatyzacja nie była imperialistycznym wynalazkiem.

– Północ była robotnicza, południe rolnicze – mówi Jacek Głuski. – Na północy wśród robotników rozwinął się komunizm. Na południu, wśród rolników, którym nie brakowało jedzenia, niespecjalnie. Musiało dojść w końcu do wojny komunistycznej Północy z kapitalistycznym Południem. Armia Południa była bardziej zachodnia, lepiej uzbrojona, ale mniej zmotywowana. Amerykanie z czasem też tracili morale. Wierzyli w naloty dywanowe. Bombowce miały urządzenia wykrywające ludzi w dżungli, ale czasem zamiast żołnierzy bombardowano stada bawołów. Komuniści w tym czasie siedzieli w tunelach.

– W czasie ofensywy Tết, gdy partyzantka uderzyła w miasta Południa, ostrzeliwano z moździerzy polską placówkę – mówi dr Benken. – Nasi nie wiedzieli, jak napisać w raporcie, że komuniści strzelają do sojuszników z socjalistycznego kraju. Padła propozycja, że partyzanci będą dzwonić do Polaków i uprzedzać o ataku. Nie rozwiązywało to problemu. Trzeba byłoby tłumaczyć w raportach, dlaczego polska delegacja pół dnia siedzi w piwnicy.

Benken podkreśla, że na południu nie wszędzie działała klimatyzacja. Nie było jej w polskim ataszacie wojskowym. Gdy Polacy wychodzili z samolotu, byli pewni, że gorące powietrze, które nie pozwala oddychać, wyrzucały silniki. Szokowała ich temperatura.

Problem „niemoralnego" zachowania – bo on ma znaczenie z kontrwywiadowczego punktu widzenia – dotyczył wielu misji zagranicznych, również organizowanych przez ONZ. Problem miały przede wszystkim władze demoludów. Nieobyczajny żołnierz nie tylko uderzał w socjalistyczną moralność, ale również narażał się na oddziaływanie obcych wywiadów.

Żołnierze, którzy służyli poza granicami kraju, chętnie opowiadają o swoich przeżyciach. W Polsce prężnie działa Stowarzyszenie Kombatantów Misji Pokojowych

ONZ. Prezesem poznańskiego koła nr 20 jest pułkownik Krzysztof Kołcz. Starszy schorowany pan uprzedza, że jest po dwóch zawałach i dwóch wylewach. Co kilka minut jego udręczony chorobą mózg wprawia dwie chude ręce w drżenie. Nie wiem, jak podać pułkownikowi filiżankę z kawą.

– Jugosławia, Haiti i południowy Liban. To były ciekawe misje – mówi pułkownik Kołcz. – Pierwszą był Egipt w siedemdziesiątym trzecim roku. To był wielki eksperyment dla Polski. Przy Kanadyjczykach i Szwedach wyglądaliśmy jak ubodzy krewni. Dziś w przedszkolu dzieci mówią po angielsku. Wtedy potrzeba było tłumaczy.

Zarobki w dolarach przyciągały na misję nawet generałów. Zastępca komendanta szkoły chemicznej z Krakowa leciał do Egiptu w mundurze sierżanta. Kierował stacją uzdatniania wody. Rok później, gdy okazało się, że w Egipcie nikt nie strzela, przed wylotem na pokład samolotu potrafił wejść wysoki stopniem wojskowy z Warszawy, chwycić podoficera za frak, wyrzucić go przez drzwi i zająć jego miejsce. Jeździli dowódcy okręgów, inspektorzy ze Sztabu Generalnego.

– W Indochinach to była parodia misji. Jechał obserwator, tłumacz, tłumacz lokalny. Z obserwatorem jechała cała obsługa. Dziś pewnie byłby z nimi kapelan, psycholog i panienka z agencji towarzyskiej – śmieje się Krzysztof Kołcz. – Egipt to było pierwsze otrzaskanie się Polaków z procedurami ONZ i firmą ucho. Kiedy człowiek gdzieś na boku wypił kielicha z Kanadyjczykiem, to już był uprzejmy donos. Miałem szczęście. Byłem tłumaczem. Nawet gdybym narozrabiał, to i tak by mnie nie odesłali. Tłumaczy było jak na lekarstwo.

Przed wyjazdem do Egiptu polscy żołnierze spotkali się ze strzelcami podhalańskimi, którzy służyli w Palestynie. Wiekowi panowie opowiadali o skorpionach, żmijach, udarach i odwodnieniu. Ostrzegali przed egipskim upałem. Wystarczyło wystawić rękę przez okno samochodu, aby na skórze pojawiły się bąble.

– Jedzenie było znośne, pod warunkiem, że nie gotował Nepalczyk. Oni przyrządzali kurczaka z gnatami. Można się było udusić posiekaną kością.

W czasie gdy pułkownik Kołcz smakował drób po nepalsku, na Wzgórzach Golan instalowała się inna grupa Polaków. Daliśmy się poznać jako dobrzy specjaliści – podziwiano naszych saperów i lekarzy.

– Polacy w Syrii byli daleko od naczelnego dowództwa. Swobodnie kontaktowali się z miejscowymi. U nas pomocnicy dowódców plutonów byli uszatkami – mówi Kołcz. – Kiedyś wymieniłem z Kanadyjczykiem moczydupkę, czyli beret. Firma ucho od razu się przyczepiła. Straszyli dyscyplinarką. Chodziło im o to, że polski porucznik oddaje czapkę kapitanowi z państwa kapitalistycznego.

Koncern Volkswagena podarował misji sto pięćdziesiąt pasatów i golfów. Polacy dostali trzydzieści nowiutkich aut. To był szok. Dysponowaliśmy jednym dużym fiatem. Dysponowaliśmy? Dysponował dowódca.

Młody kapitan był operacyjnym zastępcą Kanadyjczyka. Dostał nowiutkiego passata. Na zakręcie zahaczył o drzewo i wygięła się blacha. Rozpoczęło się polskie piekiełko. Sprawa passata stała się międzynarodowym problemem. Chcieli go z zawiści do Polski odesłać.

– W Aleksandrii u pewnego Mustafy kupowaliśmy złoto – opowiada dalej pułkownik. – Wchodzimy do sklepu, a przy ladzie stoi jakaś kobita. Okazuje się, że Rosjanka. W Egipcie działało Towarzystwo Kanału Sueskiego. Amerykanie, Rosjanie, Francuzi i Anglicy. Rozminowywali Kanał Sueski. Ta kobita to była żona dygnitarza ruskiego. Pamiętam jak dziś. Brała zegarek z białego złota z brylantami. Arab mówi do niej: tysiąc dwieście funtów. Bez szemrania wyciąga portfel i płaci. Arab garściami rwie włosy ze łba. Krzyczy, że jest idiotą, bo gdyby powiedział trzy tysiące sześćset, to by też zapłaciła.

Po studiach podyplomowych we Francji, w Instytucie Bezpieczeństwa, Krzysztof Kołcz pojechał na Haiti, gdzie znów doświadczył polskiego piekiełka. Wojskowych było niewielu. Głównie policjanci, czyli byli milicjanci. Jednym słowem – „Grom".

– Dopóki Polko tego nie przejął, z wojskiem nie mieli nic wspólnego. Sadzili się jak generałowie. Marszałek Spychalski był skromniejszy – denerwuje się mój rozmówca. – Szef polskiego kontyngentu nie mógł dogadać się z Petelickim. Źle to wyglądało przed Amerykanami. Generał West w końcu się wkurwił i odesłał „Grom" do Polski.

Słowa Krzysztofa Kołcza mają się nijak do oficjalnych informacji o „Gromie". Faktem jest, że amerykańskie dowództwo zmieniło koncepcję swojej obecności na Haiti i Polacy nie byli już potrzebni, ale generał Petelicki otrzymał od nich odznaczenie bojowe „For Military Merit" (za dowodzenie na pierwszej linii)[30].

– West zwrócił się do Polaków, żeby przysłali żandarmerię albo policję – opowiada dalej Kołcz. – W Kielcach przygotowywali kontyngent. Akurat wtedy kupiliśmy glauberyty, nowy rodzaj pistoletów maszynowych i chcieliśmy się nimi pochwalić przyjaciołom zza oceanu. Problem w tym, że Amerykanie opłacili naszym przelot zwykłymi liniami lotniczymi. Kapitan samolotu nie zgodził się zabrać na pokład skrzyń z bronią. Na Haiti polecieli Węgrzy. Bez żadnych problemów i stawiania warunków. Mundury dostali w bazie na Florydzie. Szkoda, że to nie my zarobiliśmy. Pieniądze od ONZ dostawali nie tylko żołnierze, ale również państwo, które wysyłało na misję.

– A dziś? – dopytuję pułkownika.

– W przypadku Iraku i Afganistanu nie tylko państwo nic nie dostaje, mimo szumnych zapowiedzi o współpracy gospodarczej, ale jeszcze musi płacić – odpowiada mój rozmówca.

– Jak ocenia pan wyszkolenie naszych żołnierzy na misjach?

– Podam przykład. Polscy saperzy rozbrajali dziennie kilka, kilkanaście min. Przyjechał batalion panamski. Rozbijali dwa namioty, żeby mieli gdzie spać, i niech pan sobie wyobrazi, że śledzie do namiotów wbijali pociskiem moździerzowym. Jak to pierdykło, to

---

30 http://skmponz.szczecin.pl/grom-na-haiti/ [dostęp: 12 września 2014].

siedemnaście trupów, bebechy latały po całym obozie. I to wszystko zawodowi żołnierze!

Polski batalion świetnie spisał się w Jugosławii. W przeciwieństwie do kompanii Holendrów. Prawdą jest, że Holendrzy niewiele mogli zrobić w Srebrenicy. Stu żołnierzy nie mogło ochronić pięciu tysięcy uchodźców muzułmańskich. Na profilu Krzysztofa Kołcza na Facebooku można obejrzeć zdjęcia z Jugosławii. Dzieciaki bez butów stąpają po oblodzonej drodze. Ludzie w namiotach z gałęzi.

– Pamięta pan Wietnam?

– To było zaskakujące, że Zachód zgodził się na udział żołnierzy z demoludów w misji w Indochinach. Proszę pamiętać, że to nie była misja ONZ. Okazało się, że nie taki diabeł straszny, jak go malują. Mieliśmy bardzo dobre układy z Kanadyjczykami. Najgorsze były stosunki między Polakami. Był taki dowódca kanadyjski, generał Holms. Wcześniej pełnił w ambasadzie w Polsce funkcję attaché wojskowego. Cały first komander generał Silas Wuo Kin był też dyplomatą w Warszawie. Mądry polityczny pieprznął na jakieś odprawie, że Holmsa władza ludowa wyrzuciła za szpiegostwo. Dotarło to do Kanadyjczyków. Może pan sobie wyobrazić, jak polscy oficerowie prawie na kolanach przepraszali generała Holmsa i prosili, żeby nie meldował do Nowego Jorku. Przecież byłaby afera międzynarodowa.

– Wywiad próbował was werbować?

– E, tam. Nikt nawet nie wiedział, że jest jakiś wywiad. To nie jest tak, że ktoś tam przyjdzie, poda łapę, wsunie kopertę i powie, że będziesz dla mnie pracował. Tak to wygląda tylko w powieściach szpiegowskich i głowach oficerów kontrwywiadu. A ci panowie to dla mnie zwykli szpicle. Donosili na nas. Chodziło o duperele. Ale gorsi od szpicli byli polityczni. To było skrzyżowanie k[...] z mułem. Odporny na wiedzę, trudny do za[...]. Po linii i na bazie plutonowi polityczni zostawali majorami.

Krzysztof Kołcz opowiada mi historię z Ismaili, gdzie stała amerykańska eskadra śmigłowców. Dowódcą był Polak z pochodzenia. Miał na imię Ryszard. Przełożeni chcieli wysłać go do Warszawy, do ambasady amerykańskiej. Łaknął kontaktu z polskimi żołnierzami. Chciał szlifować język. Przychodził do naszych oglądać *Pancernik Potiomkin*, mimo że w obozie amerykańskim oglądano głównie filmy pornograficzne na wideo. Pewnego dnia Ryszard zaproponował pułkownikowi Kołczowi wypad do Izraela.

– Z kolegą z Mrzeżyna spiknęliśmy się z polskimi Amerykanami. Powiedzieli, że nie musimy mieć żadnych paszportów. Polecimy śmigłowcem. Mieliśmy pietra, bo jak to, socjalistyczny oficer z Amerykańcami lata służbowym śmigłowcem na gorzałę do Żydów. Już prawie maszyna odbijała się od ziemi, kiedy na horyzoncie pojawił się politruk. Dowódcy powiedzieliśmy, że lecimy do Kairu. Ten ładuje się do samolotu. Mówię Ryszardowi, że to polityczny. A on na to, że skoro chce lecieć, to niech leci. W Hajfie poszliśmy do klubu nocnego w centrum miasta. Taki był nocny, że działał już od szesnastej. Amerykańcy zapłacili po sto dolców za wejście każdego z nas. To prawie połowa mojej miesięcznej pensji. Jedliśmy i piliśmy do woli. Za dziewczyny trzeba było zapłacić oddzielnie. Oczywiście Ryszard chciał nam zafundować wizytę na górze. Mówię do politycznego, że jakby Gierek się dowiedział, to byśmy się nie wybronili. Kto w PRL-u słyszał, żeby dupczyć żydowską k[...] za dolary – rechocze Kołcz. – Wróciliśmy do bazy, a ten idiota polityczny doniósł na nas i sam na siebie.

Zemsta była słodka. W nocy oficerowie spili politruka. Akurat znajomy Arab prowadził osła. Osioł jest łasy na chleb. Przywiązali do łóżka osła i podsunęli mu pod nos bochenek chleba. Zwierzę zaciągnęło łóżko przed barak. Żołnierze oglądali film. Śmiech wywabił na zewnątrz samego komendantka. Po tygodniu politruka już nie było.

– W Wietnamie był też Kukliński – zaskakuję rozmówcę.

– Oczywiście, że był. Zwerbowali go.

– Jak to, zwerbowali? W życiorysie nic takiego nie ma.

– To jest zupełnie inny temat. Musiałby pan porozmawiać z kimś, kto był w Wietnamie.

– Da mi pan numer?

– W Poznaniu jest dwóch kolegów. Jeden jest bardzo chory, więc z nim pan nie porozmawia. Dam numer do drugiego. Nazywa się Janusz Doroszkiewicz.

Pułkownik Doroszkiewicz jest kulturalnym, dobrze ubranym starszym panem. W przeciwieństwie do schorowanego Krzysztofa Kołcza nie przeklina i nie opowiada o prostytutkach. W Wietnamie był od czerwca 1962 roku do kwietnia 1963 roku. W Południowym i Północnym.

– Oczywiście w Południowym było lepiej. Oficerowie mieszkali w klimatyzowanym hotelu. Na północy chłodziły wiatraki podwieszone pod sufitem, a przed komarami chroniły moskitiery.

Od razu po przyjeździe pan Janusz trafił do prowincji Lào Cai na granicy z Chinami. Grupa kontrolowała transporty kolejowe, dworzec i lądowe przejście graniczne.

– Jechaliśmy na stację i żądaliśmy dokumentów przewozowych. Przez stacje jeździły pociągi z jednej części Chin do drugiej. W południowej części Państwa Środka nie było połączenia kolejowego. Grupa komisji CIC sprawdzała, czy w wagonach nie przewożono broni.

– Dokumenty przewozowe z reguły były pisane po wietnamsku. Oficer łącznikowy tłumaczył je. Oczywiście tak, jak chciał przetłumaczyć – wspomina pułkownik. – Były też dokumenty w języku chińskim, których nikt nie rozumiał. Zdarzały się papiery pisane po Polsku. W wagonach jechały do Polski trampki i opony do rowerów. Zdarzały się dokumenty przewozowe po rosyjsku i niemiecku.

Po sprawdzeniu papierków oficer kanadyjski żądał, by pokazano mu wybrany przez siebie wagon. Komendant stacji albo zgadzał się na kontrolę, albo nie.

W północnym Wietnamie niechętnie patrzyli na próby zbliżenia się obcokrajowców do miejscowych. Pułkownik przypomina sobie jedno spotkanie w Dong Yang z okazji 22 lipca. Zaproszono nauczycieli z miejscowej szkoły, władze regionu, straż graniczną. Były rozmowy, częściowo na migi. Przyjęcie trwało do dziesiątej wieczorem. Równo o dziesiątej elektrownia wyłączała prąd i wszyscy się rozchodzili. W Wietnamie Północnym zawsze o dziesiątej wyłączano światło.

Na południu mieszkało się w hotelach. Każdy żywił się na swoją rękę. W kasynie, restauracji, w wilii ambasadora. Na zabawę można było iść, ale ukradkiem. Małżonka prezydenta Ngô Đình Diệm, pani Wiu, ogłosiła żałobę narodową. Właściwie Madame Nhu pełniła rolę pierwszej damy. Była żoną brata prezydenta. Ngô Đình Diệm był kawalerem. Skoro na Północy trwa wojna, to Południe ma się smucić. Nie wolno było bawić się i pić. Oczywiście kwitło podziemie. Rozrywek nie brakło. Kina w Sajgonie były nowoczesne i podobne do tych w USA. Puszczano hollywoodzkie produkcje. Seanse przypominały pułkownikowi lata okupacji. Przed każdym filmem na ekranie pojawiała się flaga Wietnamu Południowego i głowa prezydenta. Napisy po chińsku, francusku i angielsku nakazywały wstać. Rozbrzmiewał hymn państwowy. Drzwi otwierały się na oścież. W drzwiach stali policjanci. Gdyby tak któryś widz nie wstał... Nawet amerykańscy żołnierze, ociągając się, oddawali cześć prezydentowi.

Mojego rozmówcę zadziwiała reakcja wietnamskiej publiczności na zdjęcia z Europy. W jednej kronice pokazywali wyzwolenie obozu w Dachau. Do kamery uśmiechali się bezzębni, wychudzeni więźniowie, wyglądający jak średniowieczna śmierć. Młodzi Wietnamczycy rechotali.

Amerykańscy żołnierze po służbie zapraszali wietnamskie dziewczęta do pokojów. Zabawiali się do rana.

– Możliwości były duże. To były ładne dziewczyny.

– A spotykaliście się z Amerykanami? Rozmawialiście? Piliście whisky?

– Z Amerykanami spotykaliśmy się kilka razy, w tym na imprezach w polskiej ambasadzie z okazji świąt. Wydawano przyjęcia. Przychodzili przedstawiciele amerykańskiej ambasady. Wojskowych nie było. Na żołnierzy wpadaliśmy w Sajgonie. Kiedyś idąc ulicą, ktoś nas poklepał po ramionach. Z tyłu stał amerykański sierżant. Wysoki. Zaczęliśmy rozmawiać. Miał na imię Johny – Jaś. Szliśmy przez dłuższy czas. Opowiadał, że przyjechał do Wietnamu, żeby zarobić dla żony pieniądze na mały sklepik. Marzyła o własnym interesie. Po jakimś czasie jego koledzy powiedzieli, że Jaś wrócił do żony w czarnym worku.

Z Amerykanami w Sajgonie można było swobodnie porozmawiać w restauracjach. Dosiadali się do Polaków. Nasi oficerowie, jeśli nawet byliby ostrzeżeni przez kontrwywiad przed imperialistami, nie mogli powiedzieć do kolegów z USA – spadajcie.

Amerykanie też byli karmieni propagandą. Ci, których spotykał Janusz Doroszkiewicz, myśleli, że w Polsce nie ma małżeństw, nie ma rodzin. Tak rozumieli komunizm. Pytali, czy Polacy wiedzą, co to jest sklep.

– Oni nas koniecznie chcieli poczęstować amerykańskimi papierosami. Nie smakowały dobrze. Nie chcieliśmy być gorsi. Kolega wyskoczył do hotelu i przyniósł po kartonie Carmenów. Powiedzieli, że nic lepszego w życiu nie palili. Dobrze, że nie potrafili przeczytać małego napisu po polsku: „Wykonane z najlepszych amerykańskich tytoniów”.

Polacy mogli poznać nie tylko prawdziwych amerykańskich kowbojów, ale też egzotyczny klimat Indochin. W Gio Linh grupę CIC zaatakował tajfun. Rzeka Bến Hải wylała. Kontrolerzy zostali uwięzieni na wysepce. Woda zniszczyła radiostację. Znów pomocni okazali się Amerykanie. Ze śmigłowca spuścili małą radiostację. Grupa z polskim oficerem nie chciała odlecieć. Widok żywiołu bardziej pociągał niż straszył. Musieli to zobaczyć i przeżyć. A zobaczyli zgięte w połowie szyny kolejowe, które pełniły funkcję słupów linii telefonicznej. Tajfun pogiął szyny jak plastelinę.

Po powrocie do Polski uczestnikom Komisji Nadzoru i Kontroli brakowało zapachu tropiku, smaków owoców, zieleniny, odzewu dżungli, cykad, gekonów, jaszczurów, małp. Dlatego dziś, jako starsi panowie, tworzą stowarzyszenia i w nieskończoność opowiadają tę historię. Pół roku, rok w Wietnamie zaważyło na ich życiu i sposobie doświadczania świata.

– Opowiem panu, jak wracaliśmy do Polski – proponuje pułkownik. – Wracaliśmy samolotem przez Rangun, Bombaj, Kair i Dhahran.

Słowo „Dhahran" Janusz Doroszkiewicz wypowiada ciszej. Rozciąga każdą samogłoskę.

– W tym czasie był to jeden z cudów architektury świata. Typowa arabska, meczetowa zabudowa. Niestety, w 1999 roku lotnisko w Dhahran zostało zamknięte. Potem przylecieliśmy do Pragi. Po locie przerobionym z radzieckiego bombowca Tu-104byliśmy tak zmęczeni, że poprosiliśmy w hotelu o wniesienie bagażu na piętro. Recepcjonista odpowiedział, że w socjalizmie nie ma tragarzy. Bez łaski. Zapakowaliśmy się do samolotu do Brukseli. Jeszcze w Sajgonie załatwiliśmy wizę.

– A wasi przełożeni nie bali się, że uciekniecie?

– Jeden z kolegów był z tych służb od pilnowania – wyjaśnia pułkownik.

Trzech Polaków wybrało się na wycieczkę do Brukseli. Kupili samochody. Pan Janusz wracał do Polski czteroletnim Fordem Zephyrem za pięćset dolarów.

– Nawet nie zauważyliśmy, kiedy skończyła się ważność naszych wiz. W ataszacie wojskowym w polskiej ambasadzie pracował mój kolega. Zapytał, ile jeszcze chcemy być w Brukseli. Wbił pieczątki bez problemu. Zabawnie było w RFN-ie. Zgubił się kolega, ten od pilnowania. Ja patrzę – nie ma Staszka. On nie zna języka, nie ma mapy. Pomógł patrol niemieckiej policji. Po dwudziestu minutach Staszek przyjechał w obstawie wozów policyjnych. Daliśmy Niemcom w podziękowaniu po kartonie papierosów. „Uszatek" miał nas pilnować, a to my musieliśmy szukać jego – śmieje się oficer.

Pytam pułkownika o Kuklińskiego w Wietnamie. Nic w tej sprawie nie wie, choć znał go dobrze.

– W Wietnamie jakiś tłumacz przeszedł na stronę Amerykanów. To wszystko, co mi wiadomo o zdradach.

W Polsce Kukliński służył w Sztabie Generalnym, Doroszkiewicz w inspektoracie szkoleniowym MON. Spotykali się na ćwiczeniach. Kiedy okazało się, że Ryszard Kukliński był agentem CIA, pułkownik Doroszkiewicz był w szoku. Podobnie, gdy okazało się, że dla Amerykanów pracował słynny szermierz.

– Pawłowski[31] przychodził do naszego inspektoratu, ale nigdy o nic nie pytał. Gadaliśmy o wódce, kobietach, kolegach. Piliśmy herbatę. Takie to były kontakty.

Pułkownik nigdy nie myślał o ucieczce z Polski. Dopiero w czasie „Solidarności" ułożył sobie w głowie całą historię PRL-u. Codzienność nie pozwalała myśleć o geopolityce, chociaż w 1968 roku polityka dotknęła jego i kolegów oficerów. Partia próbowała wysłać żołnierzy w cywilnych ubraniach do Warszawy, aby wtopili się w tłum studentów i neutralizowali nastroje. Podstawowa Organizacja Partyjna nie zgodziła się na wyjazd. Tak jak nieprawdą jest, że UB łamała wszystkich w swoich katowniach (połowa uwięzionych wychodziła z zetknięcia się z „bezpieczeństwem" czysta, choć czasem w trumnie), tak oficerowie Ludowego Wojska Polskiego nie byli bandą idiotów.

– Raz był u nas przedstawiciel KC. Tłumaczył wydarzenia w Radomiu. Któryś oficer wstał i mówi, że trzeba robotnikom podnieść uposażenie. A partyjny mądrala z Warszawy na to, że za swoje pensje mogą wyżyć, a resztę dokradają. Jak im się dołoży pieniędzy, to i tak będą dokradać. Sala zaczęła buczeć.

– Pilnowali was w Wietnamie?

---

[31] Jerzy Pawłowski był pięciokrotnym medalistą igrzysk olimpijskich we florecie. Od 1950 roku był współpracownikiem Głównego Zarządu Informacji – Wojskowej Służby Wojskowej. Od 1964 roku współpracował również z CIA jako „Tomek". W 1976 roku Pawłowski został skazany za szpiegostwo na 25 lat więzienia. Na Facebooku działa profil prowadzony przez rodzinę Jerzego Pawłowskiego.

– Raczej ciągle wydawali dyrektywy. Centrala wysyłała szyfrogramy na grupy. Klęliśmy, bo trzeba było to rozszyfrowywać. Pisali, że trzeba zachować socjalistyczną czujność i wymusić na wietnamskim oficerze łącznikowym przeprowadzenie skutecznej kontroli. Wiadomo było z góry, że na oficerze łącznikowym niczego nie można wymusić. On robił to, co kazały mu jego władze. Tak było i w Wietnamie Północnym, i w Południowym. Pisali o świętach państwowych. Napominali, by przestrzegać zasad obyczajowych. Ale Kanadyjczycy też dostawali swoje lekcje. Pomagałem im je rozkodowywać.

Polaków uderzały postkolonialne, francuskie zwyczaje na południu. Codziennie o szóstej rano hotelowy boy pojawiał się przy łóżku z filiżanką herbaty z mlekiem. Po wypiciu spało się dalej.

– Znajomy Kanadyjczyk po porannej herbatce pukał do drzwi mojego pokoju z butelką whisky. Zaczynaliśmy dzień od małej szklaneczki. Później wracał do siebie.

Grupy CIC nie tylko kontrolowały, czy jak kto woli, próbowały kontrolować, ale również rozstrzygały spory. Krowy nie przejmowały się ustaleniami z Genewy i przechodziły przez strefę zdemilitaryzowaną. Miejscowi pisali skargi. Rybacy przekraczali granice wód terytorialnych. Znów ktoś pisał skargę. Co mogła zrobić grupa CIC, której bez zgody komendantury nie można było nawet zajrzeć do wagonu wiozącego dętki do Polski? Mimo to kontrolerzy rozstrzygali spory, noty szły do Sajgonu, z Sajgonu do ambasadorów, od ambasadorów do rządów i tak oto dwadzieścia niesfornych krów stawało się problemem światowym.

O warunkach bytowo-socjalnych pisze Jan Zasadziński, który służył w komisji w latach 1967-1968[32]. Zasadziński pamięta, że pokój w hotelu w Sajgonie był duży, z kwadratowymi łóżkami, biurkiem z amerykańską biblią w szufladzie, stolikiem, fotelami, lampką nocną, telefonem i jaszczurką na ścianie, która okazała się niezwykle użyteczna. Pożerała owady. Na zewnątrz było prawie trzydzieści stopni, a w hotelu dwadzieścia. Najcieplejszy był styczeń i luty.

Jan Zasadziński otrzymał na lotnisku trochę piastrów[33] w ramach diety „na zagospodarowanie się". W mieście kupił czajnik, rondel, maszynkę do golenia i kilka szklanek. Wiedział od kolegów, że trzeba pić jedynie przegotowaną wodę i często płukać usta, aby nie nabawić się ameby.

Niezwykłe wrażenie na oficerze zrobiła barachoła – targ z wszystkim, co człowiek może sobie wyobrazić, a co można kupić. Towary pochodziły z przemytu i amerykańskich magazynów. Wszystko wylewało się na chodniki. Barachoła śmierdziała. Kłębił się tłum ludzi. Po trzynastej sprzedawcy rozwieszali hamaki między żerdziami straganów i drzemali.

---

[32] J. Zasadziński, Wspomnienia członka polskiej delegacji w Międzynarodowej Komisji Nadzoru i Kontroli w Wietnamie w latach 1967–1968, „Przegląd Historyczno-Wojskowy", r. 12 (63), nr 5 (238), Warszawa 2011, s. 135.

[33] Francuski piastr (lub piastra) indochiński – waluta Indochin Francuskich i Wietnamu Południowego – przyp. red.

Jeszcze dotkliwiej cuchnęło na targu żywnościowym, gdzie Europejczyk przecierał oczy ze zdziwienia. Leżały tam stosy wielkich królewskich bananów i mniejszych, dzikich. Grejpfruty, ananasy, cytryny, orzechy kokosowe, papaje, mango musiały być dla obywateli Polskiej Rzeczypospolitej Ludowej czasów Gomułki takim szokiem, jak dla nas widok fermentowanej czarnej soi douchi, pasty doubanjiang i kiszonych łodyg gorczycy sarepskiej zha cai w czasie wycieczki do Kotliny Syczuańskiej.

W klatkach kłębiły się koty, węże, jaszczury i małpy. Przy pionowych matach bambusowych wisiały regionalne przysmaki i przekąski, którym towarzyszyły hordy wielkich jak kciuk much. Lęgły się w tym motylica wątrobowa i włosień kręty. Niewykryta w porę ameboza doprowadzała do rozpadu wątroby. Można by tu uczyć biologii.

Niewiele lepsze od przekąsek na ryneczku były amerykańskie konserwy. Parówki śniadaniowe pachniały jak sedes na dworcu kolejowym Poznań Wschód. Można było odnieść wrażenie, że miejscowi są schorowani. Ktoś, kto nie słyszał o żuciu betelu, sądził, że krwawią z ust. Betel był południowoazjatycką używką. Smarowało się liście pieprzu betelowego mlekiem wapiennym i orzechami palmy o nazwie arek katechu. Betel zabijał pasożyty i zabarwiał ślinę na czerwono. Niszczył zęby, które z czasem czerniały. Między straganami czołgali się biedacy, których nie było stać nawet na garstkę ryżu. Wietnamczycy bez rąk i nóg, ofiary wojny, bladzi z głodu, błagali o litość.

Wystarczyło spać bez zaciągniętej moskitiery, by ślady po ukąszeniach komarów łączyły się w jedną wielką czerwoną opuchliznę, która groziła wstrząsem. Na szczęście amerykańscy lekarze mieli leki przeciwhistaminowe. Nawet po opuszczeniu moskitiery należało wybić owady, również te leżące w spokoju pod materacem.

Miejscowi nosili się po europejsku. Mieli na sobie białe jak śnieg koszule i wygodne sandały. Kobiety chodziły w tradycyjnych strojach. Były to suknie do kostek rozcinane po bokach. W sklepach ceny były stałe, na targu można, a wręcz trzeba było się targować. Udawało się obniżyć cenę nawet o połowę.

W Wietnamie nie brakowało enklaw europejskości. Niemcy z Bawarii, państwo Krainiccy, wydawali kilkudaniowe obiady. Usługiwała konkubina cesarza Bảo Đại. Profesor Krainicki miał polskie korzenie. Gdy gościł u niego Jan Zasadziński, na cześć gościa podano placki ziemniaczane.

W czasie kolejnego obiadu u bawarskich Niemców dr Wulff, psychiatra, opowiadał o swojej wizycie w więzieniu na wyspie Kondor. Cele były wydrążonymi w skale jamami. Więźniów przykuwano łańcuchami do skał. Wezwano doktora, by zbadał młodego żołnierza z Wietkongu. Strażnicy podejrzewali u niego chorobę psychiczną. Skazany błagał Wulffa, by nie rozpoznał choroby. Chorzy żyli w skałach wiele miesięcy. Zdrowi mieli szansę na śmierć w ciągu kilku dni. Lekarz orzekł jednoznacznie: zdrowy.

Krainiccy zginęli w czasie walk Wietkongu z wojskami amerykańskimi. Huế padło po czterech tygodniach. Sto tysięcy cywilów potrzebowało medycznej i humanitarnej pomocy. Ciała profesora i jego małżonki wrzucono do zbiorowej mogiły.

Stosunki w grupach były poprawne, czasem serdeczne, ale wobec pełzającej nowej wojny przybierały postać dyplomatycznych batalii. Jedni członkowie komisji widzieli wojsko w strefie teoretycznie zdemilitaryzowanej, inni nic nie widzieli. Jan Zasadziński na platformach kolejowych pilnie strzeżonych przez amerykańskich żołnierzy zobaczył kilkaset bomb. Wietnamski oficer łącznikowy najpierw ociągał się z odpowiedzią na pytanie, co to za bomby. W końcu uzyskał odpowiedź od władz portowych, że to transport wewnętrzny i ze względów na bezpieczeństwo władze portowe nie udzielą więcej informacji.

Hindusi byli chwiejni. W drobnych konfliktach popierali Polaków. W większych – silniejszych politycznie Kanadyjczyków. Nasi oficerowie mieli coś, co zjednywało im Hindusów, a czasem rozczulało Kanadyjczyków: nasze polskie poczucie humoru. Kiedy Kanadyjczyk mówił, że nie jest w stanie stwierdzić, czy w wagonie jest bomba czy beczka, Zasadziński odpowiadał, że „dziwne są to beczki, dość pękate, a zamiast dna mają ostry czubek i muszą być bardzo cenne, skoro pilnują ich amerykańscy żołnierze"[34]. Wszyscy uśmiechali się pod nosem.

Nie można nie docenić prób pomocy Wietnamczykom, jaką organizowały Stany Zjednoczone, Niemcy Zachodnie, Francja, Wielka Brytania i Belgia. Była to

---

[34] Tamże, s. 153.

kropla, która niezauważona wpadała do morza potrzeb. Jak bardzo miejscowi potrzebowali pomocy, Jan Zasadziński uświadomił sobie w połowie grudnia 1967 roku, w czasie organizowanego co miesiąc święta grupy, czyli przyjęcia, na które przewodniczący zapraszał między innymi członków miejscowych władz. Uczestnicy misji pokojowej mieli status dyplomatów, a pracą dyplomatów jest uczestniczenie w świętach, spotkaniach, rautach, obiadach w ambasadach i koktajlach. Na święto grupy przyszły dzieci z zakładu dla sierot. Miały po sześć, siedem lat. Niektóre nie miały oczu, inne szpeciły okaleczenia i rany. Najbardziej serca i sumienia poruszał widok dzieci znajdujących się w stałym szoku wojennym. Takich zaburzeń nie opisywały europejskie podręczniki psychiatrii.

Względną normalność do Sajgonu przyniosło Boże Narodzenie 1967 roku. W niektórych oknach pojawiły się drzewka iglaste. Księża z miejscowego kościoła katolickiego zbudowali wielką stajenkę. Pomarszczony brezent przypominał skałę.

Uciekinierzy spędzali wigilię pod pogiętą blachą, folią, liśćmi, skrawkami papy. Budy z desek mogło zmieść z powierzchni ziemi zwykłe kichnięcie, ale ludzie próbują się dostosować do każdej sytuacji. W takich budach powstawały nawet sklepy.

Zdarzało się, że wietnamscy mężczyźni chcieli sprzedawać Europejczykom siostry i córki.

Żołnierze ze Stanów włóczyli się po ulicach. Wyrwani prosto z pola walki nie potrafili zaznać spokoju. Południowowietnamska policja miała pełne ręce roboty.

Wkraczała, gdy Amerykanie demolowali bary, urządzali burdy i bijatyki.

Nawet wojna nie była w stanie zatrzymać wybuchu radości w dniach święta Têt, czyli wietnamskiego Nowego Roku. Bogaci opływali w luksusie, biedni cały rok ciułali na odrobinę sytości. Wszędzie było głośno. Na placach stawiano kwiaty w doniczkach. Drzewa strzyżono tak, aby przypominały zwierzęta. Z balkonów zwisały pasy z petardami połączonymi jednym lontem. Ich wybuchy zlewały się z kanonadą bitwy. Jeśli walkę w dżungli można nazwać bitwą.

Święto Têt przerwał atak partyzantki na czterdzieści miast. Wielu Wietnamczyków w Sajgonie nie skryło się w domach, myśląc, że strzały z karabinów to odgłosy fajerwerków. Z jedenastego piętra hotelu „Oskar" Jan Zasadziński obserwował amerykańskie dżipy i siedzących w nich chłopców w kamizelkach kuloodpornych i nieco za dużych hełmach. Jechały też wozy opancerzone. Przejazd musiał przypominać sceny z *Helikoptera w ogniu*.

Narodowy Front Wyzwolenia Wietnamu Południowego (a właściwie jego partyzantka, nazwana przez światowe media Wietkongiem) uderzył w hotele pełne Amerykanów, w ich ambasadę i siedzibę prezydenta Południa. Uderzenie było skuteczne. Komuniści wjechali do miasta w amerykańskich wozach, niekiedy w przebraniu żołnierzy z Południa. Dwudziestu wparowało do ambasady USA. Okupowali ją sześć godzin. Wszyscy zginęli. Pałac prezydencki odbito po trzydziestu sześciu godzinach.

W Hanoi na Północy było spokojnie. Zniszczenia dokonane przez lotnictwo amerykańskie były widoczne, ale naloty nie odebrały miastu charakteru stolicy, miasta kin, teatrów, wyższych uczelni i okazałych fabryk. Komunizm mieszał się z baśniową historią. Gdy u nas rządził Bolesław Chrobry, Hanoi stało się stolicą państwa. Pięćset lat później zniszczyli je Chińczycy. Gdy we Francji Napoleon ustanowił Legię Honorową, cesarz Gia Long zjednoczył Wietnam. Stolicą państwa zostało Huế. Później przyszli Francuzi i Hanoi zostało stolicą protektoratu Tonkin. Do końca drugiej wojny światowej Hanoi było siedzibą administracji francuskiej w Indochinach.

W lutym 1968 roku Hanoi żyło dzwonkami rowerów. Fabryki przeniesiono do dżungli. Robotnicy nad ranem sunęli na rowerach do pracy. Rowery miały pierwszeństwo przed samochodami. Ulice były wygodne, trzy- lub czteropasmowe. Codzienne alarmy przeciwlotnicze nie robiły już na nikim wrażenia. Z głośników płynęły pieśni wzywające do walki i komunikaty o tym, jak zachować się w schronie lub rowie przeciwlotniczym. Schrony były wszędzie, choć nie wszędzie było widać wejścia. Mieściło się w nich do dwustu cywilów. Dołów było tak dużo, że idąc w zamyśleniu, można było złamać nogę. Dawały poczucie bezpieczeństwa. Wietnamczyk, słysząc potężne silniki amerykańskich bombowców, wskakiwał do rowu ocembrowanego kręgami z betonu.

Tramwaje pomalowano na maskujący ciemnozielony kolor, autobusy na zielono-żółty. W zakładach pracy porządku pilnowały grupy samoobrony, gotowe wejść na dach i strzelać z karabinów maszynowych do nisko lecących samolotów z białą gwiazdą. Cywile mieli za zadanie strzelać z ciężkich karabinów. Świetnie w walce radziły sobie kobiety. Były bardziej opanowane. Wytrzymywały nalot, prowadząc ciągły ogień.

Na dachach ustawiano makiety sprzętu. Straszono amerykańskich pilotów. Oddziały czyszczenia miasta natychmiast wywoziły gruz i otaczały zniszczone domy. Zgliszcza przygnębiały. Zagrażały duchowi walki. Trzeba było odsuwać gapiów od ran bohaterskiego miasta. Radio nie mówiło o stratach. Czy liczby na wojnie komuś coś mówią?

Najgorsze były nocne bombardowania nękające. Wyłączano prąd. Ludzie biegli do schronów. Wielu nie wytrzymywało psychicznie pobudek – trzy, cztery lub pięć razy w ciągu jednej nocy. Syreny wyły równolegle z wystrzałami dział przeciwlotniczych. Mieszkańcy Hanoi rozpoznawali kaliber broni. Hałas wystrzałów mocno wbił się w pamięć. Na początku Amerykanie bombardowali obiekty wojskowe i administracyjne. W roku 1968 skończyła się litość. Na wsie spadały bomby burzące, jakby chaty z trzciny trzeba było jakoś specjalnie burzyć, bomby z opóźnionym zapłonem, bomby kulkowe. Gdyby w ten sposób zabijali Wietnamczycy, telewizje krzyczałyby o terroryzmie. US Army chciała zmieść z powierzchni ziemi całe miasta, by złamać morale przeciwnika.

Jan Zasadziński wchodził do mieszkań Wietnamczyków z Północy. Pomieszczenia były małe, trzy na cztery metry. Połowę pokoju zajmowało łóżko. W dzień mieszkanko zamieniało się w maleńki warsztat pracy. Mężczyzna wyplatał makatki z bambusa. Żona gotowała ryż. Po miseczce na jednego członka rodziny. Na ryżowej diecie ludzie powłóczyli nogami. Brak witaminy B1 paraliżował mięśnie.

Jak to w totalitarnym państwie – obywatele mówili niewiele. Odpowiadali na pytania. Niczym się nie interesowali, nic nie wiedzieli, nic nie widzieli, nic nie czuli. Polska delegacja złożyła kondolencje północnowietnamskiemu majorowi z powodu śmierci syna. Nic nie odpowiedział. Miał kamienną twarz. Jakby to nie jego syn umarł.

Komisja w Hanoi w czasie największych nalotów niczego nie kontrolowała. Zasadziński chodził na koniak do polskiej ambasady. W koniaku pływały drobiny drewna. Pito do dna na rautach i bankietach. Przez okno widział chińskiego ambasadora zmiatającego podwórko. Podobno zamiatał raz w tygodniu.

Równolegle do wojny trwała batalia dyplomatyczna. Na słowa, gesty, uśmiechy i komplementy. Podziwiano nawzajem swoje półbuty, wyciągano z torby przywieziony z Kanady gin lub polską żubrówkę.

Pierwsza komisja nie była egzotycznymi wakacjami, o czym pisze w swoim dzienniku Stanisław Śledź, nadzorujący strefę zdemilitaryzowaną na siedemnastym równoleżniku[35]. Był on buforem chroniącym przed incydentami. W dniu 2 marca 1965 roku Stanisław Śledź zobaczył samoloty F-102 Delta Dagger z białymi gwiaz-

---

35 Tamże, s. 128.

dami. Samoloty leciały na północ. Po chwili zatrzęsła się ziemia. Godzinę trwało bombardowanie terenów nad rzeką. Horyzont spowijał dym. Wietnamczycy płakali, a członkowie grupy wspięli się na dachy lichych domostw pośród pól ryżowych i oglądali wojnę. Ożyły wspomnienia z frontów drugiej wojny światowej.

W lutym 1965 roku rozpoczęły się amerykańskie naloty na terytorium komunistycznej Demokratycznej Republiki Wietnamu – wspomina Śledź. Trzy tygodnie później wycofano stałe grupy inspekcyjne CIC z tego kraju. W marcu 1965 roku na plaży Đà Nẵng wylądował desant amerykańskiej piechoty morskiej. Nastąpiła eskalacja konfliktu, ale komisja już wtedy praktycznie nie funkcjonowała. Zaczynała się kolejna „maszynka do mięsa". Tym razem „mieleni" byli amerykańscy chłopcy.

Grupa Stanisława Śledzia 3 marca po śniadaniu popłynęła rzeką Bến Hải. Chłopi wielkimi koszami łowili kraby, a kobiety prały. Za ich plecami bananowce uginały się płodne w niedojrzałe owoce. Przez bambusowe zarośla widać było chaty rybaków. Około trzynastej korony egzotycznych dla Stanisława Śledzia drzew poruszył gwałtowny podmuch gorącego powietrza. Amerykanie lecieli bombardować drogę Hồ Chí Minh. Drogę bojowników przerzucających broń. Tego dnia Air Force dwukrotnie przekraczał strefę zdemilitaryzowaną. Wieczorem odpowiednia nota została przesłana do Sajgonu, co oczywiście nie miało już żadnego znaczenia. Naloty stały się tak częste, że oficerowie grupy na pokładzie motorówki przecinającej Bến Hải grali w brydża. Kanadyjczyk i Hindus przegłosowywali Polaka. Nie powstawały już kolejne noty. Kanadyjczyk twierdził, że nie widzi dokładnie białych gwiazd na dziobach maszyn, a Hindus nic nie twierdził i niczego nie widział. Do czasu, aż nie dwadzieścia, nie trzydzieści, nie osiemdziesiąt, a sto sześćdziesiąt amerykańskich maszyn przeleciało nad głowami grupy Stanisława Śledzia. Kanadyjczyk i Hindus wysłali do Sajgonu pilny radiotelegram o naruszeniu strefy zdemilitaryzowanej. Sto sześćdziesiąt bombowców w powietrzu robiło piorunujące wrażenie.

Na drugi dzień grupa spotkała północnowietnamskiego oficera łącznikowego. Był przerażony. Miejscowi szykowali się do obrony. Cywile ostrzeliwali samoloty F-102 z broni ręcznej i maszynowej. Siły USA coraz głębiej penetrowały Północ. Związek Radziecki i Chiny zagroziły „odpowiednią" reakcją, jeśli Stany Zjednoczone jeszcze raz zaatakują Demokratyczną Republikę Wietnamu Hồ Chí Minha. Stany zaatakowały, reakcji nie było.

Tego samego dnia grupa Śledzia pojechała na uroczysty koktajl na Północ. Koktajl był zaplanowany. Nie wypadało nie jechać. Wietnamczycy byli zrozpaczeni. Nikt nie chciał mówić o śmierci cywilów. Nikt niczego nie zjadł, ani nie wypił.

Jan Zasadziński wspomina, że bomba kulkowa zabiła hinduskiego radiotelegrafistę, który schodził do podziemnego schronu[36]. Z objawami stresu bojowego (oczywiście nie znano wtedy takiej jednostki chorobo-

---

[36] Tamże, s. 143.

wej, mówiono po prostu o szoku) wrócił do Polski tłumacz, który dostał się pod ostrzał na moście Long Biên w 1967 roku. Jego samochód był na przyczółku mostu, gdy zaczął się falowy nalot. Cudem przeżył.

Grupa z pięknego, starego, uniwersyteckiego miasta Huế, podzielonego na pół Rzeką Perfumową, uratowała się dzięki amerykańskiej barce wypływającej na pełne morze. Podobno cesarz skropił rzekę w Huế perfumami. Teraz unosił się nad nią zapach resztek ludzkiego ciała.

– Widziałem w Hanoi, jak wybucha wojna wietnamska – wspomina pułkownik Marian Wieczerzak, który służył w komisji w Wietnamie w 1966 roku. – Komisja była już w rozsypce. Wietnamczycy nie byli w stanie zapewnić nam bezpieczeństwa. Miasto opustoszało. Przypominało warownie. Staliśmy na dachu hotelu i liczyliśmy bombowce. Ziemia się trzęsła. Najgorsze były bomby kulkowe. Potem pisaliśmy szyfrogramy i wysyłaliśmy do centrali na Południe, do polskiego ambasadora.

– Był pan zły na Amerykanów?

– Mnie bardziej interesowały sprawy wojskowe. Jakimi samolotami latali, co zrzucali. W politykę nie wchodziłem.

– A po powrocie do kraju ktoś z panem rozmawiał? Uświadamiał?

– Ja już wtedy byłem uświadomiony – śmieje się pułkownik Wieczerzak.

Ulice Hanoi i innych miast komunistycznej Północy tonęły w propagandzie. Na południu komuniści wmawiali braciom, że rządzi nimi przekupna klika ludzi kochających władzę absolutną. Klika współpracująca ze światem Zachodu, z katolikami, z Amerykanami.

Armia południowowietnamska była szkolona przez Amerykanów. Żołnierze strzelali z amerykańskiej broni. Przejmowali amerykańskie zwyczaje. Stany Zjednoczone, chcąc dać odpór komunizmowi, nie szczędziły sił i środków. Zdawało się, że wojsko ma nieograniczone możliwości. Nad polami ryżowymi pojawiły się śmigłowce. Po podziale Wietnamu, po zakończeniu wojny z Francuzami w portach Południa nie nadążano rozładowywać statków ze sprzętem z Ameryki. Na kronikach filmowych widać uśmiechniętych ekspertów zza Pacyfiku w pięknych czystych mundurach. Tak wyglądali Amerykanie na początku lat sześćdziesiątych.

Wieśniacy, jak ich brzydko nazwała historia, krzywo patrzyli na swoich braci w mundurach szytych za oceanem. Tradycja nakazywała Wietnamczykowi bronić domu, swojej chaty, wioski. Wojownik musiał być blisko ludzi. Matki, ojca, sióstr, braci, żony, dzieci. Tymczasem wojskowi przemieszczali się śmigłowcami i nie zauważali, jak oddalają się od braci. W oczach społeczeństwa byli sojusznikami prezydenta Kennedy'ego.

Amerykanie wyglądali dziwnie, mówili niezrozumiale, zachowywali się wyzywająco. Pogarda będzie drogo kosztowała siły inwazyjne. Oficerowie nie do końca rozumieli, że zaczyna się wojna nie tylko państw, ale i kultur. Faktem jest, że Amerykanie próbowali zaskarbić sobie sympatię miejscowych, ale opieka medyczna, edukacja, infrastruktura to były dla Wietnamczyków pojęcia abstrakcyjne. Nie potrzebowali zachodniego dobrobytu. Kochali swój świat. Czuli się w nim dobrze. Nocami Wietkong wybijał z głów mieszkańców wiosek amerykańskie wynalazki.

Wietkong używał metod współczesnych terrorystów. Wybijał członków rządu Południa, wysadzał w powietrze, mordował z zaskoczenia. Wietkong rozpływał się w dżungli. Partyzanci wiedzieli, że w otwartej bitwie nie mają szans. Chętnie urządzali zasadzki. Ich bronią były miny. Nic nie gasi morale żołnierza tak, jak urwana głowa współtowarzysza. Snajperzy Wietkongu neutralizowali dowódców. Umacniali swoją władzę w wioskach porywając, mordując i torturując.

W Wietnamie nie brakowało Polaków i nie chodzi nam o członków Międzynarodowej Komisji Kontroli i Nadzoru. Ośmiuset żołnierzy Ludowego Wojska Polskiego służyło w sowieckich siłach interwencyjnych. Do kraju wróciło siedemdziesięciu czterech. Służba Bezpieczeństwa zadbała, by nie chwalili się osiągnięciami na polu walki. Zamknięto im usta groźbami i wysokimi rentami. Jedna z nielicznych spisanych relacji znalazła się w wydawanym poza cenzurą czasopiśmie „Antymantyka. Pismo Federacji Młodzieży Walczącej" (Region Pomorze Wschodnie). Na czwartej, ostatniej stronie numeru 26 z 1989 roku czytamy[37]:

---

[37] *Co to jest wojna... Wspomnienia jednego z 800-et polskich żołnierzy walczących w Wietnamie w 68/69 roku*, „Antymantyka. Pismo Federacji Młodzieży Walczącej", 1–15 grudnia 1989 r., nr 26, s. 4 [dostępne w wersji elektronicznej: Biblioteka Cyfrowa Ośrodka „KARTA", <http://www.dlibra.karta.org.pl/dlibra/docmetadata?id=5790> [dostęp: 20 września 2014].

Za dwadzieścia minut będzie świt. Kolumna rusza na północ. Po godzinie dojeżdżamy do wioski, pada rozkaz: „z wozu!". Od dwóch miesięcy jesteśmy używani jako piechota. Ostatnio „05" jest w niełasce. W sztabie koledzy mówią, że chcą nas wykończyć. Z 800 zostało nas zaledwie 120-tu, a ilu jeszcze zginie...? Otoczyliśmy dom – za 5 sekund ATAK... Już wbiegam do lepianki, broń odbezpieczona. Wewnątrz sześciu żołnierzy USA – myją się. Zaskoczenie całkowite. Jeden z nich (ok. 19 lat) rzucił się do broni, ułamek sekundy i sześć trupów leży na ziemi. Kolejne zadanie wykonano. Ogólny stan strat 60-ciu zabitych, 23-ech rannych. Śmigłowiec gotowy do odlotu. Na pokładzie ranni rodacy. Unosi się na wysokość 4-5 metrów. Z pobliskiej wioski wybiega Wietnamka – przeraźliwie krzyczy, wtem ciska białą paczkę w stronę śmigłowca. Eksplozja, pełno dymu, sprawczyni ucieka. Oddajemy strzały, które za moment milkną. Nadlatuje pilot drugiego helikoptera, jest ok. 30 metrów od Wietnamki. „On zwariował" – krzyczy starszy lejtnant. Maszyna nachyla się niebezpiecznie. Nagle wirnik uderza dziewczynę, części ciała lecą na wszystkie strony. Ktoś wymiotował. Wskakując do wozu zobaczyłem na masce zakrwawioną dłoń.

Czy autor widział oblepione napalmem żywe pochodnie, których nie dało się ugasić? Czy widział umierające kobiety z małymi strzałkami w ciele, które rozpryskiwały się z pocisków zwanych „ulami"? Strzałki tak szybko wbijały się w ciało, że rany zasklepiały się. Czy widział dzieci z żebrami na wierzchu, których nie można było nakarmić, bo samoloty z białą gwiazdą oblewały pola i dżunglę tęczowymi herbicydami? Amerykańskie lotnictwo zrzuciło na Wietnam Północny pięćdziesiąt milionów litrów napalmu, który mógłby spalić obszar dziesięciu miast wielkości Warszawy.

W siłach powietrznych komunistycznej Północy służyło osiemnastu ochotników z Polskiej Rzeczypospolitej Ludowej. Na piersi majora Wacława Ciary sam Hồ Chí Minh przypiął srebrny medal za męstwo. Ciara zestrzelił F-100 Super Sabre i Boeinga B-52 Stratofortress.

Poznański dziennikarz Krzysztof M. Kaźmierczak z „Głosu Wielkopolskiego" odnalazł w archiwum IPN-u dokumenty świadczące o tym, że Wojskowa Służba Wewnętrzna werbowała w latach sześćdziesiątych ochotników do Wietnamu w Wielkopolsce. Werbunek zlecił Sztab Wojskowy w Poznaniu. „Do końca września 1966 roku w całej Wielkopolsce znaleziono sześćdziesięciu ośmiu chętnych do udziału w wojnie w Wietnamie. Ochotnicy w większości mieli 25-30 lat. Niemal wszyscy byli rezerwistami. Było wśród nich wielu podoficerów i oficerów, w tym kapitan i major"[38].

Oczywiście SB sprawdzała chętnych. Okazało się, że jeden był skazany na dwa lata więzienia za to, że chciał zwiać do Niemiec, drugi na siedem lat za przynależność do organizacji podziemnej, trzeci na sześć lat za posiadanie broni. Trafił się też tajny współpracownik. Walczyć o komunizm chcieli pracownicy Archiwum Państwowego w Poznaniu, Miejskiego Przedsiębior-

---

[38] K.M. Kaźmierczak, *Polscy ochotnicy do Wietnamu*, „Głos Wielkopolski" 2013, nr 92.

stwa Komunikacji w Poznaniu, piekarz z powiatu jarocińskiego, pracownik wytwórni fortepianów w Kaliszu, chirurg z Leszna, ratownik wodny, oficer milicji i pięciu pracowników Zakładów Naprawczych Taboru Kolejowego w Pile. Również znany muzyk Jerzy Satanowski, wówczas członek zespołu „Następcy". Dziś twierdzi, że zgłosił się dla żartu.

Wszystko wskazuje na to, że żaden z ochotników nie wyjechał do Wietnamu. Krzysztof M. Kaźmierczak podważa pojawiającą się w wielu opracowaniach informację o Polakach walczących po stronie Wietkongu. Historia osiemnastu pilotów z PRL-u nękających US Air Force to podobno bajka. Prawdziwa jest natomiast historia Donalda Kutyny, syna emigrantów z Polski, późniejszego generała i dowódcy Air Force Space Command, a następnie North American Aerospace Defense Command (NORAD). Koledzy z Wietnamu zapamiętali Kutynę z niesłychanego dystansu do siebie. Piloci z 44. taktycznej eskadry myśliwskiej mówili na niego Yankee Air Polack, przy czym „Polack" było upokarzającym określeniem, takim jak „Rusek". Donald Kutyna kazał wymalować na swoim F-105 Thunderchiefie to właśnie hasło: Yankee Air Polack. Maszynę polubiła obsługa naziemna, a pilot zyskał szacunek kolegów. Jego F-105 przetrwał w nienaruszonym stanie i trafił do muzeum w Wielkiej Brytanii.

Polacy dumnie walczyli w amerykańskich mundurach. Wystarczy pójść na Memoriał Wietnamskich Weteranów w Waszyngtonie i przeczytać nazwiska na marmurowych płytach.

– Dla nas Wietnam mimo wszystko to był raj – wzdycha Jacek Głuski. – Potajemnie oczywiście trzymaliśmy z Południem – śmieje się tłumacz. – Przyjaźniliśmy się z Amerykanami i z Kanadyjczykami.

– Wywiady werbowały?

– Oczywiście. Kukliński, Walewski, Dębowski zostali zwerbowani przez CIA w Wietnamie. Mnie jakoś nikt nie werbował. Gdy wróciłem do Polski, to miałem nieprzyjemności. Wzywali mnie na przesłuchania i nie mogli uwierzyć, że nikt mnie nie nagabywał. W końcu chyba uwierzyli i wtedy zaproponowali mi współpracę. Odmówiłem.

W opowiadaniu Jacka Głuskiego *Romeo w hotelu Catinat*[39] znalazłem dwa ciekawe fragmenty, które pozwolę sobie przytoczyć. Pan Jacek przysłał mi to opowiadanie mailem, za co – jeśli pan to czyta – serdecznie dziękuję.

> Wezwał mnie pułkownik T i polecił, abym mu towarzyszył na cocktailu, z okazji przybycia brygadiera, nowego szefa delegacji kanadyjskiej. Upewnił się, że znam instrukcję, jaką w sprawie spotkań z zachodnimi wojskowymi opracowało polskie Ministerstwo Obrony.
>
> Otóż, rozmowy takie winny się były toczyć wokół ograniczonej liczby ściśle określonych tematów: klimat, samopoczucie i zdrowie, rodzina w kraju, ewentualnie – można było wyjaśnić, jakich odznaczeń dotyczą baretki noszone na mundurze.

---

[39] Opowiadanie pochodzi ze zbioru J. Głuski, *Wietnamskie peregrynacje*.

Należało się spodziewać pytań o specjalność wojskową i tu trzeba było zachować całkowitą dyskrecję, nie zdradzając nawet, że się jest lotnikiem, czy marynarzem. Zresztą, dla zachowania tej tajemnicy, wszyscy polscy wojskowi nosili jednakowe mundury polowe – zielone, lub galowe – białe, tropikalne. Gdyby rozmówców nie zadowalały wymijające odpowiedzi, polski oficer powinien oświadczyć, że posiada specjalność ogólnowojskową. Dla tłumaczy stanowiło to zmorę, bo co to właściwie znaczy – ogólny żołnierz czy żołnierz jako taki? Najczęściej określaliśmy tę specjalizację jako general military, co bywało rozumiane, że ktoś jest generałem albo że w ogóle służy w wojsku.

I na mnie złożono donos, że przepuszczam pieniądze na panienki, wśród których jest agentka CIA. Donos ten otrzymałem niedawno z akt IPN i przechowuję jako prywatną „drzazgę bambusa". Okazał się dość skuteczny, bo rychło wysłano mnie do Dżolinu [Gio Linh – red.], który uchodził za miejsce karnych zsyłek dla pracowników Komisji. Mieszkało się tam w prymitywnym baraku, w środku dżungli. Duszne moskitiery nie pozwalały zasnąć, a pod łóżkiem znajdywało się żaby i węże, czasem skorpiony.

„Drzazga bambusa" to tęsknota za „kolorowym, gorącym krajem, pachnącym milionami kwiatów, urzekającymi uśmiechami delikatnych dziewcząt, poruszających się z motylim wdziękiem".

Zenon Celegrat przyjechał do Wietnamu Południowego w czerwcu 1974 roku[40]. Był jednym z trzydziestu radiotelegrafistów przy polskiej delegacji w Między-

[40] Z.C.01220-139-1.

narodowej Komisji Nadzoru i Kontroli. Delegacja stacjonowała w bazie komisji w Sajgonie razem z innymi delegacjami i ich personelem pomocniczym, głównie Amerykanami i Wietnamczykami.

Do bazy swobodnie wchodziły „tancerki", dziewczyny do towarzystwa. Nie musiały nawet pokazywać przepustek, by wejść do kompleksu budynków. Panie miały prawo przekraczać bramę bazy w godzinach od dziewiętnastej do dwudziestej trzeciej. Spotykały się z żołnierzami w czymś w rodzaju kasyna, w sali tanecznej. Przychodziły zawsze te same panie. Było ich około dwudziestu. Amerykańskie przedsiębiorstwo zapewniające obsługę gospodarczą bazy organizowało przyjęcia w stylu „ochlaj i wyżerka". W piątki w amerykańskim

Radiotelegrafista z Leszna w samochodzie Międzynarodowej Komisji Kontroli i Nadzoru (International Commission for Control and Supervision in Wietnam).

Nguyễn Thị Tươi (po prawej) z siostrą Tiễu Nam, agentką kontrwywiadu południowowietnamskiego.

klubie od dziewiętnastej do dwudziestej jedzenie było darmowe, a alkohol za pół ceny. Wcześniejsza zmiana musiała pokazywać strażnikom legitymacje wystawiane przez Amerykanów. Polacy ze zmiany Celegrata wchodzili do klubu bez dokumentów.

We wrześniu 1974 roku Celegrat poznał piękną dwudziestoośmioletnią tancerkę Nguyễn Thị Tươi, mieszkankę Sajgonu. Radiotelegrafista z Leszna nie wiedział, że rozpoczynała się największa przygoda jego życia, za którą zapłaci odsiadką za szpiegostwo na rzecz Stanów Zjednoczonych Ameryki.

Rozdział 4

Wielkie kłamstwo

Zenon Celegrat ma mocny, zdrowy głos. Mówi szybko. Jest sympatyczny. O udzieleniu wywiadu nie chce słyszeć.

– Spisałem swoje wspomnienia. Są u wydawcy – mówi Celegrat przez telefon. W tle słyszę małe dzieci wołające dziadka.

– A może by mi pan przysłał chociaż fragmenty tej książki?

– Zobaczymy. Pomyślę. Niech mi pan poda swojego maila – mówi były radiotelegrafista.

Celegrat ma uczulenie na akta SB. Boli go, że ludzie ufają funkcjonariuszom, a nie ich ofiarom.

– Ludzie wierzą w teczki jak w biblię. Ja za takie coś dziękuję. Z takimi ludźmi nie chcę mieć nic wspólnego. Musiałem się bronić, opowiadać szczegółowo o tym niby szpiegowaniu, żeby mnie nie powiesili. Połowa tego, co jest w aktach, to są bzdury. Bezpieka na tej pisaninie dobrze wyszła.

– Czyli gdyby pan się nie przyznał, to by dostał pan karę śmierci?

– Nie to, że bym się nie przyznał – uśmiecha się Celegrat. – Ja musiałem wziąć na siebie więcej, niż było trzeba. Prokurator od razu wnioskował o czapę.

– To nie było tej kochanki w Wietnamie? – podpuszczam mojego rozmówcę.

– Kochanki? No była – mówi pan Zenon. – Czemu nie.

– SB napisała, że pana sfotografowali z tą kochanką i później szantażowali. Mówili, że wyślą żonie zdjęcia.

– No widzi pan. To są właśnie te bzdury. Nikt mnie nie fotografował. Amerykanie tak nie robią. Tak zupełnie szczerze mówiąc, to ja do nich sam poszedłem. Sam. I taka jest prawda, ale dalej nie ma co gadać.

Wnuki coraz głośniej wołają dziadka.

– A skąd pan wiedział, do kogo pójść? Przecież nikt nie ma napisane na czole, że jest pracownikiem wywiadu?

– Tu się grało w bilard, tu się rozmawiało przy wódeczce, tu był jakiś Polak ze Stanów. To miała być pewna transakcja i być może by do niej doszło, ale ktoś sknocił sprawę i go złapali.

Czy pułkownik Kukliński był zwerbowany w Wietnamie tak samo jak radiotelegrafista z Leszna? To pytanie od lat pozostaje bez odpowiedzi. Są jedynie domysły i poszlaki. Dowodów brak.

Najsłynniejszy polski agent CIA służył w Międzynarodowej Komisji Kontroli i Nadzoru. Trafił do Wietnamu w 1967 roku. Jako jedyny otrzymał zaszczytne, najwyższe odznaczenie komunistycznej Północy, mimo że pracował na Południu dla polskiego wywiadu, o czym oczywiście inni członkowie komisji nie wiedzieli. Co zrobił dla Hồ Chí Minh? Wysokiego odznaczenia nie otrzymali pośmiertnie polscy marynarze, którzy zginęli w czasie bombardowania portu Hajfong. Zabiły ich amerykańskie bomby. Aż prosiło się, by upamiętnić ich pośmiertnym odznaczeniem.

Kukliński zastąpił w Wietnamie pułkownika Bogusława Kołodziejczaka, który służył w polskim wywiadzie wojskowym. Kołodziejczak wspominał później, że Polakami interesowało się trzech amerykańskich oficerów, którzy płynnie mówili po polsku[41]. Kołodziejczak wiedział, że jego pokój bywał przeszukiwany, a hotelowy boy to policjant[42]. W miejscowych barach pito dużo polskiej wódki i burbonu[43]. Nikt nie opowiadał na co dzień, czym zajmuje się w kraju, ale nietrudno się domyśleć, że przy alkoholu, podczas rozmowy o pracy, można się było wygadać. Polaków bolało, że zarabiają mniej od Kanadyjczyków i nie mogą żyć tak wygodnie i dostatnio jak oni. Wykorzystywał to wywiad USA. Był gotowy zapłacić za informację każdą cenę.

Franciszek Puchała przytacza wspomnienia pułkownika Stanisława Śledzia, który twierdzi, że w Wietnamie krążyła plotka o kochliwym Kuklińskim, „który mógł zostać uwikłany w romans i być potem szanta-

---

[41] S. Kwiatkowski, *W stanie wyższej konieczności. Wojsko w sytuacji konfliktu społecznego w Polsce 1981-1983*, Toruń 2011, s. 258-272.

[42] Tenże, *Zdrajca bohaterem?*, „Dziś", nr 4, Warszawa 2004.

[43] *My z Królewskiej. Wspomnienia oficerów liniowych*, red. A. Witkowski, Warszawa 2011, s. 275-278.

żowany"[44]. Puchała twierdzi, że Ryszard Kukliński zakochał się w maszynistce polskiej delegacji. Maszynistka miała poznać oficera z Amerykanką polskiego pochodzenia pracującą w ambasadzie USA. Kobieta była prawdopodobnie „naganiaczką" CIA. Tezę o kochliwości Kuklińskiego wykorzystał w akcie oskarżenia prokurator komandor Piotr Daniuk, który w wywiadzie dla „Gazety Wyborczej" w 1997 roku powiedział, że „z dokumentów zebranych w śledztwie wynika, że współpracę podjął w 1968 roku podczas misji w Wietnamie, a więc przed grudniem 1970 roku"[45]. W czasie, gdy Kukliński służył w Wietnamie, pracowała tam agentka CIA, która prowadziła później najsłynniejszego polskiego szpiega po jego rejsie do Europy Zachodniej w 1972 roku.

Prokurator Piotr Daniuk w 1997 roku mówił, że nie ma sobie nic do zarzucenia i nadal oskarżałby pułkownika o szpiegostwo. W patriotyczne pobudki nie wierzył i nie wierzy, bo skąd oficer Sztabu Generalnego miał pieniądze na budowę willi? A poza tym – jak tłumaczy komandor – szpieg dostał wynagrodzenie za pracę – emeryturę od rządu USA. Nie można więc powiedzieć, że za przekazanie CIA informacji, na przykład o planach wprowadzenia stanu wojennego, niczego nie dostał.

Kukliński miał się zwierzyć pułkownikowi Dachowskiemu, którego znał z Wietnamu, że przed powrotem

---

44 W. Puchała, *Pułkownika Kuklińskiego udział w grze wywiadów*, „Przegląd Historyczno-Wojskowy" r. 13 (64), nr 4 (242), Warszawa 2012.

45 P. Wroński, *Pułkownik był winny*, „Gazeta Wyborcza" 1997, nr 226.

do Polski pożyczył pieniądze od dwóch kobiet. Twierdził, że musiał pożyczyć, bo ktoś go okradł. Podpisał oświadczenie, że zwróci pieniądze. Co było w tym oświadczeniu? Czy dokumentem mogli go szantażować? Czy oddał dług? Pułkownik Dachowski usłyszał podobno historię o pożyczce z ust Kuklińskiego na jego jachcie, w trakcie długiego rejsu, podczas którego pułkownik szastał dolarami[46].

W 2001 roku były attaché wojskowy ambasady ZSRR w Warszawie pułkownik Jurij Ryliow udzielił wywiadu tygodnikowi „Niezawisimoje Wojennoje Obozrienije". Powiedział, że polskiego oficera zwerbowano w Wietnamie, że wiedziało o tym GRU. „Nie mogę powiedzieć, w jaki sposób nasi pracownicy weszli na Kuklińskiego i w jaki sposób zgodził się on na wykonywanie roli podwójnego agenta. W każdym razie w 1974 roku został oddelegowany do Moskwy w celu nauki w Akademii Sztabu Generalnego Sił Zbrojnych ZSRR. W tym czasie ja też w niej studiowałem. Równolegle Kukliński ukończył kurs przeszkolenia przy Głównym Zarządzie Wywiadu (GRU) Sztabu Generalnego Sił Zbrojnych ZSRR"[47].

Generał Czesław Kiszczak, który dobrze znał Kuklińskiego, powiedział, że jego namiętności „połączone z miejscem służby sprawiały, że on aż się prosił, aby spróbować werbunku"[48].

---

[46] W. Puchała, *Pułkownika Kuklińskiego udział...*

[47] J. Szaniawski, *Misja Polski*, Warszawa 2004, s. 176.

[48] M. Barański, *Nogi Pana Boga*, Warszawa 2010, s. 298-300.

I jeszcze jedna poszlaka. Na trzy miesiące przed ucieczką Kuklińskiego zniknął pułkownik Włodzimierz Ostaszewicz, były zastępca szefa wywiadu wojskowego. Ostaszewicz był sąsiadem naszego pułkownika. Kontaktował się z nim niejaki Daniel z CIA. Ten sam człowiek, który prowadził Kuklińskiego. To dzięki Ostaszewiczowi Kukliński wyjechał do Wietnamu, do pracy w Międzynarodowej Komisji Nadzoru i Kontroli w Wietnamie[49].

Teraz kontrargument. Sławomir Cenckiewicz przekopał wszystkie zachowane dokumenty dotyczące pułkownika i nie znalazł nawet poszlak dotyczących wietnamskiego wątku współpracy. Po zdobyciu Sajgonu przez komunistów sowieccy doradcy dokładnie przejrzeli teczki i wpadli na kilku agentów CIA w szeregach socjalistycznych armii. Współpracował z nimi polski oficer. Gdyby było coś na Kuklińskiego, wiedziałaby o tym Warszawa[50].

Kuklińskiego znał generał Edward Wejner. Kiedy on wyjeżdżał z Wietnamu, Kukliński akurat przyjeżdżał.

– Mieliśmy nakaz trzymania się od Amerykanów z daleka – mówi Wejner. – Salutowaliśmy sobie, podawaliśmy rękę na korytarzu i to wszystko.

Tak przynajmniej było w dowództwie operacyjnym misji, gdzie generał (wówczas major) przygotowywał raporty z kontroli.

---

49 S. Cenckiewicz, *Na tropie renegata*, „Uważam Rze Historia", Warszawa 2012, nr X.

50 S. Cenckiewicz, *Atomowy Szpieg. Ryszard Kukliński i wojna wywiadów*, Poznań 2014, s. 120.

– Nikt nas nie nagabywał. Kukliński musiał się nieźle nabiegać, żeby tym Amerykanom coś powiedzieć. Ja bym się na agenta nie nadawał. Nie potrafię kłamać. Zresztą on lubił papierki, a ja poligony.

– A co pan generał sądzi o szpiegach? – pytam Wejnera.

– To jest mi zupełnie obce. Ja uczyłem żołnierzy bronić ojczyzny. Miałem kolegę w WSW. Opowiadał mi takie rzeczy, że głowa boli. O podsłuchiwaniu dowódców. Straszne, obrzydliwe rzeczy. Przez takiego jednego szpicla Macierewicz wyrzucił mnie z Jednostek Nadwiślańskich. Podobno sprzedawałem śmigłowce z zyskiem dla siebie. Wywalili całe dowództwo, moich niewinnych zastępców. Ci moi zastępcy nie potrafili wymówić nazwy miasta, do którego niby sprzedawałem te śmigłowce. Wszystko opisałem w książce *Wojsko i politycy bez retuszu*. Niech pan dokładnie przeczyta, jak to było.

– Wracając do Wietnamu. Co pan pamięta ze służby?

– Że Północ była upalna, a Południe znośne, pod warunkiem, że siedziało się w hotelu. Pamiętam, że nasze kontrole niczego nie zmieniły. Broń do Wietnamu płynęła szerokim strumieniem. Nasi partnerzy z komisji nie chcieli tego widzieć. Kanadyjczyk udawał, że zamiast czołgu widzi walec drogowy, a w wagonach zamiast pocisków orzeszki ziemne.

Życzę generałowi zdrowia i powodzenia. Obiecuję przeczytać *Wojsko i politycy bez retuszu*.

*

Około godziny dwudziestej 8 kwietnia 1978 roku Zenon Celegrat podniósł kamień-skrytkę przy ulicy Orkana w Warszawie. Przeszukano zatrzymanego. Miał przy sobie plan Warszawy z 1970 roku i zapisany do cna kalendarzyk na 1978 rok, wydany przez „Żołnierza Polskiego". Kapitanowie Henryk Przystań i Jerzy Garlej skrupulatnie odnotowali w protokole, że w kalendarzyku były cztery znaczki pocztowe na listy przesyłane pocztą lotniczą. Notatnik „w okładkach koloru stalowego" także był zapisany. Podejrzany o szpiegostwo miał przy sobie również rozkład jazdy pociągów między Warszawą i Lesznem, „Ilustrowany Kurier Polski" z datą 8-9 kwietnia, „Życie Warszawy" z tą samą datą, papier pergaminowy, baryłki czekoladowe z likierem „Wedla", cztery czekolady nadziewane w torebce papierowej, „dwie butelki coca-cola z zawartością", ołówek atos i „bryłę przypominającą kamień". Był jeszcze długopis, scyzoryk, foliówka, rękawiczki, kreda szkolna, kluczyki do małego fiata, prawo jazdy, legitymacja Państwowej Inspekcji Radiowej, poświadczająca posiadanie uprawnień radiotelegrafisty, i Bóg wie co jeszcze. Była też wizytówka o treści – dr Jerzy Świątkowski, Member of the International Commission of Control and Supervision – Polish Delegation – VIET-NAM. Na odwrocie zapisany był adres teściowej. Mieszkała w Warszawie przy Kaukaskiej.

Spisywanie protokołu przeszukania rozpoczęło się po dwudziestej drugiej 8 kwietnia, a zakończyło w nocy o pierwszej trzydzieści. Równocześnie przesłuchiwano

Te przedmioty miał w torbie Zenon Celegrat w czasie zatrzymania w Warszawie. Jest między innymi skrytka na pieniądze imitująca kamień.

zatrzymanego. Zeznania spisywali Jerzy Garlej z Biura Śledczego MSW i Adam Janas, również z MSW.

Z protokołu dowiadujemy się, że Zenon Celegrat miał pochodzenie robotnicze, maturę i ukończoną podoficerską szkołę radiolokacji w Koszalinie. Żona Mirosława nie pracowała, a czternastoletni syn chorował. Stopień wojskowy zatrzymanego? Sierżant sztabowy. Nosił więc na otoku czapki literę V, skierowaną kątem w dół. V opierało się na białej poziomej linii. W 2004 roku w naszym wojsku zlikwidowano stopień sierżanta sztabowego.

Celegrat kierował magazynem w 69. Pułku Artylerii Przeciwlotniczej w Lesznie. Zanim trafił do magazynu, był operatorem stacji radiolokacyjnej, a następnie dowódcą radiostacji. Stanowisko magazyniera sprzętu łączności było niezwykle ważne w jednostce przeciwlotniczej. Dobre miejsce pracy w gospodarce niedoboru. Ciepło, sucho, z dala od problemów. Zarobki? Miesięcznie ponad pięć tysięcy złotych. W tym czasie średnia pensja wynosiła dwa tysiące dwieście złotych. Za średnią pensję można było wtedy kupić prawie dziewięćset bochenków chleba. W 2008 roku tysiąc sześćset. Za wczesnego Gierka za średnią pensję dało się wypić miesięcznie czterdzieści jeden półlitrówek. Za wczesnego Tuska cztery razy więcej.

Papiery z MSW wspominają, że zatrzymany był odznaczony dwoma medalami Ludowej Republiki Wietnamu. Był również członkiem egzekutywy Podstawowej Organizacji Partyjnej. Gomułka mówił, że organizacje bez zebrań zamierają, więc co najmniej raz w miesiącu debatowano w każdym zakładzie pracy. Już pięciu członków partii mogło założyć Podstawową Organizację Partyjną. Rozmawiano. Całymi godzinami. W latach pięćdziesiątych o wdrażaniu radzieckich metod pracy, w latach sześćdziesiątych o biskupach, w latach siedemdziesiątych o roli pochodu pierwszomajowego w życiu społeczno-państwowym, a w latach osiemdziesiątych – jeśli akurat nie było strajku – o tym, że nie wolno strajkować. W skoszarowanym wojsku dorzucano temat zachowania czujności politycznej, czyli kombinowania tak, żeby inni kombinujący tego nie widzieli.

69. Pułk Artylerii Przeciwlotniczej w Lesznie to nie była pierwsza lepsza jednostka wojskowa.

– Na początku mięliśmy armaty pięćdziesięciosiedmiomilimetrowe – mówi były dowódca pułku Mirosław Rochmankowski. – Obrona przeciwlotnicza kojarzy się ze strącaniem samolotu. Zadaniem mogło być stworzenie skutecznej zapory ogniowej, która dezorganizowała pracę pilotów. Później nastąpiła rakietyzacja.

Pułkownik Rochmankowski pamięta Zenona Celegrata, ale jak przez mgłę. Wie, że ktoś taki był i współpracował z obcym wywiadem. Podejrzewa, że informacje o nowym uzbrojeniu rakietowym przedostały się na „tamtą stronę" właśnie przez Celegrata. To nieprawda.

– Stosunki między ludźmi w jednostce oceniam jako bardzo dobre – mówi były dowódca pułku. – Gdyby się źle służyło, szukałbym innego garnizonu. Bardzo mocno podkreślało się rodowód pułku. 55. Poznański Pułk Piechoty, 17. Pułk Ułanów Wielkopolskich. Kombatanci przychodzili na święta wojskowe. Artyleria przeciwlotnicza miała tradycje okresu międzywojennego. Tamci żołnierze byli dla nas bohaterami.

– A jak na to patrzyli partyjni?

– Różnie. Jedni z przymrużeniem oka, innych to drażniło. W 1989 roku, gdy jeszcze byliśmy w Układzie Warszawskim, wprowadziliśmy przedwojenny zwyczaj noszenia odznaki pułkowej. Na początku niektórzy panowie mówili, że to sanacyjne zwyczaje, ale dziś rozszerzyło się to na całe polskie siły zbrojne.

– Jakie było nasycenie wojska partią?

– Żeby awansować, trzeba było się zapisać. Gdy ktoś się zapisał, to musiał sumiennie realizować zadania. Czasem kara partyjna była gorsza od dyscyplinarnej, chociaż kiedy ja byłem dowódcą, nie pamiętam, by ktoś został ukarany karą partyjną.

– Żyliście godnie?

– Skłamałbym, gdybym powiedział, że mieliśmy niskie uposażenia. Zarzuca się żołnierzom zawodowym, że mają przywileje. Z tych przywilejów dziś nic nie zostało. Płaciliśmy mniej za mieszkania, mieliśmy specjalną służbę zdrowia tylko dla nas i rodzin, były kluby i kasyna, wojskowe ośrodki wczasowe, kolonie dla dzieci. A dziś?

– Rozumie pan takich ludzi jak Zenon Celegrat?

– Nie rozumiem. Ani pana Celegrata, ani pana Kuklińskiego. Innego wojska nie było jak tylko ludowe. Innej Polski nie było. Jestem wychowany w rodzinie wojskowej. Pradziadek był w armii carskiej w Kaliszu, dziadek walczył w wojnie polsko-bolszewickiej, ojciec był żołnierzem I Armii Wojska Polskiego. W mojej rodzinie mówiło się o Katyniu, o siedemnastym września. Moja mama była córką policjanta. Wywieziono ich na Wschód. Mama trafiła do Kazachstanu, ojciec w okolice Iwanowa. Lekko nie było, ale gdyby nie miejscowa ludność, gdyby nie Rosjanie, nie przeżyliby nawet miesiąca.

Inaczej leszczyńską jednostkę wspomina Wojciech Parys. Pan Wojtek dziś mieszka w Poznaniu. Gdy miał siedemnaście lat, w 1966 roku, zgłosił się do wojska na ochotnika. Służył w Lesznie pięć lat. To tam zaczął pić.

– Byłem kierowcą. Woziłem armatę na ćwiczenia – wspomina. – Latem jeździliśmy na poligon pociągami towarowymi jak bydło. Oficerowie oczywiście w pierwszej klasie. Teraz jest inaczej, ale wtedy się piło. W wieku lat siedemnastu poznałem smak piwa. Kiedyś byłem na przepustce i ogłosili alarm bojowy. Pijany wsiadłem na rower i pędziłem co sił w nogach na miejsce zbiórki. Pamiętam, że okazało się, że to rower dowódcy. Zawsze podpadałem, ale za ten rower nie dostałem kary. Ukarali mnie za pierwszą miłość. Na lewiznę wychodziłem z jednostki. Szedłem do dziewczyny do Leszna. Kiedyś uciekłem w sylwestra. W Nowy Rok była zbiórka. Nie doliczyli się mnie. Za karę szorowałem podłogę.

– Kadra też piła?

– Raczej nie. Bardziej pili żołnierze, a my, ochotnicy, najbardziej. Starsi nazywali nas kamikadze. Nie mogli zrozumieć, że ktoś na ochotnika idzie na pięć lat w kamasze. Nie wszyscy wytrzymywali. Miałem kolegę, który zastrzelił się na warcie. Było ciężko. Przez te pięć lat uzależniłem się od alkoholu. Pamiętam, że za płotem jednostki był kiosk. Kupowaliśmy skrzynkę piwa i piliśmy po siedemnaście piw dziennie.

– Siedemnaście na wszystkich?

– Siedemnaście na jednego. Na osobę.

– A wychowawcy?

– Wtedy nie mówiło się o alkoholu. Mieliśmy jedynie godzinę polityczną. Opowiadali nam o komunistach walczących o wyzwolenie Wietnamu. Byliśmy młodzi, więc traktowali nas ulgowo. Mieliśmy dodatkowy przydział masła i mleka. Co prawda zabierali nam to podoficerowie, ale to inny temat.

Pan Wojtek uśmiecha się szeroko. Na palcu ma obrączkę-różaniec. Jest aktywny w poznańskim ruchu AA.

– W Lesznie skończyłem szkołę zawodową w specjalności mechanik samochodowy. Nigdy nie byłem mechanikiem. Całe życie jeździłem. Najpierw na żuku w firmie budowlanej, a potem dali mi wywrotkę, a jeszcze później trafiłem do wojewódzkiej kolumny transportu sanitarnego.

– Pana pierwszy wyjazd?

– Jechałem Warszawą do wypadku samochodowego. Wpadł facet pod przyczepę jelcza. Widziałem przejechaną głowę i mózg rozlany na ulicy.

– Piło się w pogotowiu?

– Piło się, ale nigdy nie wsiadłem pijany do karetki. Na kacu nie raz.

– Tęskni pan za wojskiem?

– Niespecjalnie. Teraz żyję w trzeźwości i biorę życie takie, jakie jest.

– Kojarzy pan Zenona Celegrata?

– Jak przez mgłę. To była naprawdę duża jednostka.

Celegrata pamięta porucznik, pracownik jednej z kancelarii. Prosi o anonimowość.

– Wyróżniał się i jednocześnie się nie wyróżniał – mówi porucznik. – Był rozrywkowy, wesołkowaty, bardzo sympatyczny, a jednocześnie intelektualnie i zawodowo należał raczej do szarej masy. Z całym szacunkiem do tego pana. Zwyczajny podoficer, fajny facet. I właściwie więcej o tym człowieku nie jestem w stanie powiedzieć.

Od 1955 roku Celegrat zajmował się krótkofalarstwem.

– Jak by ci to wytłumaczyć – Jarek drapie się po głowie. – Co tysięczny Polak miał telefon. Telefon to było coś. Nie musisz lecieć do budki i wrzucać pięćdziesięciu groszy. Sąsiedzi się do ciebie złażą, żeby zadzwonić. Większość z nas nie miała telefonu, ale można było zbudować radio.

– Radio można było odkupić od kogoś, kto je zrobił lub samemu skonstruować, tak jak ja – opowiada mój ojciec, Wiesław Świątkowski. – Nie były to takie rozmowy jak dziś. Na dalekie odległości nadawało się krótkie komunikaty morsem. Głównie kod wywoławczy i imię. Nie była to stała łączność. Czasem udało się z kimś połączyć tylko raz. Fale odbijały się w atmosferze. Celem krótkofalarstwa było przede wszystkim nawiązanie kontaktu z odległymi miejscami na Ziemi. Potem wysyłało się kartę QSL do klubu, w którym zrzeszony był rozmówca.

Nasz sierżant zapisał się w 1970 roku do Klubu Krótkofalowców przy Związku Harcerstwa Polskiego w Lesznie. Zdał egzamin przed Państwową Inspekcją Radiową w Poznaniu.

W pierwszym kwartale 1974 roku dowódca jednostki płk Czesław Głowacki poinformował Celegrata, że został wytypowany do wyjazdu do Wietnamu. W jakim charakterze? Dowódca nie wiedział. W marcu 1974 Zenon Celegrat pojechał do jednostki szkoleniowej numer 2000 w Warszawie. Była to jednostka wywiadu wojskowego (Zarząd II Sztabu Generalnego). Do pracy w komisji wysyłano przede wszystkich kadrowych oficerów wywiadu i kontrwywiadu oraz współpracowników SB, WSW i Zarządu II[51]. Delegowany przechodził na etat jednostki.

Celegrat po przyjeździe do jednostki 2000 dowiedział się, że przejdzie kurs radiotelegrafistów. Tydzień trwały badania lekarskie. Połowa wytypowanych nie przeszła testów. Ćwiczono alfabet Morse'a i pisania na dalekopisie. O możliwości napotkania przedstawicieli obcego wywiadu nie padło nawet słowo. Ostrzegano natomiast przed prostytucją i chorobami wenerycznymi.

Podoficer z Leszna zdał egzamin. W jednostce 2000 szkoliło się trzydziestu podoficerów. W co drugą sobotę jechał do domu, do Leszna. Z nikim się w Warszawie nie zaprzyjaźnił. Z dwoma kolegami poszedł do kawiarni. Po kursie dziesięć dni odpoczywał w Lesznie. Kupował to, co było potrzebne w tak dalekiej podróży. Po przyjeździe do Warszawy dowiedział się, ile zarobi.

– Czytałem w archiwach, że wielu żołnierzy wzywanych do jednostki 2000 w latach sześćdziesiątych sądziło, że będą służyć w Warszawie – mówi dr Przemysław Benken. – Ci ludzie w życiu nie widzieli stolicy, a mieli lecieć do Azji. Członków komisji było potrzeba tak wielu, że przymykano oko na nieznajomość języka angielskiego. O wojnie wiedzieli tyle, ile napisała „Trybuna Ludu". Szkolenie przypominało raczej samokształcenie. Rozdawano broszury. W latach siedemdziesiątych było już lepiej ze szkoleniami. Polskie dowództwo nabierało doświadczenia.

---

[51] S. Cenckiewicz, *Atomowy szpieg*, s. 110.

W czerwcu 1974 roku odlecieli. Lecieli przez Moskwę, Taszkient, Karaczi i Kalkutę do Sajgonu. Wylądowali na lotnisku bazy Tân Sơn Nhất. Tam zostali zakwaterowani. Natychmiast zeszli się w jednym z pokojów, żeby napić się wódki przywiezionej z Polski. Poili alkoholem podoficerów rotacji, która za kilka dni wracała do Polski. Słuchali z otwartymi ustami, gdzie są „barachoły", na których można kupić mydło i powidło, oraz przy którym fryzjerze jest dobry „salon masażu". Koledzy przestrzegali, żeby nie dać się oszukać i nie zapłacić za masaż więcej niż dwa tysiące piastrów.

Po trzech dniach Celegrat dostał skierowanie do pracy w radiostacji delegacji w Sajgonie. Dwa tygodnie wdrażał się do pracy pod okiem podoficerów ustępującej rotacji. Zmiana trwała dwanaście godzin. Dwóch przy nadajnikach, dwóch przy odbiornikach. Po pracy można było iść na zakupy. Co kilka tygodni wydawano kartki na wódkę, papierosy, piwo i wino sprzedawane w bazie. Nie można było od razu zrealizować wszystkich kartek. Alkoholem handlowało się z Wietnamczykami. Celegrat nie znał nikogo w bazie, kto nie pił. Grano w ping-ponga i bilard. Wieczorem czas umilały tancerki w amerykańskim klubie.

Po zatrzymaniu w Warszawie Celegrat od razu przyznał się do szpiegowania i od tego momentu konsekwentnie podpisywał wszystkie protokoły. Podpis radiotelegrafisty jest równy, czytelny, jak w szkole. Wyjaśnienia szczegółowe, logiczne i często uzupełniane.

Dla żołnierzy Ludowego Wojska Polskiego służba w Wietnamie była spełnieniem marzeń. Mieli dużo wolnego czasu, zarabiali w dolarach i poznali swobodny styl życia kolegów ze Stanów Zjednoczonych.

We wrześniu 1974 roku poznałem w Sajgonie obywatelkę Wietnamu Południowego o nazwisku, jeśli dobrze pamiętam, NGUEN THI TOUI w wieku około 28 lat, z którą nawiązałem kontakty o charakterze osobistym. Kontakty te utrzymywałem, gdy z Sajgonu przeniesiony zostałem do Da Nang, gdyż miała ona tam siostrę, do której przyjeżdżała.

Nguyễn Thị Tươi była jedną z tancerek, które swobodnie wchodziły na teren bazy i mogły przebywać „w czymś w rodzaju kasyna". Zabawiały oficerów i podoficerów. Koledzy Celegrata zeznawali, że radiotelegrafista z Leszna dużo tańczył „ze swoją Wietnamką". Miała pięcioro braci, siedem sióstr, ojca staruszka, który przez lata był gońcem w niższej izbie parlamentu wietnamskiego. Matka zmarła. Macocha zajmowała się domem. Tươii miała syna ze związku z Amerykaninem, inżynierem budującym drogi. Razem z ciotką przyjechały do pracy do Sajgonu. Ciotka wyszła za Amerykanina i wyjechała do Stanów.

CIA obserwowała Polaka, podesłała mu pod nos piękną Wietnamkę, a tu taki numer. Kandydat na szpiega został przeniesiony karnie do Đà Nẵng. Na szczęście dla oficerów amerykańskiego wywiadu okazało się, że Wietnamka miała tam siostrę. W papierach znaleźliśmy informację, że przeniesiono Celegrata do Đà Nẵng, bo zbyt często spotykał się ze swoją przyjaciółką i nadużywał alkoholu.

Nguyễn Thị Tươi była widywana w towarzystwie trzydziestotrzyletniego polskiego kapitana, którego nazwiska Celegrat – w czasie przesłuchań – nie pamiętał.

Pamiętał jedynie jego łysinę na czole, ciemne oczy i to, że interesował się fotografią. Łysawy kapitan „przyjaźnił" się z Wietnamką. Ten fragment zeznań podkreślono długopisem. Bezpieka miała sygnał, że również inni delegaci do Wietnamu byli w orbicie zainteresowań agencji wywiadu. Trzeba było ustalić nazwisko łysego.

Pozamałżeńska namiętność zamieniła się w ognisty romans. Para spotykała się niedaleko bazy, aż w końcu panna Tươi zaproponowała wspólne wynajmowanie pokoju. Komorne było spore, ale zaradny Celegrat wziął pokój do spółki z kolegą Filipiakiem. Warszawiak też miał swoją Wietnamkę.

Naprzeciwko budynku, w którym wynajmowali z kolegą pokój, był zakład fryzjerski. Oczywiście z „salonem masażu". Budynek, w którym był pokoik panów

Zenon Celegrat z kochanką Nguyễn Thị Tươi, współpracowniczką wywiadu Wietnamu Południowego.

z Polski, miał dwa piętra i długie balkony. Ich mieszkanie znajdowało się na pierwszym piętrze. W pokoju była dwudrzwiowa szafa, przy drzwiach stolik.

Pan Zenon spotykał się z kochanką dwa razy w tygodniu. Rozmawiali o Wietnamie, Polsce i ogólnie o świecie. Po angielsku. Cieszyli się sobą. Były też rozmowy o życiu. Tươi wiele razy wspominała, jak ojciec jej dziecka obiecywał małżeństwo. Zamiast pierścionka zaręczynowego przysłał z Ameryki list. Prosił, by Tươi odczepiła się od niego raz na zawsze. Być może była to bajeczka opowiadana werbowanym później Polakom, aby zagrać na czułej antyimperialistycznej nucie. Zły Amerykanin – dobra Wietnamka. Brutalny oszust z kraju niewolnictwa – skromna (i ładna) obywatelka uciśnionego narodu. Tak czy siak wzruszony opowiastką radiotelegrafista z Leszna podał ukochanej swój adres domowy i od razu, bez bicia, przyznał się, że również ma syna i żonę.

Można pomyśleć – byli wolni. Ona samotna, on słomiany wdowiec. Pokój do ich dyspozycji. A jednak dziewczyna chciała uzgadniać terminy spotkań z trzydniowym wyprzedzeniem. Wkurzała się, gdy Celegrat proponował schadzkę dzień wcześniej. Ta kwestia była dla Celegrata na tyle ważna, że powiedział o zdenerwowaniu Tươi przesłuchującym go oficerom.

> Jeśli dobrze pamiętam na początku marca 1975 roku w Da Nang w barze „Barbekiu" [fonetycznie], a raczej przed barem, spotkałem mężczyznę, Amerykanina białej rasy, którego poprzednio jeszcze w lutym 1975 roku poznałem w mieszkaniu siostry mojej znajomej Wietnamki.

Radiotelegrafista pracujący z Zenonem Celegratem. Nie znamy jego nazwiska. To z nim Celegrat wynajmował pokój w Đà Nẵng. Panowie spotykali się tam ze swoimi kochankami.

Amerykanin zaprosił Celegrata do baru, postawił kolejkę i wyciągnął intymne zdjęcia. Zagroził, że wyśle je do żony Mirosławy i do dowódcy pułku.

– Wyobraź sobie lata siedemdziesiąte – mówi Jarek. – Żona w fartuchu nakłada ziemniaki, dzieci bawią się pod trzepakiem, a ty przed telewizorem. Nagle ktoś podrzuca pod wycieraczkę twoje zdjęcia z piękną, młodą dziewczyną. Wtedy nie było tylu rozwodów co

Zenon Celegrat z kochanką. Takimi zdjęciami CIA szantażowała żonatych uczestników misji z Polski.

dziś. Mogłeś się wynieść z domu, ale pod most. Zdrada małżeńska była nie do pomyślenia. On się bał. Pod warunkiem, że to, co piszą przesłuchujący albo inaczej – to co mówi przesłuchiwany – jest prawdą.

Dziś Celegrat zaprzecza, aby były jakiekolwiek kompromitujące zdjęcia i szantaż.

> Amerykanin oświadczył mi, abym z nim pracował w zakresie spraw wojskowych i dał mi adres, na który po powrocie do Polski miałem napisać list o obojętnej treści.

> [...] Podczas tej rozmowy Amerykanin obiecywał mi za współpracę odpowiednie wynagrodzenie bez precyzowania jego wysokości.

Radiotelegrafista dostał kopertę, a w niej tysiąc dolarów w wietnamskich piastrach. Amerykanin dodał, że jeśli list z Polski nie dojdzie, to oni się odezwą. Jak już się odezwą, to kopertę należy przeprasować gorącym żelazkiem. Listy pisane atramentem sympatycznym ukazujące swoją treść pod wpływem ciepła były jedną z podstawowych metod komunikacji szpiegowskiej.

Przesyłka do Stanów nie doszła. „W sierpniu lub wrześniu" 1975 roku Celegrat dostał list z Warszawy. Po przeprasowaniu koperty żelazkiem pojawiło się przypomnienie o ustaleniach z Wietnamu.

> Ponadto podane były częstotliwości na falach krótkich, na których miałem słuchać ich audycji podawanych dla mnie szyfrem o godzinie 17-tej czasu GMT w każdą sobotę i powtarzanych we wtorek o tej samej godzinie. Jednocześnie zostałem poinformowany, że klucz do rozszyfrowania tych audycji znajdował się będzie w paczce, którą miałem podjąć w Warszawie.

Czas GMT to czas Greenwich.

Wywiad nie mógł przysyłać paczek do Leszna, bo pani na poczcie mogła ją otworzyć i donieść, komu trzeba. Bezpieczniej było przyjeżdżać po przesyłki do wielkiej Warszawy, gdzie łatwo zginąć w tłumie. Przesyłki ukrywano w skrytkach przypominających kamienie.

W pierwszym kamieniu były szyfry, osiemset dolarów w banknotach studolarowych oraz pięćset zachodnich marek. Można sobie tylko wyobrazić, jak mógł czuć się obywatel Polskiej Rzeczypospolitej Ludowej trzymający w ręku osiemset dolców. Było to czterdzieści pensji szeregowego pracownika zakładu w PRL-u. Musiały w jego sercu grać wielkie emocje i strach. Propaganda PRL-u od zawsze trąbiła o imperialnych agentach, sługusach Zachodu, zdrajcach Polski. Z drugiej strony współpraca z CIA otwierała na oścież ciężkie drzwi leszczyńskiego Peweksu.

Warszawa. Zenon Celegrat wyciągnął z kamienia instrukcję posługiwania się szyframi, kalkę do sporządzania tajnopisów i kilka innych przedmiotów, bez których nie mógł się obejść prawdziwy szpieg. Pamiętał, że Amerykanie przykazali mu w liście, że już po odebraniu kamienia ma narysować białą kredą kreskę na czwartym słupie drewnianym przy ulicy Idzikowskiego. Zrobił to. Nikt go nie obserwował.

Sprawny radiotelegrafista odbierał „audycje" nadawane w sobotę o siedemnastej i szybko odkodowywał informacje. Proszono, aby fotografował ściśle tajne dokumenty. Przyjaciele zza oceanu przysłali aparat w kolejnym kamieniu. Przez cały czas współpracy wywiad przesłał swojemu wielkopolskiemu współpracownikowi „dwadzieścia jeden lub dwadzieścia dwa telegramy" odbierane radioodbiornikiem „Jowita" i japońskim radiem kupionym w Wietnamie. Celegrat słuchał audycji w domu, przy żonie, która nie domyślała się, że Zenek właśnie pracuje dla zleceniodawców zza oceanu.

Nie przypuszczała, no bo skąd miała przypuszczać, że w komodzie w pokoju, w książce *Dyplomy krótkofalarskie* zaszyfrowany został jeden z adresów kontaktowych w USA. Tak samo w statucie PZPR-u. Statut partii był za cienki, by można w nim swobodnie szyfrować.

W kolejnej audycji zakodowana była informacja, że w kamieniu koledzy zostawią trzy adresy w USA, na które należy wysłać zdjęcia dokumentów. Poczta była stosunkowo bezpiecznym kanałem przesyłania wywiadowczych zdobyczy. Z Warszawy w latach siedemdziesiątych wychodziły tysiące listów. Nikt nie był w stanie zajrzeć do każdej koperty.

Pojawił się pewien problem, który powtarza się we wszystkich protokołach w teczce opatrzonej hasłem „Zenon Celegrat". Leszczyński agent nie miał dostępu do tajnych dokumentów. Czy Amerykanie spodziewali się, że za osiemset dolarów włamie się do sejfu dowódcy jednostki? Co mógł wiedzieć o obronności Polski kierownik magazynu? Oficer sztabowy – to i owszem. Ale podoficer po maturze?

> Po jakimś czasie otrzymałem drogą radiową dalsze instrukcje, abym zainteresował się jednostkami radzieckimi stacjonującymi w Polsce, a także żądanie, abym poinformował ich o tzw. „ciszy radioelektronicznej" na terenie całej Polski.

W czasie ciszy radioelektronicznej w eter nie były emitowane żadne sygnały radiowe. Milczały radiostacje polowe, a stacje radiolokacyjne nie wysyłały żadnej emisji wysokiej częstotliwości. Przeciwnik był zdezorientowany. Wprowadzanie ciszy wielokrotnie ćwiczono, przygotowując się na czas wojny.

O jednostkach radzieckich w Polsce szary żołnierz wiedział tyle co szary obywatel, czyli nic. Natomiast ciszy radioelektronicznej nie wprowadzano według planu. Urobek agenta był niewielki.

– Należy pamiętać, że wywiad potrzebował też takich współpracowników – mówi Jarek. – Utrzymywali go na wszelki wypadek. A jeśli w magazynie pojawiłyby się nowe radiostacje? A jeśliby części do radiostacji z jakiś powodów zabrakło? Albo gdyby do 69. pułku przywieziono nowe armaty? A może jednostka miała zostać przebazowana?

Zenon Celegrat zarobił łącznie dwa i pół tysiąca dolarów. Dla Amerykanów były to śmieszne pieniądze. Dla radiotelegrafisty – majątek.

Kontakty agenta i centrali były niemiłosiernie rozciągnięte w czasie. Jesienią 1976 roku Celegrat dostał list z Warszawy, ale nie udało się wywołać jego tajnej części „za pomocą proszku i alkoholu". Sierżant napisał więc list „do cioci w Ameryce": „Kochana ciociu, przyślij mi pieniądze na dżinsy". Między słowami, atramentem sympatycznym, nabazgrał informację o niepowodzeniu odczytania zakodowanego zadania szpiegowskiego, którego pewnie i tak nie mógłby wykonać. Po miesiącu Amerykanie radiowo nadali komunikat, w którym poprosili swojego człowieka w Lesznie o wyznaczenie dwóch terminów wizyty w Warszawie.

Określono mi dwa punkty na terenie Warszawy. Jedno miejsce – punkt odbioru zlokalizowano na Cmentarzu Mauzoleum żołnierzy radzieckich w Warszawie przy ulicy Żwirki i Wigury. Znajdował się on przy pierwszej ławce za pomnikiem, idąc od niego w kierunku na prawo, od obeliska tego pomnika. Obok tej ławki znajduje się krzak jodły lub podobnego gatunku. Punkt znajdował się pod tym krzakiem. Nadano mu kryptonim „ławka". Pouczono mnie, że po podjęciu przesyłki mam narysować linię kredą na skrzynce metalowej umieszczonej na budynku, znajdującym się na rogu ulicy Żwirki i Wigury i Księcia Trojdena tuż za kioskiem „Ruchu". Punkt złożenia przesyłki wyznaczono w pobliżu ulicy Pieseczyńskiej przy ścieżce prowadzącej do kortów tenisowych Klubu Sportowego „Warszawianka". Punkt ten usytuowany jest przy czwartym betonowym słupku, licząc od ulicy Piaseczyńskiej w kierunku kortów. Nadano mu kryptonim „Kort".

Ze względów bezpieczeństwa „ławkę" i „kort" zmieniono później na punkty „mleko" i „jeziorko". Krzaki, ławki, płoty, latarnie, słupy, linie rysowane kredą na znak, że przesyłkę odebrano. Jak w gombrowiczowskim *Kosmosie* coś niesłychanie ważnego znaczył złamany patyk. Kreski musiały mieć pięć lub dziesięć centymetrów. Świadkiem szpiegowskiej działalności była nawet toaleta w pociągu do Leszna, w której Celegrat otwierał jedną z przesyłek z miniaturowym aparatem Minox, światłomierzem, rezonatorem kwarcowym, filtrami.

Celegrat jeździł do Warszawy nawet wtedy, gdy nie udało mu się wykonać zadania. Tak było w przypadku, gdy CIA poprosiła go o przekazanie ściśle tajnych tabel szyfrowych. Sierżant sztabowy ryzykował dekonspiracją, wioząc kartkę owiniętą w starą szmatę z informacją, że nie ma dostępu do tabel i raczej mieć w swojej karierze nie będzie.

Kilka miesięcy, a właściwie kilka tygodni przed zatrzymaniem, Celegrat otrzymywał często radiotelegramy, wzywające do nieafiszowania się z pieniędzmi, niekupowania drogich alkoholi, niewydawania kasy na dziewczyny. Obiady w restauracjach w Lesznie nie służyły sprawie. W Warszawie – proszę bardzo. Ale nie w Lesznie.

W końcu CIA poinformowała Celegrata, że będzie wysyłać mu pieniądze raz na pół roku i wpłacać pewne kwoty na jego konto w Stanach. Ciekawe czy te pieniądze leżą jeszcze w amerykańskim banku? Czy naliczano odsetki?

> Pamiętam również, że w otrzymanych telegramach wywiad pytał o zdrowie moje i mojej rodziny, czy jestem bezpieczny i czy nic mi nie grozi. Nadto sugerowano, abym starał się o zmianę stanowiska w jednostce z możliwością większego dostępu do sprzętu i materiałów tajnych.

Centralna Agencja Wywiadowcza ma niedosyt. Chce więcej od Zenona Celegrata. Niewątpliwie zyskiem CIA była sama obecność agenta, ale gdyby tak ten agent mógł zerknąć na dokumenty z gryfem „ściśle tajne"? Nie kazano mu rozpracowywać konkretnych ludzi. Szło raczej o sprawy wojskowe. Uzbrojenie, sprzęt, amunicję i wszelkie zmiany w jednostce.

*

Kolejny dzień przesłuchań podejrzanego. Oficerowie wracają do omawianych już tematów. Celegrat na nowo odtwarza wydarzenia. Bez końca opisuje tych samych ludzi. Za każdym razem z pamięci wyłaniają się nowe fakty.

– Dlaczego został pan przeniesiony karnie do Đà Nẵng? – pyta oficer śledczy.

Przełożonym nie podobały się schadzki z dwudziestoośmioletnią Nguyễn Thị Tươi. Dziewczyna miała siostrę w Đà Nẵng. Tươi mogła do niej przyjeżdżać i spotykać się z ukochanym. W czasie pierwszej wizyty Celegrat zabrał kochankę do miasta, poszli do restauracji, po czym kulturalnie, jak nakazuje zwyczaj, odprowadził kobietę do mieszkania siostry. A w mieszkaniu niespodzianka. Stół uginał się od poczęstunku. Dziwna sprawa – zeznawał nasz sierżant. Kolacja była wystawna jak na zwyczaje wietnamskie. Panna Tươi zaciągnęła przyjaciela z Polski do mieszkania.

Za stołem siedział na oko pięćdziesięcioletni blady mężczyzna, lekko siwiejący szatyn, Europejczyk, oraz inna Wietnamka i nie była to siostra Tươi. Rozmowa z facetem nie kleiła się, chociaż starał się przekonać do siebie Celegrata. Być może przeszkodą był słaby angielski radiotelegrafisty. Nieznajomy wiedział, że Polak jest żołnierzem, że służy przy misji polskiej. Pytał sierżanta, czy chodzi w mundurze i czy lubi sport. Proponował „wizytę w ich hali sportowej".

Zacząłem domyślać się, że jest albo Niemcem, albo Amerykaninem. Rozmawiając na temat sportu mężczyzna ten podał w wątpliwość możliwość rozciągnięcia przeze mnie pewnej liczby sprężyn i na jego wyraźne życzenie nawet założyliśmy się o 10 dolarów. Pamiętam, że liczba tych sprężyn nie była wygórowana, tak że zakład bym wygrał.

Celegrat porozciągałby sprężyny, a Amerykanin miałby pretekst, by włożyć mu pieniądze do kieszeni. Na razie wsadził wizytówkę. Niespodziewany gość siostry Tươi miał z niemiecka brzmiące nazwisko i pracował w amerykańskim konsulacie. Tươi nie była zaskoczona jego obecnością w mieszkaniu. Nie przywitała się z nim.

Nasz bohater zrobił to, co każdy oficer Ludowego Wojska Polskiego powinien zrobić w takiej sytuacji. Poszedł opowiedzieć o wszystkim przełożonemu. To było, zanim podjął współpracę z CIA. Komandor porucznik Marecki uważnie wysłuchał opowieści Celegrata. Podał żołnierzowi kartkę i długopis. Radiotelegrafista spisał całą rozmowę. Usłyszał od Mareckiego, że „ten Amerykanin to stary agent". Komandor nie musiał nawet mówić, że trzeba trzymać się od niego z daleka.

Jak się ma ta opowieść do historii o facecie przed barem, który szantażował leszczyńskiego radiotelegrafistę zdjęciami z kochanką? Być może nijak, być może był i szantaż, i kolacja. Trzeba jeszcze wziąć pod uwagę słowa Celegrata. Powiedział mi w rozmowie telefonicznej: „Miała być pewna transakcja, ale Amerykanie nie dotrzymali słowa".

Zenek spotkał się znów z Tươi, ale nie rozmawiali o siwiejącym szatynie. Dziewczyna napomknęła natomiast, że przylot do Đà Nẵng kosztował ją dwanaście tysięcy piastrów. Celegrat chwycił portfel i wyciągnął piętnaście tysięcy.

Piękna Wietnamka wróciła do domu i po pewnym czasie znów zjawiła się w Đà Nẵng. Tym razem nie zatrzymała się u siostry, ale w hotelowym pokoju Celegrata. Polak załatwił z obsługą, by wpuszczała i wypuszczała do budynku Wietnamkę o każdej porze dnia i nocy.

Po tygodniu Celegrat wsadził kochankę do samolotu. Na lotnisku natknął się na jej siostrę. Później, gdy przejeżdżał obok domu siostrzyczki, zdziwiła go ciężka kłódka na drzwiach.

Odkryliśmy w dokumentach sprawy, że w Đà Nẵng pracowała agentka, która donosiła komunistycznemu

Budynek, w którym znajdowało się mieszkanie kochanki Celegrata w Sajgonie.

Inne ujęcie tego samego budynku.

wywiadowi, że Zenek i Tươi to para. Agentka oznaczona kryptonimem C/y 92 obserwowała kochanków. Donosiła, że Celegrat marzył o ucieczce do Stanów i nie znosił komunizmu w Polsce.

– Zenek był rozpracowywany przez kontrwywiad komunistyczny – mówi Jarek. – Są zapisy, gdzie szedł i co robił. W jednym z donosów można przeczytać, że kupił na targu bieliznę, biustonosz i długą koszulę damską.

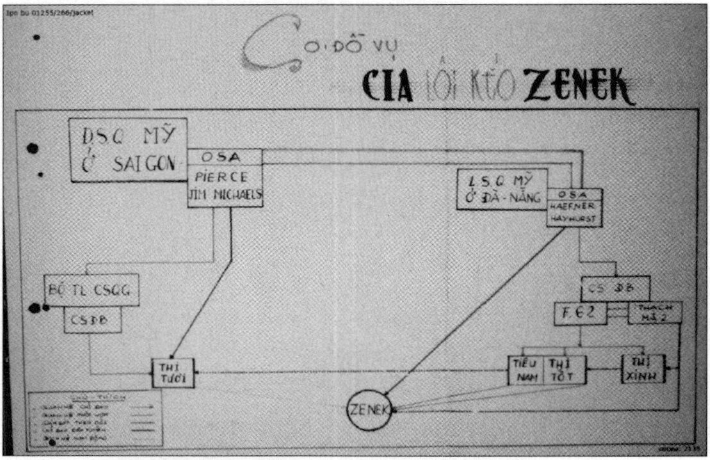

Oficerowie biura śledczego MSW przywieźli z Wietnamu schemat rozpracowania Zenona Celegrata. Ambasadzie Stanów Zjednoczonych w Sajgonie podlegała Tươi, a konsulatowi w Đà Nẵng południowowietnamski kontrwywiad, dla którego pracowała jej siostra Tiểu Nam. OSA to po wietnamsku CIA.

Radiotelegrafista spotkał się również z kochanką w Sajgonie. Latał tam do dentysty. Pytał Tươi, dlaczego nie chce już przyjeżdżać do Đà Nẵng, do siostry.

– Tươi bała się wejścia komunistów. Nic dziwnego. Co mogli zrobić ludzie Hồ Chí Minha z amerykańskimi agentkami, można sobie tylko wyobrazić – dodaje Jarosław Burchardt.

Celegrat opowiedział Mareckiemu o Amerykaninie, który go nagabywał i który załatwił mu dostęp do sali sportowej. Komandor prosił, by z zaproszenia pod żadnym pozorem nie korzystał. Mimo to nasz sierżant sztabowy chodził „na zajęcia sportowe do amerykańskiego klubu". Czy ochrona kontrwywiadowcza nie mogła być skuteczniejsza?

> Zwróciłem uwagę, że przysiadał się do nas zawsze Amerykanin lat około 30 – 35, wzrostu średniego, szczupły, w okularach, nazwany przez nas „Okularnikiem".

Proszę zwrócić uwagę na słowo „przez nas". Do klubu schodzili się podobni Celegratowi żołnierze. Powstawał swoisty konglomerat ludzkich zachowań i zwyczajów, w którym jak ryby w wodzie czuli się tacy ludzie jak „Okularnik".

> Zawsze widywany był przez nas z pękiem kluczy. To „kręcenie się" Amerykanina przy nas, wokół członków polskiej delegacji, nasiliło się szczególnie po moim spotkaniu z poprzednim Amerykaninem w mieszkaniu siostry mojej Wietnamki.

Celegrat powiadomił Mareckiego o „Okularniku". Przekazał komandorowi wizytówkę mężczyzny z jego nazwiskiem: „Richard Hayhurst, American Consulary".

Wszystko wskazuje na to, że Celegrat chodził do klubu również z Mareckim. Gdy w lutym 1975 roku „Okularnikowi" towarzyszył facet mówiący po polsku – jak zeznaje podejrzany Zenon Celegrat – „rozmawiał z nim głównie Marecki". Komandor znał tego człowieka z pobytu na Południu. Ten, kto miał osłaniać, znał osobiście tych, przed którymi osłaniał. Być może to metoda kontrwywiadu? Gra operacyjna?

W marcu 1975 roku, pewnego słonecznego popołudnia, Celegrat poszedł do baru „Barbecue". I w tym momencie lektury akt śledczych przypominamy sobie wcześniejsze zeznania o Amerykaninie, który przed barem szantażował sierżanta z Leszna zdjęciami z kochanką. Chyba rzeczywiście doszło do szantażu. W kolejnym przesłuchaniu Celegrat podaje więcej szczegółów pogawędki. Ta rozmowa mogła wyglądać tak[52]:

▸•◂

„Okularnik": O, Zenon. Dobrze, że przyszedłeś.

Zenek: Mam blisko do tego baru z hotelu. Jak ten bar się nazywa? Barbecue. Miła nazwa.

Angielski sierżanta sztabowego nie był najdoskonalszy. Amerykanin rozumiał trochę po polsku.

„Okularnik": Bardzo miła nazwa. Zapraszam cię na piwo.

Dodajmy, że bar „znajdował się przy ul. Pasteura". Pracownik konsulatu w okularach zaprosił Zenona Celegrata do pokoju, w którym znajdował się sprzęt do gry w bilard. Radiotelegrafistę zaskoczyło miejsce rozmowy. Przypuszczał, że siądą przy barze. Amerykanin zamówił dwa piwa.

„Okularnik": Powiedz mi przyjacielu, czym ty się interesujesz?

---

[52] Kolejne fragmenty akt fabularyzujemy, aby nie zamęczyć czytelnika ciągłymi cytatami.

Zenek: Interesuję się wieloma rzeczami. Przede wszystkim jestem...

„Okularnik": Poczekaj, niech zgadnę. Jesteś – jak to się mówi – krótkofalowcem.

Ale jeszcze nie ta wiedza Amerykanina przestraszyła Polaka. Dziwie brzmiało pytanie o to, czy z powrotu do Leszna ucieszy się żona.

„Okularnik": Chciałbym cię prosić o pomoc. Nie konkretną, nie tu i nie tak od razu. Oczywiście nie będzie to pomoc za darmo.

Zenek: Jesteś bardzo miły, stawiasz piwo, ale jak ja mogę ci pomóc? To ty jesteś urzędnikiem. Masz większe możliwości.

„Okularnik": A powiedz mi, jaki jest numer twojej jednostki w Lesznie.

Zenek: 3477.

Celegrat wyciągnął serwetkę z podajnika, który stał na rogu stołu. Pracownik konsulatu podał mały, kiepsko zastrugany ołówek. Sierżant sztabowy wykaligrafował „3477".

„Okularnik": Zen! Dlaczego próbujesz mnie oszukać?

Zenek: Stary, o co ci chodzi. Oszukać?

Sierżantowi sztabowemu szklanka z piwem prawie wypadła z ręki.

Zenek: Pewnie chodzi ci o całą nazwę, a nie tylko numer. My mamy w Polsce numery jednostek, wy pewnie też. Posługujemy się numerami. Zresztą, nie podoba mi się już to wszystko. Cześć.

„Okularnik": Dokąd kolego, dokąd. Siadaj! Patrz.

Amerykanin szybkim ruchem wyciągnął z tylnej kieszeni zdjęcia, na których Celegrat leżał w łóżku ze swoją Wietnamką. Było dziesięć zdjęć. Kolorowych i czarno-białych.

„Okularnik": No, to jaki jest numer twojej jednostki? Jeśli będziesz mnie okłamywał, to wyślemy zdjęcia do żony i do twojej pracy. Małżonka na pewno się ucieszy, w jaki sposób pilnowałeś światowego pokoju.

Zenek: Nie znam dobrze angielskiego i nie bardzo cię rozumiem. O co ci właściwie chodzi?

Polak był przestraszony. Oficer wywiadu stosował starą, dobrze policjantom skuteczną metodę kija i marchewki. Długo było miło, a teraz zrobiło się mniej miło.

„Okularnik": Wydaje mi się, że rozumiesz doskonale. Patrz.

Amerykanin wyciągnął spod stołu kartkę formatu A4. Gdzie ją ukrył? Stół nie miał szuflad. U góry był napis: „69. Pułk Artylerii Przeciwlotniczej w Lesznie". Pod spodem był tekst po angielsku, ale „Okularnik" zasłonił go.

Zenek: Tak, to jest nazwa mojej jednostki.

Celegrat był zdezorientowany i przestał się buntować. Poddawał się Amerykaninowi. Dawał się urabiać jak plastelina. CIA złamała Polaka w pięć minut.

„Okularnik": Widzę, że jesteś trochę zakłopotany. Nie przejmuj się. Chcesz uczciwie porozmawiać?

Zapadła chwila niezręcznej ciszy.

„Okularnik": Ale nie dzisiaj.

▸•◂

Po przyjeździe do Sajgonu ok. 15 marca 1975 r. zatelefonowałem pod wskazany przez „Okularnika" numer telefonu. Postąpiłem zgodnie z instrukcją i umówiłem się na godzinę 16.00 w centrum Sajgonu, na ulicy vis-à-vis budynku, na którym jest szyld z imieniem Marii Curie-Słodowskiej.

W Wietnamie przez lata rządzili Francuzi. Stąd ulica Pasteura i szyld z nazwiskiem naszej chemiczki.

Podjechał samochód prowadzony przez mężczyznę, a wewnątrz znajdował się „Okularnik". Wsiadłem do samochodu i pojechaliśmy pod budynek po ok. 10 minutach jazdy.

▸•◂

„Okularnik": Zen, lepiej wyglądasz. Zabieram cię do mojego biura. Co tak stoisz. Wchodź.

W słowach oficera było coś łagodnego. Był stanowczy, ale uprzejmy, ciepły. Przyciągał pewnością siebie.

„Okularnik": Przeszkolę cię teraz. Zobacz. Tak się wywołuje tajnopis.

Zenek: Przecież to jest zwykła kartka.

„Okularnik": I właśnie o to chodzi, żeby każdy myślał, że to jest zwykła kartka. Poznaj naszego kierowcę. Ma imię Ted.

Zenek: Cześć.

„Okularnik": Ted poćwiczy z tobą pisanie tajnopisów. Dostaniesz magnetofon i nauczymy cię odszyfrowywać wiadomości przekazywane przez radio. Ted słabo mówi po polsku, ale dacie radę. Prawda, Ted?

▸•◂

Było to kłamstwo. Ted mówił biegle po polsku.

Budynek, do którego wjechali, otoczony był płytami betonowymi. Zdobił je drut kolczasty. Jakieś pół kilometra dalej znajdował się konsulat USA. Do budki wartowniczej wchodziło się po schodach. Pokój, do którego zaproszono Celegrata, nie miał okien. Zdobił go dobrze zaopatrzony barek we wnęce. Spokój burzyły tajemnicze drzwi do innych pomieszczeń. „Okularnik" nalał wódki do szklanki.

Wrażenie na Celegracie zrobiło wywoływanie tajnopisu sprejem. Po spryskaniu kartka nabierała koloru spalenizny. Litery jaśniały. Na drugim szkoleniu w Sajgonie pouczono Celegrata, że przy sporządzaniu tajnopisu na stole nie może być ani krzty zabrudzenia. Kartkę należało najpierw przetrzeć gazą.

W Polsce początkowo Celegrat pisał na kartkach z bloku listowego, który dostał od Amerykanów. Potem kupił papier A4, ale Amerykanie odpisali, żeby kupił papier lepszy gatunkowo. Wyniósł kartki z kartoteki. Przecierał je gazą z opatrunku osobistego. Usuwał w ten sposób odciski palców. Zgodnie z instrukcją tarł kwadrans. Nie powiedziano mu, jak często zmieniać gazę, więc cały czas korzystał z tej samej.

Pyzaty Amerykanin Ted uśmiechnął się szeroko. Radiotelegrafista nie miał żadnego problemu z tajnopisami, a i odkodowywanie za pomocą tablic przychodziło mu z łatwością. Pierwszym hasłem, jakie rozkodował Celegrat, brzmiało: „Życzymy panu wszystkiego najlepszego".

Powoli stosunki między Celegratem a Tedem i „Okularnikiem" zmieniały się w bardziej oficjalne, grzeczne. Dyplomatyczne.

▸•◂

Zenek: No dobrze, ale czy te meldunki, które będziecie do mnie, do Polski przesyłać radiowo, nie zostaną przez kogoś odkodowane?

Ted: Przewidzieliśmy to. Teraz jesteś w Sajgonie, prawda? A my już teraz ślemy do Polski komunikaty z twoim kodem.

„Okularnik": Telegramy dla ciebie będą się zawsze zaczynały trzycyfrową kombinacją cyfr: 1, 3, 6, 7, 8. Gdy skończymy nadawanie, podamy literowy kod SA. Gdybyś zobaczył, że tego kodu nie ma, to znaczy, że za chwilę nadamy kolejny komunikat.

Ted: Nawet po kilku minutach. Proponuję, żebyśmy teraz to przećwiczyli.

▸•◂

Ted włączył magnetofon. Pokój zalały szumy i trzaski, a w ich gąszczu zaszyte kody wywołujące Celegrata lub cyfrowa kakofonia. Później Ted poprosił adepta sztuki szpiegowania o podanie swojej daty urodzenia, autora *Fausta*, odwrotności trzy- i czterocyfrowych liczb.

▸•◂

Ted: Podaj odwrotność liczby 4281.

Zenek: 1824. Po co to?

„Okularnik": Taką mamy procedurę. Nie przejmuj się. Gdybyś przez przypadek był w Jugosławii albo na Zachodzie, to wyślij proszę listy na adresy, które damy ci już w Polsce. Wtedy będę mógł się z tobą spotkać.

Ted: Robimy chwilę przerwy?

Zenek: Nie, nie trzeba.

Ted: Zobacz, to jest plan Warszawy. W Lesznie nie możesz odbierać przesyłek. Ktoś mógłby cię zobaczyć. To małe miasto. Będziesz jeździł do Warszawy.

„Okularnik": Ted pokaże ci na mapie miejsca, w których będziemy ci zostawiać przesyłki. Zimą będziesz szukał czerwonej cegły, a latem białej.

Zenek: Jak to cegły?

„Okularnik": W cegle albo w kamieniu będziemy ci zostawiać pieniądze, instrukcje, papier, aparaty fotograficzne, klisze. Trochę cię nauczymy fotografii.

Ted: I bardzo ważne dla nas jest, żebyś pisał w tajnopisach, skąd masz informacje. Co ci ktoś powiedział i kim jest informator. Z jakich dokumentów korzystałeś, gdzie byłeś, co widziałeś. Zaznaczaj też, kiedy piszesz własne przemyślenia.

„Okularnik": My ci będziemy dobrze płacić za twoją robotę. Zarobisz dla rodziny.

Oficer amerykańskiego wywiadu w okularach, Richard Hoyhourst, wyciągnął portfel. Wypłacił Celegratowi sześćset dolarów w dwudziestodolarówkach. Kwotę dla Polaka astronomiczną. Do tego dorzucił jeszcze dwieście czterdzieści tysięcy piastrów. Pieniądze miały ostatecznie przekonać sierżanta sztabowego z Leszna do współpracy.

▸•◂

„Okularnik": Mam jeszcze prośbę. Mógłbyś kupić sobie radioodbiornik? Moglibyśmy na nim poćwiczyć odbieranie informacji. Później zabrałbyś go do Polski.

Ted: Zostajesz jeszcze w Sajgonie?

Zenek: Parę dni.

Ted: Świetnie. Myślisz, że mógłbyś odbierać od nas telegramy? Tak dla treningu.

▸•◂

Panowie podali Polakowi mapę Leszna. Poprosili, by wskazał swój blok. Celegrat napisał adres. Napisał też adres matki i siostry. Sam nie wiedział, czy ze strachu, czy z przekonania. Na koniec spotkania nowi koledzy z Ameryki podsunęli do podpisania zobowiązanie do współpracy i oświadczenie, że nie poinformuje o fakcie współpracy polskich władz. Leszczynianin bez szemrania podpisał cztery egzemplarze oświadczenia w językach polskim i angielskim.

W czasie szkolenia do pokoju wszedł jeszcze jeden Amerykanin. Nie odzywał się. Obserwował. Był wysoki, gruby, w wieku około trzydziestu pięciu lat.

Ted pokazał Celegratowi wykaz amerykańskich stopni wojskowych od generała do szeregowca i kazał zaznaczyć stopień, który odpowiada polskiemu sierżantowi sztabowemu. Celegrat podkreślił ósmy stopień od końca. Nowi koledzy poprosili, by Polak pokazał stopień, do którego może awansować. Zaznaczył czternaste miejsce, licząc od szeregowca (starszy chorąży sztabowy). Ted i „Okularnik" wybuchli śmiechem.

Na koniec panowie wypili trochę piwa i odwieźli swojego świeżo upieczonego współpracownika w okolice bazy.

▸•◂

Ted: Pamiętaj, Zenek. Będziesz odpowiednio wynagradzany. To ci się naprawdę opłaci. Nie przejmuj się niczym. Jesteś bezpieczny.

▸•◂

> Pragnę także dodać, że współpracę z ośrodkiem wywiadu USA na podstawie moich przypuszczeń i obserwacji mogli podjąć przebywający ze mną w Wietnamie: sierż. Leszek Kornat i bosman marynarki wojennej, najprawdopodobniej z Wejherowa, pracujący jako radiotelegrafista [...], którego nazwiska nie pamiętam. Z poczynionych obserwacji zauważyłem, że Leszek Kornat przebywał w klubie amerykańskim z „Okularnikiem". Natomiast bosmana widziałem w barze „Barbecue", również sam na sam z „Okularnikiem".

W czasie przesłuchania Celegrat przypomniał sobie, że w czasie szkolenia wypytywano go o Węgra, który mieszkał nad nim, na drugim piętrze hotelu w Đà Nẵng.

Wysłałem mailem panu Celegratowi protokół przesłuchania z dnia 13 kwietnia 1978 roku, który podpisał własnoręcznie, potwierdzając również, że w czasie składania zeznań skorzystał z dwóch przerw – od dwunastej do dwunastej czterdzieści pięć i od siedemnastej do siedemnastej dwadzieścia. Pan Zenek odpisał.

Szanowny Panie Piotrze,

Uprzejmie dziękuję za list i załączniki. Nie spodziewałem się, że tak dogłębnie wczyta się Pan w te esbeckie bzdury. Przyznaję, że w ich produkcji uczestniczyłem świadomie, by chronić swoje życie. Jak Pan zauważył, nie mogłem mieć dostępu do ważnych dokumentów, stąd też moje informacje w porównaniu z informacjami Kuklińskiego były zerowe. Jego kilka lat po mnie skazano na karę śmierci. W stosunku do mnie prokurator domagał się takiej samej kary, nawet w drugiej instancji. O czym to świadczy? Życzę Panu sukcesów w pracy zawodowej oraz w życiu osobistym.

Z pozdrowieniami,
Zenon Celegrat

Rozdział 5

Nie ma trupa, nie ma sprawy

Działalność szpiegowską Zenon Celegrat rozpoczął jeszcze w Wietnamie.

▸•◂

„Okularnik": Masz może aparat fotograficzny?

Zenek: No mam.

„Okularnik": Zrób proszę trochę zdjęć pracownikom twojej misji. Mów, że robisz na pamiątkę.

Zenek: Nie będzie to podejrzane?

„Okularnik": Jeśli będziesz robił zdjęcia grupowe, to nie. Wyjeżdżasz niedługo. Naturalne, że chcesz mieć pamiątkę.

▸•◂

Celegrat miał również sfotografować instrukcje obsługi radiostacji. Dla nabrania wprawy. Richard wręczył mu „trzy rolki taśmy fotograficznej, każda zawierała dwadzieścia klatek".

Na szkoleniu kazano Polakowi naszkicować rozkład mieszkania i mieszkań sąsiadów. Oficerowie wywiadu chcieli ocenić prawdopodobieństwo wpadki. Pytali, kto mieszka za ścianą. Kto mógłby podsłuchiwać wtorkowe audycje nadawane z Niemiec.

▸•◂

„Okularnik": Tu masz koperty zaadresowane na adres w Wietnamie. Znaczki są już naklejone. Masz też taśmy klejące. Czerwoną, żółtą, niebieską. Zaraz ci powiem, jak oznaczyć zdjęcia. Odłożysz je w naszej skrytce w barze. Skrytka znajduje się w klimatyzatorze oraz w ubikacji, w szczelinie w ścianie. Jeśli będziesz gotowy zostawić nam zdjęcia, wyślij listy.

▸•◂

Sierżant sztabowy zostawił w skrytce zdjęcia instrukcji radiostacji R-118, kilku domów i ulic w Đà Nẵng. Czekało w niej sto tysięcy piastrów.

▸•◂

Zenek: I jak wyszły te zdjęcia?

„Okularnik": Będziemy musieli cię trochę przeszkolić. Ale dobrze wyszły zbiorówki. Opowiesz zaraz Tedowi kilka słów o każdym z tych ludzi.

Zenek: Macie tu całą polską delegację.

„Okularnik": Swoim aparatem japońskim możesz spokojnie fotografować duże obiekty wojskowe. Do dokumentów dostaniesz od nas w Polsce miniaturowy aparacik. Jeszcze jedno. Kim jest Marecki?

Zenek: Mamy mu meldować o dziwnych spotkaniach.

▸•◂

Celegrat planował napisać do Mareckiego o współpracy z CIA, ale już po powrocie do kraju. Nigdy tego nie zrobił. Bał się więzienia.

Pewnego popołudnia „Okularnik" zgarnął z baru podchmielonego Celegrata. Pojechali do Teda. Amerykanin wyciągnął z szafy prośbę o udzielenie azylu w USA. Celegrat nie podpisał. Oficerowie nie namawiali, nie przekonywali. Szybko podali ciasto i piwo, jakby chcieli przerwać niezręczną sytuację. Nieswojo czuł się również Polak. By zamaskować zakłopotanie, wziął do ręki talię kart leżących na stole. Zachwycał się nimi. „Okularnik" i Ted podarowali mu talię.

W grudniu 1974 lub styczniu 1975 roku pod hotel w Đà Nẵng podjechała garbusem młoda kobieta. Była to pielęgniarka z niemieckiego szpitala. „Petra utrzymuje kontakty towarzyskie z tłumaczem, kolegą Celegrata" – czytamy w aktach. Dziewczyna miała dwadzieścia pięć lat. Celegrat zauważył, że niektórzy chodzili do niemieckiego szpitala przed obowiązkowymi badaniami w Sajgonie. Leszczynianin był w szpitalu na przyjęciu, w czasie którego podano pieczonego prosiaka. Kroił go sam dyrektor.

Sierżant sztabowy wrócił do Polski 20 marca 1975 roku. Przywiózł „japoński odbiornik radiowy marki Nivico, kalkę sympatyczną, ołówek do sporządzania tajnopisów, magnetofon do nagrywania depesz radiowych i czerwoną, papierową torebkę". „Okularnik" tłumaczył w Wietnamie, że to ważna torebka, która się przyda.

Nie wyjaśnił, do czego. Celegrat przywiózł również japoński aparat fotograficzny Petri, który kupił jeszcze przed zwerbowaniem, a który nadawał się do fotografowania dużych obiektów wojskowych.

Zaraz po powrocie do Leszna sierżant dostał miesiąc urlopu. Przeszedł badania lekarskie. Wypoczęty i zdrowy wrócił na dawne stanowisko pracy. Był starszym mechanikiem sprzętu łączności. Czy zmienił się w oczach żony?

– Ja nic nie wiedziałam – mówi Mirosława Celegrat. – Dowiedziałam się o wszystkim w momencie aresztowania. Byłam w szoku. Zostałam sama z chorym synem. Szukałam pracy, ale to nie było takie łatwe.

– A kim pani jest z zawodu?

– Skończyłam technikum ekonomiczne. Nikt mi nie pomógł finansowo. W roku 1984 mąż, będąc już w więzieniu, wystąpił o rozwód. Znalazł sobie nową żonę.

– W więzieniu?

– Tak, w więzieniu – śmieje się Mirosława Celegrat. – Jest z nią związany do dzisiaj. Ja z nim normalnie rozmawiam. Przyjaźnimy się. Minęło tyle czasu, ale to było naprawdę trudne przeżycie. Ludzie odwracali się ode mnie na ulicy. Sąsiedzi nie poznawali. W oknach stawali i pokazywali mnie palcem. Koszmar. Przepraszam, ale nie mam ochoty o tym więcej rozmawiać.

Mirosława pracowała jako sprzedawczyni w sklepie Społem z konfekcją damską do 1970 roku. Zarabiała dwa tysiące złotych. Zwolniła się przed pójściem syna do szkoły. Pan Zenek w 1970 roku był dowódcą radiostacji i zarabiał cztery tysiące złotych. Na niepracującą żonę

Tươi przysłała Celegratowi swoje zdjęcie. W Wietnamie radiotelegrafista mówił, że ucieknie z PRL-u i zamieszka z kochanką. CIA chciała podtrzymywać jego uczucie, stąd czułe listy Tươi i to właśnie zdjęcie.

dostawał sto złotych dodatku. Do tego jeszcze rocznie sześć tysięcy złotych tytułem nagród i na umundurowanie. Na boku, sporadycznie, naprawiał radia i telewizory. Jeździł do klientów. Brał od stu pięćdziesięciu do dwustu pięćdziesięciu złotych za naprawę.

W roku 1971 lub 1972 awansował na starszego mechanika sprzętu łączności. Nie dostał podwyżki. Gdy pojechał na szkolenie przed wyjazdem do Wietnamu, Mirosława dostawała z jednostki 2000 jego uposażenia. Kasę w domu trzymała żona. Celegrat oddawał jej całą pensję. Drobne kwoty odkładali na książeczkę PKO. Mieli dwupokojowe mieszkanie. Czynsz wynosił prawie dwieście złotych miesięcznie. Rodzice nie musieli pomagać finansowo.

Sytuację zmienił Wietnam. Na misji zagranicznej radiotelegrafista zarabiał dziennie trzynaście dolarów. Jednostka 2000 otworzyła w PKO w Warszawie rachunek, na który przelewała miesięcznie sto trzydzieści dolarów. Czasem Celegrat przelewał do Warszawy część wynagrodzenia. Zebrało się na rachunku łącznie ponad półtora tysiąca dolarów. Celegratowie kupili za to pralkę, dywan, meble i odzież. Pieniądze szły też na alkohol i papierosy. Część dolarów Celegrat sprzedał przypadkowym ludziom w Peweksie. Złotówki lokował na kilku książeczkach oszczędnościowych. W chwili aresztowania na rachunku walutowym (przeniesionym tymczasem do Poznania) było dwieście dolarów. Bank proponował przeniesienie rachunku do Leszna, ale sierżant odmówił. Nie chciał, by pieniądze kusiły łatwym dostępem.

Na początku 1976 roku rodzina pana Zenka przeniosła się do trzypokojowego mieszkania w tym samym bloku. Czynsz wzrósł do ponad dwustu złotych.

Kolejnym kamieniem milowym w życiu rodziny było kupno malucha w Peweksie w 1977 roku; za pieniądze od CIA. Samochód kosztował osiemset osiemdziesiąt dolarów i dziesięć tysięcy złotych.

Zgodnie z instrukcją Celegrat miał wysłać tajnopis do Stanów dwa miesiące od powrotu. Nasłuchiwał „audycji". Żadna nie zaczynała się jego kodem wywoławczym. Powrót do normalności sprawił, że radiotelegrafiście przygoda w Wietnamie zaczęła wydawać się snem. Postanowił niczego nie wysyłać. Uznał, że w zawierusze wojennej wszelkie dokumenty CIA zaginą i sprawa rozejdzie się po kościach.

W czerwcu 1975 roku zjawił się niespodziewanie w moim mieszkaniu w Lesznie mężczyzna w wieku 32 lat, średniego wzrostu, mocno zbudowany, posiadający czarne wąsy.

▸•◂

Zenek: O co chodzi?

Mężczyzna: Czy pan Zenon Celegrat?

Zenek: Tak. Słucham.

Mężczyzna: Czy pan był w Wietnamie?

Zenek: Skąd pan wie? (Celegrat był zły)

Mężczyzna: Służyłem w jednostce w Przasnyszu. Wiem od pewnego podpułkownika, że pan był w Wietnamie. On również tam był.

Zenek: A jak on się nazywał?

Mężczyzna: Nie bardzo potrafię sobie przypomnieć.

Zenek: Matusiak?

Mężczyzna: No właśnie. Matusiak!

Zenek: Z Przasnysza było jeszcze dwóch kolegów.

Mężczyzna: Nic nie wiem. (gość rozłożył ręce)

Zenek: Czego pan chce?

Mężczyzna: Przepraszam za najście. Przyjechałem do Leszna do siostry. Chyba będę tu pracował. Pomyślałem, że warto by założyć tu klub krótkofalowców. Wiem od pułkownika, że pan jest radiotelegrafistą i zna się na krótkofalarstwie. Może by się pan do mnie przyłączył?

Zenek: Myśli pan, że jest taka potrzeba?

Mężczyzna: Nadaje pan ostatnio? Pokaże mi pan swoją radiostację?

Zenek: Wie pan co... Ja teraz nie mam czasu.

▸•◂

Celegrat był pewien, że przedstawiciel amerykańskiego wywiadu sprawdza, dlaczego nowy agent milczy. Później okazało się, że ów mężczyzna nazywa się Włodzimierz Gumienny i „podjął pracę w Biurze Napraw Telefonicznych na poczcie w Lesznie".

> Włodzimierzowi Gumiennemu pomogłem w założeniu klubu krótkofalowców w Lesznie, który mieścił się w Szkole Podstawowej nr 4, poręczając swoimi uprawnieniami uzyskanie pozwolenia na używanie nadajnika o mocy 250 W. Włodzimierz Gumienny prowadził klub krótkofalowców przez okres około 1 roku, po czym wyjechał w nieznanym mi kierunku.

Zaraz po wizycie byłego żołnierza Celegrat wysłał list na podany mu w Wietnamie adres w USA: „Wszystko w porządku, u mnie nic ważnego nie zaszło". Tekst był sporządzony tajnopisem na liście – jak zeznawał do protokołu podejrzany – „obojętnej treści". Oczywiście nie wysłał go z Leszna, ale z Kościana. Był lipiec 1975 roku. Nikt na list nie odpowiedział. Celegrat wysłał drugi list, że „Wszystko w porządku, u mnie nic ważnego nie zaszło" we wrześniu, z Wrocławia, w czasie podróży służbowej. Znów nie otrzymał odpowiedzi. Sporządził więc trzeci tajnopis na liście „obojętnej treści". Tę przesyłkę wysłał z Poznania.

W końcu pewnego słonecznego dnia w grudniu, wracając z pracy, radiotelegrafista znalazł w skrzynce list z Warszawy. Pisał do niego niejaki Bogdan. Żony akurat nie było w domu, więc agent wyciągnął z szafy żelazko. Przeprasował list. Ujrzał brązowe pismo. CIA pisało, że jest zaniepokojone milczeniem i radziło, by postępować zgodnie z planem. Wywiad pytał również:

> Czy będzie pan mógł podjąć naszą paczkę w dniu 19 maja w Warszawie? Weźmie pan autobus linii 116 z pl. Unii Lubelskiej i dojedzie do ulicy Idzikowskiego. Na ulicy Idzikowskiego i Imielińskiej stoi podwójny słup telefoniczny. Między tym słupem a drucianą siatką płotu, tuż pod tablicą Imielińska na ziemi będzie leżała nasza paczka w postaci kawałka betonu.

Bogdan pisał, że aby otworzyć pojemnik, należy uderzyć go w płaską część. Przypominał również częstotliwości, na których nadawano audycje dla szpiegów oraz adres w Stanach, na który należy wysyłać listy. Zenon Celegrat zorientował się, że trzy listy o treści „Wszystko w porządku, u mnie nic ważnego nie zaszło" wysyłał na błędny adres. Zamiast 38 New Jersey pisał na kopertach 838 lub 338 New Jersey. Koledzy Amerykanie zapraszali go do Warszawy, aby odebrał przesyłkę. Proponowali termin 19 maja. Tajny współpracownik CIA z Leszna natychmiast napisał do „cioci w Ameryce" o pięknej pogodzie w Polsce, tłumacząc tajnopisem, że poprzednie listy wysłał na zły adres i że postara się być dziewiętnastego w Warszawie. Był styczeń 1976 roku.

Odbiór przesyłki planowano na maj. Pracę wywiadowczą rozciągano w czasie. Częste wyjazdy agenta budziłyby podejrzenia kolegów i rodziny.

▸•◂

Zenek: Kochanie, za dwa tygodnie muszę jechać do Warszawy.

Żona: A po co?

Zenek: Kolega musi mi oddać tysiąc dolców. Pożyczyłem mu w Wietnamie.

Żona: Co ty masz za kolegów, którym pożyczasz dolary?

Zenek: Tłumacz. Nazywa się Świątkowski. Popatrz. To jego wizytówka.

▸•◂

Celegrat pokazał żonie wizytówkę, by jakoś uprawdopodobnić powód wyjazdu. Pokazał, ale nie pozwolił się w nią wczytywać. Tłumacz nazywał się Jerzy Świątkowski. Radiotelegrafista mówił o nim Bogdan. Tym imieniem podpisywał listy do USA.

Agent sądził, że w przesyłce dostanie tysiąc dolarów. Na wypadek, gdyby to było więcej pieniędzy, opowiedział w domu bajeczkę o tym, że Bogdan obracał pożyczką i oddał dług z odsetkami. A ponieważ od odsetek rosły odsetki, zaznaczył, że być może będzie musiał jeździć do Warszawy po ich odbiór.

▸•◂

Zenek: Napiszę ci adres Bogdana. Gdybym się nie odzywał, to tam mnie znajdziesz.

Żona kupiła bajeczkę o długu. Ale co powiedzieć kolegom w pracy? Sierżant teoretycznie nie musiał mówić nic, ale co by się stało, gdyby ktoś wpadł na niego na dworcu w Lesznie? Albo na ulicy w Warszawie? 18 maja okazało się, że do stolicy, w sprawie służbowej, wybiera się kolega Celegrata z warsztatu jednostki – Czesław Grzelak. Wersja dla kolegi wyglądała następująco: jadę po odbiór zaświadczenia lekarskiego dla syna, bo staram się o większe mieszkanie. Nie wiemy, czy środki ostrożności agent zastosował z własnej inicjatywy, czy był to efekt żmudnego szkolenia „Okularnika" i Teda.

Panowie umówili się na pociąg o godzinie jedenastej. Zwolnili się z pracy. Celegrat w torbie miał plan Warszawy i ciężki klucz francuski. Kluczem miał stłuc kamień.

> Ulicą Idzikowskiego udałem się w kierunku ulicy Imielińskiej. Tuż przy skrzyżowaniu tych ulic zaparkowany stał samochód marki Nysa, a pod nim leżał mężczyzna naprawiający go. W pierwszej chwili postanowiłem minąć skrzyżowanie i poszedłem dalej ulicą Idzikowskiego, obawiając się tego mężczyzny, że może zauważyć podejmowanie przeze mnie pojemnika.

Naprawa nysy ciągnęła się w nieskończoność. Celegrat podszedł w końcu do słupa. Pod siatką płotu leżał pojemnik. Było już ciemno. Podniósł go. Przeszedł kilkanaście metrów. W umównym miejscu narysował białą kredą przywiezioną z Leszna sześciocentymetrową linię. Wsiadł do tramwaju, pojechał na dworzec. W toalecie, w pociągu do Leszna, rozbił kamień kluczem francuskim. W kamieniu było mnóstwo pieniędzy, trzy adresy do USA, dwie książki z kodami, tabletki do wywoływania tajnopisów i inne szpiegowskie akcesoria. Był również list przestrzegający przed nieroztropnym wydawaniem pieniędzy, co mogłoby doprowadzić, rzecz jasna, do dekonspiracji.

Tym razem kierowca leżący pod nysą nie był funkcjonariuszem SB.

▸•◂

Żona: To ty? Już jesteś?

Zenek: Śpij kochanie.

Żona: Która godzina?

Zenek: Piąta rano. Śpij.

Żona: Załatwiłeś?

Zenek: Załatwiłem. Nie było Świątkowskiego w domu, ale spotkałem go przez przypadek na ulicy. Oddał mi pięćset dziesięć dolarów. W kuchni na stole położyłem. Jak wstaniesz, to gdzieś schowaj. Padam z nóg. Obudź mnie za dwie godziny.

▸•◂

O siódmej Celegrat wstał. Spojrzał na figurkę z trzema białymi małpkami na czarnej podstawce. Był to prezent od „Okularnika". Gdyby nie te małpki, Wietnam byłby snem. Nocne cykady, piękne kobiety, zapach dżungli. To było nierealne nawet tam, na miejscu.

Przed ósmą był w pracy. Wcześniej dał synowi dziesięć dolarów. Nie bał się, że pokaże kolegom pieniądze na podwórku. W jednostce przejrzał spokojnie zawartość kamienia-skrytki. Sierżant odczytał pytania, które zadawało CIA. Po pierwsze, czy ma dostęp do tajnych materiałów i szyfrów; po drugie, jak często pracuje na wojskowej radiostacji; po trzecie, jak odróżnić telegramy fałszywe od prawdziwych i po czwarte, w jaki sposób szyfruje się i odszyfrowuje telegramy.

> Zawiadomiono mnie, że z ośrodka wywiadu będę otrzymywał przesyłki co około pół roku. Natomiast ja miałem przekazywać im materiały w paczkach co dwa miesiące, jednak w zależności od tego czy coś posiadałem z materiałów szpiegowskich przygotowywanych dla ośrodka wywiadu USA.

Zenon Celegrat 22 maja zamknął się w swoim pokoju. Na biurku stała amatorska radiostacja, dzięki której kontaktował się z ludźmi na całym świecie. W domu nikogo nie było, a nawet jeśli ktokolwiek by był, nie widziałby nic dziwnego w zamykaniu się radiotelegrafisty w pokoiku z radiostacją.

Sierżant sztabowy odpalił kupiony w Wietnamie radioodbiornik Nivico. Wetknął do ucha maleńką słuchawkę. Była osiemnasta. Amerykański wywiad nadawał swój telegram z prędkością szesnastu grup cyfrowych na minutę. Szpieg spisywał kody. Dobrze, że Amerykanie nadawali komunikaty dwa razy. Grupy nadchodziły szybko, jak serie z karabinu maszynowego. Na koniec agent usłyszał kod „SK". Oznaczał koniec „szpiegowskiej audycji".

Celegrat rozkodowywał informacje, spisywał na kartce i uczył się treści na pamięć. Gdy wyrył instrukcję na blachę, niszczył kartkę. Komunikaty radiowe dotyczyły terminów wizyt w Warszawie i sposobu odebrania przesyłek.

Pierwszy list do „cioci z Ameryki" amerykański szpieg z Leszna napisał w pomieszczeniu przy magazynie ze sprzętem łączności w jednostce. Powiadomił „kolegów", kiedy ma urlop i kiedy pasowałyby mu wyjazdy do Warszawy. By pani na poczcie w Lesznie nie zainteresowała się listem, wrzucił go do skrzynki w Warszawie. Na małej poczcie w Lesznie mógł pracować TW i powiadomić SB o liście do Stanów. Funkcjonariusze wyrywkowo kontrolowali korespondencję. By nie budzić podejrzeń, Celegrat zamykał koperty na ślinę. Nie używał taśmy klejącej. Adresy w USA wyskrobał igłą w białej masie plastycznej, którą usztywniano czapki wojskowe. W pracy szpiega było jednak coś niezwykłego i ludzkiego. Gdy kolega potrzebował usztywniacza czapki, wyjął swój i zeskrobał adresy nożem.

W kolejnej „audycji" CIA pytało o liczbę armat i żołnierzy w jednostce, o ciszę radiową, o zmianę sprzętu. Prosili o własne spostrzeżenia i informacje. Miał je zostawiać w puszcze po mięsie albo starej szmacie w punkcie „Kort".

Gdy syn i żona spali, sierżant pisał. W ciągu dnia zamykał się na klucz w pokoju i sporządzał tajnopisy. Trzymał je w pracy, w zamykanym na klucz biurku. Przenosił w wewnętrznej kieszeni munduru.

Cóż, wywiad amerykański niewiele dowiedział się z tajnopisów.

– Pytanie o liczbę armat to było nic innego jak sprawdzenie wiarygodności agenta – mówi Jarosław

Burchardt. – Byli w stanie policzyć te armaty sami przez płot. Celegrat nie ma im nic konkretnego do powiedzenia. Całe to śledztwo i późniejszy proces sądowy, którego akta będziesz czytał, to wydmuszka, która miała pokazać siłę polskiego kontrwywiadu. Gospodarka socjalistycznej ojczyzny się sypie, a tu zatrzymujemy groźnego agenta. Z drugiej strony pamiętaj, i to cały czas ci powtarzam, z pozoru nieznaczące informacje też są ważne. Jeśli Amerykanie mieli kilku czy kilkunastu szpiegów, a odnalazłem papiery, które potwierdzają, że tak właśnie było, to mogli składać dziesiątki takich bzdetów w całość. On pracował w magazynie łączności. Przecież tam mogły się pojawić nowe urządzenia, lepsze części. Z takich radiostacji korzystały inne jednostki. Warto im było wydać te parę tysięcy dolców na takiego agenta, aby mieć oczy i uszy za żelazną kurtyną. Na wszelki wypadek.

Szpieg z Leszna podał liczbę armat i żołnierzy. O ciszy radiowej napisał, że jest nieprzewidywalna, a z kolegami nie może rozmawiać, bo natychmiast zaczęliby podejrzewać, że coś jest nie tak. Aparat fotograficzny nawalił. Słowem – leszczyński agent niewiele wiedział i niewiele mógł się dowiedzieć.

– Nikt z nas niczego nie podejrzewał – mówi kapitan Noga, u którego radiotelegrafista musiał się raz zwolnić, by pojechać do Warszawy. – Zatrzymano go po cichu, ale i tak wszyscy o tym mówili. Był niezwykle sympatyczny, otwarty, zaangażowany w pracę, lubiany. Działał w organizacji partyjnej. Udzielał się społecznie. To był dla nas szok.

W kolejnym radiowym komunikacie CIA pogratulowało Celegratowi „dobrej roboty" i znów poprosiło o tajne informacje.

> Czy w pańskiej jednostce jest biblioteka tajna, czy w jakiś inny sposób korzysta się z materiałów tajnych. [...] Czy jakiś tajny sprzęt naprawia pan w warsztacie. Jeśli tak, to czy może pan go sfotografować. Niech pan pisze drobniejsze pismo w tajnopisach.

Celegrat miał też na swoim koncie sukcesy. W marcu 1978 roku wypożyczył z tajnej kancelarii tom siódmy i ósmy instrukcji zatytułowanej „Opis". Nie wiemy, co zawierała. Każdy tom liczył osiemset stron rozmiaru A4. Rozkładał je na taborecie po prawej stronie biurka przy kaloryferze pod oknem. Chodziło o światło. Pięćdziesiąt centymetrów od instrukcji umieścił lampę z żarówką sto lub sto pięćdziesiąt wat. Użył światłomierza. Od miniaturowego aparatu zwisała nitka z igłą odmierzająca prawidłową odległość. Każdą stronę fotografował oddzielnie. Zależało mu na czasie, więc nie przejmował się wybrzuszeniami papieru. W sumie zrobił siedemset zdjęć. W kwietniu kasetę z filmem podrzucił do punktu „Kort".

W lipcu 1977 roku Celegrat był pomocnikiem oficera dyżurnego. Jednostka była na poligonie. Chorąży Zdzisław Woźniak miał dostęp do tajnych instrukcji. W południe wyszedł na obiad. Agent wyciągnął ze skrzynki metalowej dwie tabele szyfrowe – „Wisła" i G843. „Wisłę" wsadził szybko do swojej torby. Tej samej, z którą został zatrzymany. Wrócił chorąży i wysłał swojego pomocnika na obiad. Celegrat zamiast do stołówki, poszedł do magazynu, gdzie sfotografował karty „Wisły" aparatem podarowanym przez Amerykanów. G843 to było kilka stron A4. „Wisła" to jedna duża składana wpół kartka w plastikowej okładce.

Wrócił do dyżurki.

Daty odbierania przesyłek wyznaczał sam. Wywiad jedynie je akceptował. Przez radio przypominano mu o zbliżającym się terminie spotkania. Obowiązywała zasada, że informacje owijane w starą szmatę albo ukryte w puszce po mięsie należało zostawiać w Warszawie co dwa miesiące, a kamienie-skrytki pobierać co pół roku. Amerykanie podpisywali listy słowem „przyjaciele", rzadziej „koledzy". Pisali niegramatycznie. „Pójść pan tą ulicą". Było pełno poprzestawianych liter.

Celegrat miał dostęp do kancelarii szefa łączności, pomocnika szefa sztabu do spraw operacyjnych, zastępcy dowódcy pułku do spraw technicznych. Materiały tajne trzymano w szafach pancernych albo skrzyniach zamykanych na klucz. Były plombowane plasteliną, w której odbijano pieczątkę zwaną referentką. Każda referentka miała swój numer. Można było łatwo ustalić, kto zabezpieczył szafy. Tą samą pieczęcią pieczętowano drzwi do pomieszczenia. Celegrat czasem przychodził do kancelarii. Nieraz urzędnik kancelaryjny wychodził na chwilę. Zdarzało się, że zostawiał tajne dokumenty na biurku.

CIA najbardziej interesował temat mobilizacji. Tym zajmowała się kancelaria specjalna majora Teofila Stężałego. Jej pomieszczenia były mocno chronione. Kraty w drzwiach i oknach. Ted powiedział, że gdyby były dodatkowe koszty dotarcia do tajnych materiałów, to oni te koszty poniosą. Prosili o minimalizowanie ryzyka. Nie należało szarżować. Wywiad wolał mieć byle jakiego agenta na wolności niż superagenta w więzieniu.

Ted pytał, czy Celegrat ma możliwość wyjeżdżania do ZSRR. Teoretycznie tak. Ojczym Celegrata, Jan Linkiewicz, miał krewnych w Nowych Trokach koło Wilna, ale nie pamiętał ich nazwisk. Do Związku Radzieckiego agent nie pojechał.

Pewnego dnia bohater naszej opowieści przyniósł do kancelarii szefa łączności karty pracy warsztatu. Czasem zostawał w kancelarii sam. Szef wychodził i zostawiał mu klucz.

W kancelarii były: instrukcja o gospodarce materiałowej łączności, instrukcja norm klasowych specjalistów łączności, okresowe sprawozdania napraw sprzętu, zapotrzebowanie na części zapasowe, aktualne tabele szyfrowe. Cóż, Celegrat nie zdążył zapoznać się ze wszystkimi dokumentami. Zmienił się szef łączności i skończyło się zostawianie klucza podoficerowi.

W grudniu 1977 roku agent pojechał do Żagania, do 3. pułku czołgów, na wystawę racjonalizatorską zorganizowaną przez Śląski Okręg Wojskowy. Pojechał z polecenia majora Wojtysiaka, zastępcy do spraw uzbrojenia. Zawiózł pompę do chłodzenia lufy armaty 57 mm. Zabrał również transformator do sprawdzania cewek w samochodach, urządzenie do roztapiania cyny i lutowania końcówek przewodów, urządzenie do sterowania syreną alarmową. Musiał się nauczyć obsługi urządzeń i ich prezentacji na wystawie. Był w Żaganiu pięć dni. Spał u matki. Kierowca Stara 66, z którym przyjechał na wystawę, był zakwaterowany w jednostce wojskowej. Celegratowi nie wpadło do głowy, by opowiedzieć Amerykanom o wystawie. Tych nieustannie interesowała modernizacja jednostki i prace budowlane na jej terenie. W jednym z listów napisał, że ostatnio powstał murek w miejscu wyrwy po budce przepustek.

W grudniu 1976 roku agent z Leszna znów musiał pojechać do Warszawy.

▸•◂

Żona: Wiesz co? Skoro masz wracać z pieniędzmi od tego Świątkowskiego, to może mój tata z tobą pojedzie?

Celegrat nie wpadł w panikę. Był opanowany.

Żona: Może ja bym z tobą pojechała? Jeszcze cię napadną albo pobiją i stracisz te dolary.

Zenek: Bardzo dobry pomysł!

W Warszawie sierżant, jego żona i jej ojciec dojechali na cmentarz niedaleko ulicy Żwirki i Wigury.

Zenek: Zostań tu przy kiosku. Ja pójdę z tatą na cmentarz polsko-radziecki. Tam mi Świątkowski zostawił te dolary. Niech ojciec idzie ze mną. Zaraz wrócimy.

▸•◂

Celegrat zachował zimną krew. Posiadanie dolarów było nie tyle zakazane co podejrzane. Ani pani Mirosławy, ani jej tatusia nie dziwił konspiracyjny charakter odbioru pożyczki.

Na cmentarzu Zenon Celegrat poprosił teścia, by został przy ławce. Sam przeszedł aleją około stu metrów. Długo nie mógł znaleźć w krzakach przesyłki od kolegów z CIA. W końcu wymacał kamień. Rozbił go. Oddzielił pieniądze od instrukcji i papierów. Panowie wrócili przed kiosk.

▸•◂

Żona: Co tak długo? Przechodził milicjant. Chciałam poprosić go o pomoc. Myślałam, że coś się wam stało.

▸•◂

Żonę uspokoił widok skrawka zielonego banknotu, który Celegrat wysunął z rękawa.

W liście od CIA radiotelegrafista przeczytał, że „przyjaciele" proszą go o rozważne wydawanie pieniędzy. Agent chętnie robił zakupy w Peweksie. Kogoś mogło to kłuć w oczy. Wyremontował samochód, urządził mieszkanie. Wywiad zapewniał, że wpłaca na jego konto w Stanach dwieście pięćdziesiąt dolarów miesięcznie.

– Zapytaj amerykański wywiad, czy wypłacili mu te pieniądze – śmieje się Jarek.

Oprócz upomnień było też pytanie o to, czy ktoś z rodziny nie potrzebuje lekarstw. Amerykanie umiejętnie motywowali swojego współpracownika. Pokazywali mu ludzką twarz wywiadu. Oczywiście zarzucano go pytaniami o jednostki radzieckie w Wielkopolsce, o to, czy awansuje na ważniejsze stanowisko i będzie miał dostęp do tajnych materiałów.

W Boże Narodzenie nadszedł kolejny telegram radiowy ze Stanów.

> Prosimy nie wysyłać tajnopisów z Leszna i najbliższych okolic. Najlepiej z dużych miast. Nie podawać na kopercie autentycznych adresów nadawcy, zmienić przynajmniej imiona. Nie pisać listów jako dalszych ciągów, tzn. nie nawiązywać do poprzednich. Każdy list ma być pisany do jakby innej osoby. Nie nagrywać naszych audycji na taśmę magnetofonową.

Nagrywanie audycji było bardzo niebezpieczne. Był to rzeczowy dowód działalności szpiegowskiej. Na szczęście legenda o Świątkowskim usypiała czujność żony. Podejrzany zeznał, że żona była zaskoczona wysoką prowizją od pożyczki, ale wierzyła w Świątkowskiego.

▸•◂

Zenek: Nie będzie już więcej dolarów. Musimy przystopować z wydatkami.

Żona: I tak ładnie sobie mieszkanie odnowiliśmy. Idę oglądać film. Włącz telewizor.

Zenek: A ja poczytam w kuchni.

▸•◂

Między książkami o krótkofalarstwie agent CIA z 69. Pułku Artylerii Przeciwlotniczej w Lesznie trzymał notatki do kolejnego tajnopisu. Rozpisywał się o planach urlopowych. Sugerował, że rysowanie kresek kredą jest dziecinne, a punkt „Kort" niebezpieczny. Żalił się też, że musi jeździć taksówkami do innych dużych miast z listami, aby żona nie pytała, dlaczego tak długo nie ma go w domu.

Książki były skrytką dla kodów. Celegrat sporo czytał. Po aresztowaniu SB zarekwirowała następujące tytuły w magazynie łączności: *Lampy elektronowe i półprzewodniki*, *Naród polski w walce o niepodległość i socjalistyczny rozwój ojczyzny*, *Naukowy komunizm orężem sił socjalizmu i postępu*, *VII Plenum KC PZPR*. Na wewnętrznej stronie okładki zapisał zobowiązania wobec żony – że nie będzie nadużywał alkoholu. Zamazał ten tekst długopisem, bo bał się, że koledzy w pracy odczytają. Broszura *Znaczenie demokratycznych i rewolucyjnych tradycji w obywatelskim wychowaniu żołnierzy LWP*, *ABC krótkofalarstwa*.

Coraz trudniej było sierżantowi oszukiwać żonę. Kolejny wyjazd? Do Warszawy? CIA jakby czytało w myślach swojego agenta. W kolejnym komunikacie „przyjaciele" informowali, że w przesyłce będzie pierścionek.

> W tej sytuacji poinformowałem żonę, że 16 kwietnia jadę do Warszawy, że do mnie telefonował Świątkowski, że ma złote pierścionki i ma dla mnie jeden pierścionek. Po takim kłamstwie żona nie sprzeciwiała się mojemu wyjazdowi.

Wywiad znał rozmiar palca żony swojego agenta. Celegrat zabrał do Wietnamu nakrętkę wielkości palca pani Mirosławy. Obiecywał przez wyjazdem, że przywiezie pierścionek. Dał nawet nakrętkę kochance, aby pomogła wybrać biżuterię. Nie ma wątpliwości, że Wietnamka przekazała ją swojemu oficerowi prowadzącemu.

Pierścionek ze złotym oczkiem pani Mirosławie bardzo się podobał, ale przetopiła go z inną biżuterią i zamówiła większy. Agent dostał w sumie trzy pierścionki i złoty wisiorek. Wypłatę od wywiadu Celegrat schował pod wanną. Cały czas subtelnie go naciskano: prosimy o zdjęcia tajnych dokumentów. Ale kierownik magazynu nie miał dostępu do tajemnic wojskowych. Co najwyżej mógł przekazać informację o tym, ile metrów przewodów leży w magazynie, ile jest oporników, kondensatorów, żarówek i bezpieczników. Niczego więcej nie wiedział ani nie widział. CIA pisało:

> Prosimy podać czy ma pan możliwości zmiany stanowiska na bardziej dostępne do tajnych materiałów. Niech pan w jakiś sposób postara się przejść na wyższe stanowisko. Jeśli pańskie informacje będą dla nas lepsze, to zwiększymy panu wynagrodzenie do 500 dolarów miesięcznie.

Amerykański wywiad pisał również, że może przysłać dobre leki na chorobę wątroby żony. „Przyjaciele" prosili o podanie nazwy choroby i receptę od lekarza.

Ponieważ Celegrat niewiele wiedział o tajemnicach wojskowych, pisał „zmyślone wiadomości", na przykład o zakupach do magazynu. Przynajmniej tak zeznawał oficerom biura śledczego MSW. Pisał również, że w magazynie nie ma tajnych materiałów ani tajnego sprzętu. Ważne urządzenia były naprawiane „w warsztacie okręgowym".

– On cały czas pisał, że nie wie, że nie może podróżować po okolicy – mówi Jarek, który przeczytał wszystkie tomy sprawy Celegrata. W sumie kilkaset stron. – Widzimy swoisty teatr. Oni naciskają, by przysyłał informacje tajne, choć wiedzą, że jest skromnym kierownikiem podrzędnego magazynu. A on ich zapewnia, że postara się, ale i tak niewiele może.

Celegrat nie ma ochoty ryzykować życia. Nie kręci się po poligonach oznaczanych tablicami „teren wojskowy, wstęp surowo wzbroniony". Kilkaset dolców ukrytych pod wanną i złoty pierścionek to szczyt jego marzeń. Zamykanie się w pokoju i podłączanie radia, do którego musiał skonstruować dodatkowy wzmacniacz, jest wystarczająco stresujące. Wie, że współpracownicy CIA często wpadają. Pisze nawet o tym w jednym z listów.

– Przesłuchujących bardzo interesowały metody przekazywania materiałów Amerykanom. Kontrwywiad uczył się metod CIA. Ta wiedza pomogła im w szkoleniu funkcjonariuszy i łapaniu kolejnych agentów.

▸•◂

Zenek: Obiecałem rok temu naszemu synowi lot do Warszawy. Chyba go zabiorę.

Żona: Dobry pomysł. Nie będzie się bał samolotu?

Zenek: Coś ty. Dlaczego miałby się bać.

▸•◂

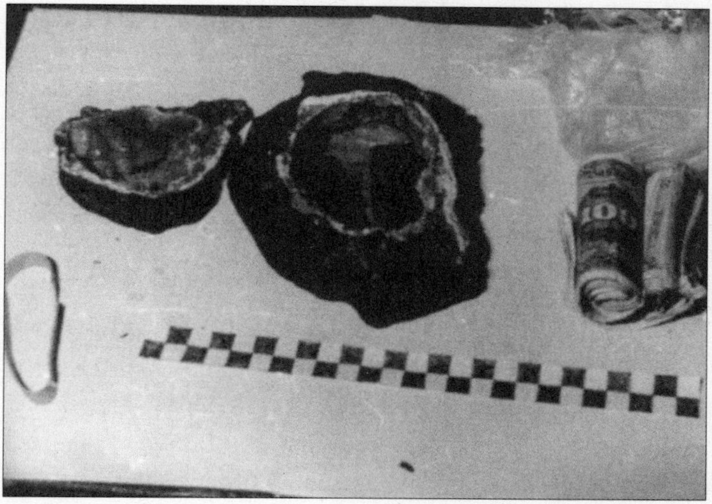

W skrytce najczęściej były dolary. Czasem CIA płaciła w markach zachodnioniemieckich. Amerykański wywiad apelował do leszczyńskiego agenta o rozsądne wydawanie pieniędzy. Rozrzutność mogła doprowadzić do dekonspiracji.

Szpieg z Leszna miał kolejny dobry powód do wyjazdu. Mógł spokojnie odebrać przesyłkę. Były wakacje 1977 roku. Gdy już dotarli na miejsce, Celegrat wykorzystał moment, kiedy syn się odwrócił, i podniósł kamień. Nikt niczego nie widział.

Cały czas wywiad apelował, aby „mniej pan przebywał w restauracjach". Obydwie strony wyczuwały, że coś wisi w powietrzu. CIA pisało: „Niech pan nie zgubi aparatu". Miniaturowy aparat mógł zerwać się z łańcuszka albo wypaść pod nogi dowódcy jednostki. Sierżant sztabowy trzymał sprzęt szpiegowski w pudełku przekaźnika zasilacza radiostacji, a klisze w długopisie. Książeczki szyfrowe wsadził do słoika i zakopał w lesie pod Lesznem. Wywiad zmienił punkt sygnalizacyjny w Warszawie. Celegrat pytał Waszyngton o przyczyny wpadki agenta Pawłowskiego. Prosił o tabletki, za pomocą których mógłby popełnić samobójstwo. Jednocześnie uspokajał amerykański wywiad.

> Jeżeli chodzi o wydatkowanie pieniędzy, bądźcie pewni, że mnie najbardziej zależy na własnym bezpieczeństwie i jeżeli wydaję je, to dbam o to, aby nie narazić się. Wydaję przeważnie w różnych miastach będąc w Poznaniu, Wrocławiu, Zielonej Górze i innych. Kupuję w sklepach Pewex, lecz nigdy nie za dużo. [...] Coraz trudniej urywać mi się do Warszawy. [...] Nie zmuszajcie mnie do zrobienia tego, czego nie mogę zrobić.

W rzeczywistości praca szpiega doprowadziła Celegrata na skraj załamania nerwowego. Dręczyły go myśli o współpracy. Pił z kolegami i do lustra. Zaczął przynosić do pracy alkohol z Peweksu. Nikt nie pytał, skąd ma pieniądze. Koledzy byli pewni, że kupuje za oszczędności przywiezione z Wietnamu. Przynosił do pracy jedną lub dwie półlitrówki tygodniowo. Stworzył zwyczaj składania się najbliższych kolegów na wódkę. Z zeznań wyłania się obraz pijaństwa w jednostce. Pito wszędzie. Nawet w tajnych kancelariach. Raz Celegrat z kolegą pojechał na picie w teren. Wydał jednorazowo siedem tysięcy złotych.

Pito też w poniedziałki wieczorem po zajęciach na Uniwersytecie Marksizmu-Leninizmu przy KW PZPR.

Studiowali tam wicedyrektor szkoły, prezes spółdzielni mieszkaniowej, kilku oficerów. Czasem za picie płacił Celegrat. Pił też w domu codziennie z teściem lub szwagrem.

Pił i pożyczał dolary i złotówki. Rodzinie i znajomym. Sierżant Franciszek Górny kupował dom w Wojnowicach. Celegrat pożyczył mu latem 1977 roku piętnaście tysięcy złotych. Z reguły pożyczał kolegom kwoty do stu złotych.

W czasie jednej z podróży do Warszawy w wagonie restauracyjnym nasz leszczyński szpieg zauważył kątem oka znajomą twarz. Chwilę zastanawiał się, skąd zna tego człowieka. W końcu rozpoznał znajomego z Wietnamu. Mężczyzna pił piwo. Podszedł do Celegrata.

▸•◂

Znajomy: Ja pana skądś znam.

Zenek: No ja właśnie też.

Znajomy: Spotykaliśmy się w stołówce w Sajgonie. Co u pana słychać.

Zenek: Jadę właśnie do Warszawy kupić trochę sprzętu. Pan wie, jak to jest z tym radioamatorskim fachem. Ciągle trzeba coś naprawiać. A pan?

Znajomy: Jestem już na emeryturze. Dorabiam w NRD na budowie. Mieszkam w Warszawie. Tak sobie kursuję. Na marginesie: nie chce pan kupić aparatu fotograficznego?

Zenek: Nie, ale mam kolegę, który może chciałby kupić. Da mi pan adres, to panu napiszę.

▸•◂

Celegrat wrócił do domu nad ranem. Składając zeznania, nie pamiętał, czy żona zapytała o zakupy części do naprawy radia. Dziwiły ją natomiast pieniądze, które bez końca wyskakiwały z kieszeni męża. Mówił, że to oszczędności z Wietnamu. Pieniądze zresztą były bardzo potrzebne na leczenie syna.

W końcu oficerowie amerykańskiego wywiadu doczekali się dobrych informacji z Leszna. Szykował się awans. Na emeryturę wybierał się szef Garnizonowego Węzła Łączności. Niestety, Celegrat miał coraz mniej czasu na szpiegowanie. Udzielał się w egzekutywie organizacji partyjnej w pułku i uczył się na Wieczorowym Uniwersytecie Marksizmu-Leninizmu.

Szef łączności poprosił Zenona Celegrata o sprawdzenie, jak radzą sobie żołnierze obsługujący radiostację. Nie było w pracy ich dowódcy. W wozie sierżant znalazł książkę z kodami z oznaczeniem „tajne". Przewertował kilka stron. Zobaczył kody, o które pytali Amerykanie. Zapamiętał je i wysłał później tajnopisem. Innym razem wypożyczył z kancelarii tajnej instrukcje łączności. Tłumaczył, że są mu potrzebne do naprawienia sprzętu. Oficer, który wydawał tajne druki, o nic nie pytał. W magazynie Celegrat sfotografował dokumenty. To już była prawdziwa szpiegowska praca.

W lutym 1978 roku żona nie zgodziła się na kolejną podróż do Warszawy. Nie kupiła bajeczki o zakupach części do samochodu. Dlatego CIA wyznaczało alternatywne miejsce odbioru „kamienia". Podoficer powiedział żonie, że jedzie po części do Ostrowa Wielkopolskiego.

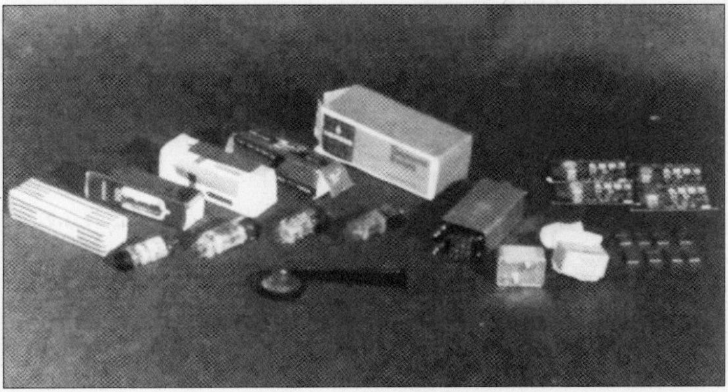

Części zamienne do radiostacji. Zenon Celegrat był radioamatorem. Często tłumaczył żonie swoje wyjazdy do Warszawy koniecznością zakupu części lub załatwienia spraw w centrali Polskiego Związku Krótkofalowców.

Później żona zgodziła się na wyjazd Zenka do Związku Krótkofalarskiego do Warszawy. Dla potwierdzenia powodu swojego wyjazdu, sierżant posłużył się butelką drogiego alkoholu „dla pani Basi". Pani Basia miała przyspieszyć załatwienie sprawy. To właśnie wyjazd do pani Basi skończył się zatrzymaniem Zenona Celegrata.

Marecki, opiekun kontrwywiadowczy Polaków zeznał, że leszczynianin został przeniesiony na rozkaz dowódcy polskiej delegacji do Đà Nẵng za nadużywanie alkoholu. Marecki wiedział o kontaktach podopiecznego z Amerykanami. Miał wizytówkę Amerykanina i kazał Celegratowi przy sobie zadzwonić do niego. Nikt nie podniósł słuchawki. Po rozmowie ze swoim przełożonym Marecki kategorycznie zabronił sierżantowi dalszych kontaktów z Amerykanami. Co mógł jeszcze zrobić? Odesłać radiotelegrafistę do Polski? Ciekawe, skąd wzięliby nowego radiotelegrafistę? Marecki codziennie pytał Celegrata, czy nie zaczepiają go Amerykanie. Raz Celegrat odpowiedział, że w czasie gry w bilard ktoś próbował wręczyć mu wizytówkę. To zdarzenie Celegrat opisał w notatce, którą Marecki przekazał swojemu szefowi.

Sprawą złego zachowania Celegrata zajął się sam zastępca ambasadora do spraw wojskowych, który sporządził krótki raport na ten temat.

> 23 listopada 1974 po przybyciu do Sajgonu będąc pod wpływem alkoholu dobijał się w godzinach wieczornych do kilku zamkniętych od wewnątrz pokoi zajmowanych przez członków naszej delegacji, a następnie wszedł do mieszkania zajmowanego przez porucznika Jerzego Miszkowicza, gdzie od samego początku zachowywał się niewłaściwie używając niecenzuralnych słów. Na zwróconą uwagę właściciela, wymieniony nie chciał opuścić mieszkania zachowując się w sposób wysoce nietaktowny.

Kara? Powiadomiono wszystkich członków delegacji o niewłaściwym zachowaniu. W istocie leszczyński radiotelegrafista łamie rozkaz dowódcy jednostki 2000, w którym wyraźnie napisano, by godnie reprezentować Polskę.

Tymczasem w opinii przedstawicielstwa PRL-u napisano, że Celegrat należycie wykonywał swoje obowiązki, jest bardzo dobrym specjalistą. Wspomniano, że raz został ukarany upomnieniem, ale dokument stawia Zenona Celegrata w dobrym świetle. Autor opinii pisze, że Celegrat „zachował godność osobistą, zachowywał się należycie, dbał o wygląd osobisty, był niepodatny na kontakty i wpływy obcych". Pozytywną opinię podpisują sekretarz komitetu partyjnego delegacji oraz zastępca dowódcy delegacji. Swoje dopisuje dowódca jednostki wojskowej 2000. Pisze, że Celegrat pogłębił znajomość angielskiego. Dowódca jednostki 2000 wydał 2 maja 1974 roku zaświadczenie zezwalające na powrót do służby w Lesznie.

– W wojsku obowiązuje zasada: nie ma trupa, nie ma sprawy – mówi Jarek Burchardt. – Po co pisać o problemach. Wtedy natychmiast ktoś zada pytanie o pracę przełożonych. Wszyscy piszą więc, że było cacy.

Zenon Celegrat napisał po przyjeździe sprawozdanie, w którym chwalił się, że obowiązki wykonywał sumiennie i nie utrzymywał kontaktu z obcymi w Sajgonie, a jeśli takowe – oczywiście przez przypadek – się zdarzyły, natychmiast informował o nich Mareckiego. W dokumencie jest sporo narzekań. Przede wszystkim na polskie koszule z krótkim rękawem. Polacy i tak kupowali ubrania na miejscu. Wietnamskie tkaniny lepiej sprawdzały się w tropiku. Pisał o braku wody i nawalającym klimatyzatorze. Chwalił za to zebrania partyjne i ciekawe pogadanki polityczne. Jak twierdzi – bardzo przydatne. Partia organizowała zajęcia sportowe, dostarczała z kraju świeże informacje i literaturę. Można było sobie poczytać w wolnej chwili.

W rubryce „życie towarzyskie" napisał:

Często spotykaliśmy się w polskim klubie, aby wspólnie poczytać prasę, grać w szachy, bilarda, posłuchać polskiej muzyki z polskich płyt. Osobiście dość często uczęszczałem do klubu oficerskiego [mesa], aby posłuchać muzyki i potańczyć, a tym samym złagodzić tęsknotę za rodziną i krajem[53].

W sierpniu i wrześniu 1978 roku podpułkownik Stanisław Trafalski z biura śledczego MSW razem z podpułkownikiem Zbigniewem Twerdem pojechali do Wietnamu szukać kochanki Celegrata. Szukali jej śladów w wietnamskich dokumentach razem z oficerami służby SRW pod kierownictwem wicedyrektora, odpowiednika Departamentu II MSW PRL. Papiery z archiwum policji i służb w Wietnamie dowodziły, że Amerykanie rozpracowali razem z kolegami z Południa całą polską delegację. Amerykanie knuli intrygi, aby skłócić członków komisji. Kontrwywiad sajgoński specjalizował się w zbieraniu informacji o Polakach. CIA przejmowała materiały i później wkraczała do akcji. Do zbierania informacji wykorzystywano barmanów, taksówkarzy, pracowników technicznych pracujących w bazie. I oczywiście prostytutki. Z dokumentów archiwalnych byłej sajgońskiej policji wynikało, że Tươi dopiero po pewnym czasie została zwerbowana przez policję. W grudniu 1974 przeszukano jej mieszkanie i zawieziono do amerykańskiego majora. Major pytał ją o Celegrata. Gdy w styczniu 1975 roku sprowadziła się do siostry, była już współpracowniczką wywiadu.

---

[53] Z.C. 2602-15540.

Biurowiec kontrwywiadu południowo-wietnamskiego w Sajgonie.

Polscy śledczy ustalili, że Celegrat miał poważne plany wobec Wietnamki i nie wyrażało się to jedynie we wręczeniu jej drogiej bransoletki. Powiedział Tươi, że pojedzie z synem na leczenie do Szwajcarii i wtedy ucieknie. Chciał zamieszkać z Wietnamką w Nowej Zelandii.

Celegrat został skazany na dwadzieścia pięć lat więzienia. Korzystając ze zmiany ustroju, agent CIA z Leszna 27 grudnia 1989 roku złożył w sądzie wniosek o warunkowe przedterminowe zwolnienie[54]. Sąd przy-

[54] IPN BU 1509/1660.

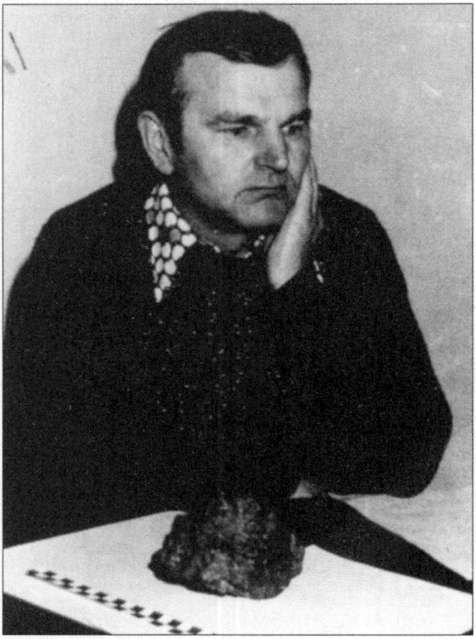

Zenon Celegrat ze skrytką-kamieniem. Zatrzymany przyznał się do szpiegostwa i ze szczegółami opowiedział o swojej pracy. Uratowało go to przed karą śmierci. Skazano go na dwadzieścia pięć lat więzienia.

chylił się do wniosku. Prokurator nie miał nic przeciwko. Warunkami zwolnienia było znalezienie pracy i abstynencja. Celegrat dostał kuratora. Sąd podkreślił, że czyn, jakiego dopuścił się skazany, był poważny (szkodliwy). Mimo że Polska była już po stronie Stanów Zjednoczonych, zdrada pozostawała zdradą. Czy jeśli nasz leszczyński agent nie brałby za współpracę pieniędzy, zostałby bohaterem jak Kukliński?

Jarek odnalazł w aktach sprawozdanie kuratora sądowego, który pisał do sądu, że napomniał zwolnionego, by nie pił. Z dokumentu wynika, że w 1990 roku Celegrat nie miał pracy, żył z zasiłku dla bezrobotnych i nigdzie nie mógł się zaczepić na stałe.

Schwytanie agenta było wielkim sukcesem SB. Wielu funkcjonariuszy odebrało wysokie premie. Na liście nagrodzonych są oficerowie pracujący w polskich służbach specjalnych do dziś. Jest na niej między innymi Gromosław Czempiński. Powstała ciekawa tajna praca dyplomowa w Wyższej Szkole Oficerskiej Ministerstwa Spraw Wewnętrznych im. Feliksa Dzierżyńskiego w Legionowie pod tytułem: *Wykorzystanie środków łączności wywiadowczej przez główne państwa NATO na podstawie zrealizowanych spraw szpiegowskich (Dembowski, Chrust, Celegrat)*[55]. Piotr K. dokładnie analizuje metody sporządzania tajnopisów i prowadzenia łączności radiowej przez agenta. Praca stanowiła doskonały podręcznik dla pracowników kontrwywiadu. Oprócz tekstu zachowała się bogata dokumentacja sukcesów edukacyjnych Piotra K., łącznie z indeksem. Student szkoły im. Feliksa Dzierżyńskiego odbył praktyki, na których ustalał „autorów nagrań wierszy, kupletów i piosenek, których teksty szkalowały partię". K. szukał też mężczyzny, który założył nielegalną organizację. Próbował skontaktować się z I Sekretarzem KC i badał banknoty, na których ktoś miał czelność wypisać antysocjalistyczne hasła.

---

[55] Tamże.

– Wspominamy o tym dlatego, że tacy ludzie jak K. pracują dziś w policji – mówi Jarosław Burchardt. – Z NRD usunięto za jednym zamachem wszystkich funkcjonariuszy komunistycznych służb. U nas wmawia się ludziom, że to specjaliści najwyższej próby. Przeczytaj jedną z prac zaliczeniowych K.

Jarek pokazuje mi zdjęcia wypracowania K. o wkładzie Polskiej Partii Robotniczej w dzieło wyzwolenia narodowego. Autor rozpisuje się o tym, jakoby partia robotnicza chciała, by wyzwolona Polska była krajem demokratycznym, opartym na sojuszu robotniczo-chłopskim.

– No, ale takie to były czasy. O czym miał pisać student szkoły w Legionowie? – pytam Jarka.

– Nie chodzi o to, o czym pisali, ale o tym, że zostali w służbach po 1989 roku.

– Kto miał ich zastąpić?

– Młodzi ludzie, którzy też znają się na pracy operacyjnej policji. Wsadziliśmy do komend wojewódzkich i powiatowych ludzi, którzy wierzyli w komunizm. Relatywizujemy historię. Niemcy i Czesi sobie na to nie pozwolili. Jesteśmy liderem zmian w regionie i wielkim hamulcowym, jeśli chodzi o lustrację. Wmówiono nam, że lustracja jest niedobra i że Polska uchroniła się przed wojną domową. Niemcy mieli najohydniejszą tajną policję i tacy ludzie jak pan K. trafili na śmietnik historii. U nas dostali awanse.

K. pisze również, że „1 stycznia 1944 roku powstała Krajowa Rada Narodowa, która była pierwszym demokratycznym rządem utworzonym w okresie okupacji. Przewodniczącym jej został Bierut".

– Cały czas podkreślam, że nie chodzi o to, iż oficerowie SB pisali kłamliwe wypracowania i w nie wierzyli, ale że wpuszczono autorów takich bzdur do komend wolnej Polski. O to idzie gra. O sprawiedliwość dziejową. O to, że jedni walczyli w podziemiu i dostają dziś tysiąc złotych renty, a inni zmienili mundur i pracują nadal. Jakby się nic nie stało. No i Krajowa Rada Narodowa nie była rządem, ale pseudoparlamentem. Panowie Bierut, Osóbka-Morawski i inni pewnie popili w sylwestra i postanowili powołać reprezentację narodu polskiego. W tym czasie Polakom, którzy słuchali Londynu, groziła kula w łeb. Oni w Londynie widzieli jedyną legalną władzę.

Sprawie Celegrata przyjrzał się również major Jerzy W. Był jednym z obserwatorów procesu z ramienia MSW. Jego tajną książkę z 1981 roku zatytułowano: *Niektóre problemy związane ze sprawą Zenona Celegrata – agenta wywiadu CIA*[56]. Wydało ją szefostwo Wojskowej Służby Wewnętrznej MON. Praca opisuje werbunek i dalszą współpracę Celegrata z Amerykanami. Kończą ją zalecenia dla funkcjonariuszy kontrwywiadu, między innymi ostrożność co do oficjalnych opinii na temat żołnierzy wracających z zagranicznych misji. O radiotelegrafiście z Leszna przełożeni pisali tak dobrze, że mógłby ubiegać się o stanowisko ministra obrony narodowej!

Major Jerzy W. kończy książkę stwierdzeniem, że nagłośnienie przez media sprawy Celegrata odstraszy amerykański wywiad i zahamuje pracę agentów. Resort

---

[56] IPN BU 1636/60.

kontrolował i tę część operacji. Oficerowie napisali artykuł do prasy. Zatwierdził ją sam generał Pożoga – szef wywiadu i kontrwywiadu.

> Przypadki takiego rodzaju przestępstw są nieliczne, lecz spotykają się ze zrozumiałym potępieniem całego społeczeństwa. Zawsze rodzą też refleksję jak doszło do takiej degrengolady moralnej, która pozwala zapomnieć o podstawowych obowiązkach wobec kraju, prowadząc jednocześnie do nieuniknionej, choć w pełni zasłużonej kary[57].

---

[57] IPN BU 01304/897.

Rozdział 6

Silni, zwarci, gotowi?

Z Jarkiem spotykam się w parku w Skórzewie. On mieszka po jednej stronie ulicy, ja po drugiej. Jest 30 września 2014 roku.

Piotr Świątkowski: Adwokat złożył kasację.

Jarosław Burchardt: Obrońca nie był głupi. Wiedział, że to, co przekazał CIA jego klient, było niewspółmierne do kary. Poza tym Celegrat opowiedział wszystko jak na spowiedzi służbom śledczym i przyznał się do winy. Kiedy informował wywiad o jednostkach w Bolesławcu, Żaganiu i Czerwińsku, mówił dokładnie to samo, co o jednostce w Lesznie. Czyli nic. Jego kolejne donosy nie wnosiły niczego nowego do sprawy. Zdrada zdradą, ale zasób wiedzy Amerykanów nie namnażał się. Nie pisał niczego o dywizjonach obrony przeciwlotniczej tylko o armatach, o których CIA wiedziała wszystko. Wywiad pytał o sowiecki radar, o speclinię napowietrzną, o to, czy w Lesznie pojawi się nowy sprzęt, o to, co widział w Skwierzynie. Skwierzyna już miała na wyposażeniu samobieżny sprzęt jeżdżący na gąsienicach. Był to zestaw przeciwlotniczy typu Kub. Wpisz Kub w przeglądarkę, to zobaczysz zdjęcia. Później zrobiono z tego zestaw Buk. Najprawdopodobniej z tego rodzaju broni przeciwlotniczej zestrzelono malezyjski samolot pasażerski nad Ukrainą. W Skwierzynie Celegrat wszedł do pomieszczenia oficera dyżurnego. Na ścianie wisiały zasłonięte zdjęcia zestawów Kub. W związku z tym, że przyjechali „przeciwlotnicy" z pokrewnej jednostki, odsłonięto plansze. Później napisał Amerykanom, że widział rakiety skrzydlate. Dosyć prymitywne stwierdzenie. Gdybym ja był szpiegiem, wykwalifikowanym agentem, to bym spojrzał na tę rakietę i zapamiętał ilu jest stopniowa, czy jest samobieżna czy stacjonarna, i tak dalej. Tych informacji – jak mówił mecenas – oskarżony nie zebrał. Przekazywał śmieci. Moim zdaniem wywiad amerykański zorientował się po pewnym czasie, że mają w Lesznie taką sobie płoć. Gdy był już w więzieniu, napisali do niego, że na razie dziękują za współpracę. Proszą, by sam nie nawiązywał kontaktu. Być może doszło do dekonspiracji któregoś z ich agentów. Uśpili więc Celegrata na wszelki wypadek. Tylko uśpili, nie zrywali kontaktu, bo przecież pułk w Lesznie mógł dostać rakiety. Faktycznie później pułk w Lesznie został przezbrojony w sprzęt nowszego typu, ale już po aresztowaniu Celegrata.

PŚ: Wracając do aktu oskarżenia.

JB: Mecenas, który składał rewizję, podważał rangę szkód, które zdaniem oskarżenia wyrządził Celegrat. Wydaje mi się, że największą szkodą, którą poniosło

Wojsko Polskie, był system łączności „Wisła". Jednostki, komunikując się między sobą, mogły tworzyć sieć dyżurów bojowych. CIA chciała poznać „Wisłę". Nie był to ultranowoczesny system. Łączność przewodowa, kodowana. Amerykanie, znając „Wisłę", mogli się w czasie wojny w to wbić i podawać błędne informacje. To była cenna zdobycz. Reszta – opis armat osiemdziesiąt pięć, system przeliczników artyleryjskich, dane stacji radiolokacyjnych, które kierowały ogniem – to żadna nowość dla Pentagonu. Spotkali się z tym wszystkim w Wietnamie. Może już nawet pod koniec wojny w Korei. Celegrat mógł się przydać, ale dopiero za jakiś czas. Skazanie go na dwadzieścia pięć lat – zdaniem adwokata – było przesadą. Dużo natomiast dowiedziała się SB. Strona polska dowiedziała się znacznie więcej o Amerykanach niż Amerykanie o stronie polskiej. Taki jest mój wniosek. Do czasów Celegrata kontrwywiad nie zdawał sobie sprawy, jak wyglądał werbunek oficerów i podoficerów Wojska Polskiego w Indochinach. W tym samym czasie Polska prowadziła misję na Wzgórzach Golan i w materiale, z którym mam do czynienia, nie spotkałem się z taką wpadką jak werbunek Celegrata. Być może podjęto specjalne środki ostrożności, stworzono profesjonalne komórki kontrwywiadowcze, które obserwowały oficerów na misjach. Sprawa Celegrata była dla wywiadu cymesem. Poznali kanał przekazu informacji. Ukryta skrzynka – ambasada.

PŚ: Że tu kreskę rysuje się na drzewie, a tu na płocie. Co się mówi przez radio.

JB: Pamiętasz sprawę „Amon-79"? Prawdopodobnie sprawa Celegrata pomogła wejść na sekretarza ambasady amerykańskiej, który okazał się etatowym pracownikiem CIA. Gdyby PRL była demokratycznym państwem, Celegrat tak dużego wyroku by nie dostał, ale w przysiędze wojskowej były słowa, że jeżeli bym zdradził, to niech mnie dosięgnie surowa ręka sprawiedliwości ludowej. No i dosięgła. Nasz sierżant cieszył się, że nie trafił na stryczek.

PŚ: Mówiłeś, że na Wzgórzach Golan była ochrona kontrwywiadowcza, ale w Wietnamie naszymi opiekował się Marecki. Sierżant meldował mu, że podszedł do niego Amerykanin. Marecki powiadomił o tym swojego szefa.

JB: Komandor podporucznik Marecki był oficerem kontrwywiadu, którego celem było zabezpieczenie polskiej delegacji, ale jego wiedza dotyczyła gruntu polskiego. On tam pojechał po raz pierwszy. Na realnym placu boju spotkał się z wygami, oficerami wywiadu amerykańskiego. Dla nich to była enta z kolei robota. Przyjechali, zobaczyli półgłówków z demoludów, dla których Zachód to dżinsy w Peweksie i Johnny Walker. Świat Zachodu kończył się dla nas na westernie po Dzienniku. I teraz taki Marecki miał realnie zabezpieczać swoich ludzi. Po pierwsze nie znał języka, po drugie nie znał metod drugiej strony. Jeśli przychodzi do takiego oficera jak Marecki jeden czy drugi kolega i mówi, że rozmawiał z nim jakiś dziwny pan, to taki oficer powinien powiedzieć: słuchaj, daj się zwerbować.

Podejmij grę. Tak powinna wyglądać odpowiedź oficera kontrwywiadu. Daj się zwerbować. Ruszaj do pracy. Damy ci kryptonim. Pomożesz nam. Będziesz naszym informatorem. Gdyby dzisiaj w Afganistanie jakiś żołnierz poszedł na wódkę z dziwnym panem i ten pan powiedziałby, że da dziesięć tysięcy dolarów za informacje, czy na przykład rosomak posiada taki czy siaki system kierowania ogniem, to kontrwywiad kazałby powiedzieć mu, że dane na ten temat przyniesie w zębach. Marecki podjął grę? Przez cały kontrakt chciał się nachapać i przywieźć do kraju, ile tylko można. Polacy nie wierzyli w bajki o Jamesie Bondzie. Agenci amerykańscy pozyskiwali z każdego sortu, z każdej zmiany takiego Celegrata. Gry operacyjne wywiadu w Wietnamie dotknęły prawdopodobnie Kuklińskiego. Tego nie ma w książce Szaniawskiego, ale pod koniec lat sześćdziesiątych w Laosie doszło do pierwszego kontaktu naszego pułkownika z Amerykanami. Później już wiedział, jak do nich podejść. Wątpię, że wystarczyło napisać list, wrzucić go do skrzynki i zaczynało się współpracę z największym państwem świata. Być może Kuklińskiemu, gdy Szaniawski pisał jego życiorys, nie zależało na zdemaskowaniu wcześniejszych kontaktów z wywiadem USA. Wracając do Mareckiego: jego też należało postawić przed sądem, ukarać i zdegradować.

PŚ: Ciekawą postacią w tej całej historii jest żona Celegrata.

JB: Ona praktycznie nic nie wiedziała o działalności męża. Pytali ją na przesłuchaniach skąd miał dolary.

Odpowiadała, że z misji. Czy znikał z domu? Wyjeżdżał służbowo. Wszystkie pytania, które stawiał oficer śledczy, potwierdzały wersję założoną na wstępie, że Celegrat skutecznie maskował się przed rodziną. Jeśli prowadził łączność radiową, zamykał się w pokoju. Jak zwykle. Żona akceptowała pasje krótkofalarskie. Było to dla niej normalne? Było. Wyjazdy do Warszawy? Służbowe albo do kolegi po pieniądze. Raz z teściem i z nią. Tutaj poczekaj, ja pójdę z teściem na cmentarz. Kolega odda mi pieniądze, zaraz wracamy, trele morele. Nic nie budziło podejrzeń. Mógł dziwić niekończący się strumień dolarów. Po powrocie z Wietnamu Celegrat był w stanie sprzedać każdemu a to pięć, a to dziesięć, a to pięćdziesiąt dolców. Mogło ją to niepokoić. Kupił malucha.

PŚ: Mówił, że to za oszczędności jeszcze odłożone w Polsce.

JB: Wystawne życie, kolorowy alkohol, życie ponad stan. Myślę, że ich związek był silny. Wysyłał do niej z więzienia grypsy kodem. Mirosława musiała znać ten kod. Stety czy niestety ten sposób kodowania znał również polski kontrwywiad. Pisał do niej: sprzedaj wszystko, wynieś z domu wszystko, co ma jakąkolwiek wartość. Zabezpiecz pieniądze. Byli blisko. Ona go nie krytykowała, była zaskoczona, była przy nim. Modelowa postawa małżonki.

PŚ: Powiedziała mi, że dziś się przyjaźnią. Mimo rozwodu. Myślisz, że wiedziała o Wietnamce?

Kochanka Zenona Celegrata, agentka wywiadu południowoamerykańskiego, Nguyễn Thị Tươi.

JB: To są nasze spekulacje. Nie wiemy, czy oficer śledczy poinformował żonę, że istniała kochanka. Możemy tylko przypuszczać, że na jakimś etapie śledztwa oficerowie powiadomili przesłuchiwaną o Tươi. Tươi wysłała do Celegrata dwa listy. Mirosława widziała je, ale nie znała angielskiego. Mogła się jedynie domyślać treści.

PŚ: Po aresztowaniu męża została sama z chorym dzieckiem i poradziła sobie. Dobrze zachowali się też Amerykanie. Mamy dokument, który mówi, że Mirosława była zapraszana do konsulatu. Proszono ją o podanie konta bankowego. To był początek lat osiemdziesiątych. Mówiła mi, że została sama po aresztowaniu męża. Z dokumentu wynika, że regularnie odwiedzała męża w więzieniu. Musiał ją zaboleć pozew rozwodowy, który pewnego dnia znalazła w skrzynce. Oprócz żony zeznawała jego rodzina?

JB: Zeznawali koledzy z jednostki. Wystawili mu laurkę. Miły, uczynny, koleżeński. Nie zauważyłem, by ktoś krytykował go, by nazywał go nierobem, pasożytem, pijakiem czy wałkoniem. Ci, którzy kupowali od niego dolary, wręcz mówili, że sprzedawał po bardzo okazyjnej cenie. Czyli nie był konikiem dolarowym nabijającym w butelkę. Najgorzej mówili o nim przełożeni z Wietnamu. Szef misji, który przeniósł Celegrata z Sajgonu do Đà Nẵng, bo nie podobał mu się romans z Tươi, Marecki oraz lekarz, który mówił, że Celegrat dwa razy leczył się na choroby weneryczne. Jak by nie patrzeć, Celegrat podpisał rozkaz o moralnym zachowaniu żołnierza PRL-u.

PŚ: W opinii dla jednostki 2000, tej, która szkoliła wyjeżdżających do Wietnamu, jest człowiekiem prawie bez skazy. Prawie, bo pił. Wszedł nawet w nocy komuś do pokoju.

JB: Nie ma trupa, nie ma sprawy. Tak jak ci mówiłem. W ogóle temat alkoholu w wojsku to jest zupełnie inny problem. Jeśli ktoś nie pił, był obcy. Nie pijesz? Czyli donosisz. Jednostki, które obsługiwały elektronikę, dostawały beczki spirytusu do przemywania części, żeby nie rdzewiały. Wojskowa Służba Wewnętrzna mierzyła, ile jest spirytusu w spirytusie. Nigdy w beczkach nie było dziewięćdziesiąt procent. Pięćdziesiąt, sześćdziesiąt. Do instalacji odmrażającej migów też wlewano spirytus albo niby-spirytus.

PŚ: W aktach jest jeszcze bardzo ciekawa notatka porównująca trzech agentów: Celegrata, Chrusta i Pawłowskiego.

JB: Ten materiał był wykorzystywany do szkolenia funkcjonariuszy w Legionowie. Ci dwaj, Chrust i Pawłowski, to jest zupełnie inna kategoria szpiegów. Chrust nie był wojskowym, a Pawłowski przyszywanym wojskowym. Występował w barwach Legii, klubu wojskowego. Miał jakiś stopień wojskowy. Celegrat był zawodowym podoficerem, pracującym w prawdziwej jednostce bojowej. W tej notatce podkreślano, że przysłużył się Amerykanom najbardziej. Tamci zajmowali się bardziej sprawami politycznymi, opisem sytuacji społecznej. Nie wiem, czy zwróciłeś uwagę, ale w aktach jest cała lista agentów i wyroków. Znając sprawę Celegrata, wiesz dobrze, że on z nich wszystkich był najgroźniejszy. Celegrat do czasu pojawienia się Kuklińskiego był wielkim sukcesem MSW.

PŚ: Przecież Kukliński nie był dla nich sukcesem.

JB: Oni uważali, że był, bo go ujawnili, a że im uciekł, to zupełnie inna sprawa. Reżyser filmu *Jack Strong* przedstawił swoją wizję śledztwa przeciwko Kuklińskiemu, natomiast nie wiemy, jak było naprawdę. Czy brano go jako jednego z wielu, gdy wyciekł poważny dokument mówiący o możliwościach mobilizacyjnych armii sowieckiej?

PŚ: Ostatnio czytałem, że generał Skrzypczak powiedział, że w Wielkiej Brytanii wykryto kilkudziesięciu agentów, a w Polsce żadnego. Mamy teraz takich Mareckich w kontrwywiadzie?

JB: Masz prostą odpowiedź. Dotknąłeś materiału opisującego sytuację pod koniec lat siedemdziesiątych. Masz dokumenty mówiące o tym, że w tym okresie zatrzymano dwadzieścia parę osób. Od płotek po prawdziwych wywiadowców. Służba Bezpieczeństwa miała się czym chwalić. Oczywiście w Dzienniku Telewizyjnym nie pokazywano wszystkich. Pamiętam, jak na początku lat siedemdziesiątych ujawniono, że z Radia Wolna Europa uciekł kadrowy pracownik polskiego wywiadu, który przed kamerami tłumaczył, że Radio Wolna Europa to szczekaczka, że podaje kłamliwe informacje, że mąci ludziom w głowach. To było spektakularne. Zobaczcie, obywatele. Mamy człowieka, który oszukał zgniły imperializm. Chwalono się sukcesami w stanie wojennym. W telewizji leciał w odcinkach reportaż, jak to wrogi wywiad dawał ludziom Solidarności pieniądze, by opowiadali o swojej służbie wojskowej. PRL chlubiła się demaskowaniem agentów. Mamy III Rzeczpospolitą. Ja sobie nie przypominam, żeby media podały informację, że zdemaskowano agenta Federacji Rosyjskiej umiejscowionego w urzędzie państwowym albo w wojsku. Proszę. Oto zdjęcia. Skazujemy go. Jest skandal międzynarodowy. Dyplomaci wyjaśniają sprawę. Są przeprosiny. Pamiętam, że była informacja na początku lat dziewięćdziesiątych o tym, że złapano pułkownika ze szkoły wojsk obrony powietrznej kraju w Koszalinie. Działał na rzecz Niemców. Udowodniono mu szpiegostwo. W czasie, gdy byłem w szkole podchorążych rezerwy, oficer kontrwywiadu informował nas, że uczelnia ta jest pod specjalnym nadzorem. Szpieg informował Bundesnachrichtendienst o ćwiczeniach na poligonie. Prowadził nawet działania dywersyjne. Według oficera kontrwywiadu szkoły, to właśnie ta osoba odpowiadała za dziwny wypadek w czasie drogi na poligon. W czasie przejazdu kolumny rakietowych pojazdów przeciwlotniczych PRWB systemu Osa ktoś przeciągnął nad drogą grubą linę na wysokości dużej anteny stacji śledzenia rakiet. Kierowca z poziomu metra nie widział, co jest u góry. Lina uszkodziła antenę. Kolumna się zatrzymała. By naprawić uszkodzony element z sali, w której szkolili się w obsłudze tego sprzętu podchorążowie WSO WOPL, zdemontowano z wozu ćwiczebnego dobrą antenę i zamontowano w miejsce uszkodzonego elementu. Potem skojarzyłem sprawę Osy z zatrzymaniem pułkownika z WSO WOPL z Koszalina. W gazecie była krótka notka. Polska weszła w „Partnerstwo dla pokoju". Potem weszliśmy do NATO. Pamiętasz, by za twojego młodego życia złapano szpiega? Jeżeli się nie mylę, mamy dwanaście służb mających prawo zatrzymywania ludzi i budowania siatki współpracowników. To nie tylko ABW, ale CBŚ-y i inne cuda.

Czy jest możliwe, by w trzydziestoośmiomilionowym państwie, kraju, które jest barykadą NATO, nie działał obcy wywiad? To jest śmieszne, jeśli uważamy, że nie znajdujemy się w obszarze zainteresowania obcego wywiadu. ABW albo nie chce, albo nie może demaskować obcych agentów.

PŚ: Albo ze względów na interes państwa nie chce o tym rozpowiadać na prawo i lewo.

JB: No dobrze. Możesz zapytać rzecznika prasowego ABW o ostatnie sukcesy służby. Jak się facet zasłoni tajemnicą, to niech cię odeśle do sądów, w których prowadzono sprawy przeciwko agentom. Nawet jeśli akta będą niejawne, to sądy muszą ci udzielić informacji, czy takie sprawy w ogóle były na wokandzie. Nie mogą ci powiedzieć: spadaj pan. Jeśli ci tak powiedzą, to znaczy, że nie mają sukcesów. Możesz wtedy poprosić posła o złożenie interpelacji. Niech zapyta szefa komisji służb specjalnych, ile było zatrzymań agentów. I muszą ci podać liczbę. Dyrektor CIA tłumaczy się przed senacką komisją i to nie jest utajnione, bo to są pieniądze podatnika. Czy słyszałeś o wydaleniu z Polski jakichś dyplomatów?

PŚ: Nie, ale słyszałem o budynku ambasady w centrum Warszawy, z którego Rosjanie mogą podsłuchiwać rząd.

JB: Z budynku będącego we władaniu Federacji Rosyjskiej możesz nagrywać MON, premiera, nawet biura kontrwywiadu wojskowego.

PŚ: Może premier wchodzi do szklanej klatki.

JB: Załóżmy, że wchodziłby do miniaturowej łodzi podwodnej, która zanurza się w głębokim szambie, które płynie pod kancelarią premiera, gdzie smród odstrasza potencjalnych szpiegów. To jest paranoja, że w demokratycznym państwie, suwerennym, chlubiącym się sukcesami Okrągłego Stołu, ludzie nie mogą porozmawiać o Polsce, tylko muszą schodzić pod ziemię albo pod wodę. Polskie służby, których celem jest zabezpieczenie najwyższych i najniższych urzędników, nie wykonują swoich statutowych zadań.

PŚ: Nasz czytelnik może zapytać – cóż takiego mamy w Polsce, że miałoby się tym interesować GRU? Teraz wszystko można obejrzeć w Internecie.

JB: Takie myślenie to jest robota obcego wywiadu. Śmiało mogę postawić taką tezę, że pozostawienie po osiemdziesiątym dziewiątym roku śpiochów w polskich służbach doprowadziło do takiej absurdalnej sytuacji, jaką mamy teraz, że Antoni Macierewicz w sposób może chaotyczny, ale jedynie słuszny, chirurgicznym cięciem odcina rękę Moskwy w Polsce. Tak jak w grudniu 1981, kiedy do central telefonicznych wpadły oddziały ZOMO i nie wiedząc jak odpiąć kable od serwerów nowoczesnych central kupionych we Francji, odrąbywały je siekierami. Macierewicz uczynił to samo z WSI. WSI bazowało na WSW. Dosłownie bez jakiejkolwiek weryfikacji komunistyczne WSW weszło w struktury III RP. Możesz poprosić MON, żeby pokazali ci dokumenty komisji weryfikacyjnej WSW. W teczkach oficerów SB w IPN-ie jest informacja o negatywnej weryfikacji. Prowadzący badania dotyczące czasów współczesnych może wystąpić do IPN-u z wnioskiem naukowym i sprawdzić kartotekę funkcjonariuszy służb specjalnych. Więc wydaje mi się, że ty jako dziennikarz masz prawo zapytać o oficerów służb wojskowych, którzy nie przeszli weryfikacji. Oczywiście jeśli takowa była, a wiem, że nie było. Kim byli oficerowi Wojskowej Służby Wewnętrznej? Jak się mówi, że SB było szkolone w Polsce i czasem w Moskwie, to wielu oficerów WSW szkoliło się w GRU. Oni aportem wchodzą do nowej Rzeczypospolitej. Mają służyć Polsce. Czy służą? Nie wiemy.

PŚ: Są Polakami.

JB: Albo pełniącymi obowiązki Polaków. Też tacy byli. Absolwenci szkoły kontrwywiadu w Moskwie. Pracowali do czasu, aż Macierewicz nie zrobił przeglądu całego tego towarzystwa. Zadaj pytanie, ilu nowych oficerów weszło do wojskowej służby kontrwywiadowczej i wywiadowczej po osiemdziesiątym dziewiątym roku. Jaki był odsetek nowych? W UOP-ie był duży. To, że Macierewicz powołał na szefów wydziałów nowej służby leśniczego, zoologa czy biologa, co wyśmiewali ludzie z SLD, było dobrą decyzją. SLD biło na alarm, że zwolniono fachowców, którzy byli wyszkoleni, mieli doświadczenie i wiedzę. Macierewicz wkładał do wywiadu ludzi myślących, ale niekoniecznie kończących szkołę w Kiejkutach. Oto toczy się teraz gra. Na krótko, pierwszy raz po zmianie ustroju, udało się przejąć kontrolę nad wojskowym kontrwywiadem, ale czy ta głowa nie odrośnie w innym miejscu?

PŚ: To, co mówisz, jest przerażające i jeśli to prawda, to znów, jak w 1939 roku, jesteśmy między młotem a kowadłem. Zostawmy to. Pytałem cię o to, co mamy takiego, że obcy wywiad miałby się tym czymś interesować. Naszym archaicznym uzbrojeniem opisanym w tysiącu książek i Wikipedii?

JB: Przede wszystkim nie archaicznym uzbrojeniem myśliwców F16. Niearchaiczne są lokalizacje składów rakiet, stanowiska obrony przeciwlotniczej, węzły kierowania i naprowadzania, posterunki radiolokacyjne itp. obiekty. To jest wiedza, którą trzeba mieć o przeciwniku. Niearchaiczne jest przebywanie samolotu systemu AWACS nad Polską i niearchaiczne są kody łączności Polska – NATO. Niearchaiczne są informacje przekazywane do zamaskowanych centrów dowodzenia, schronów, w Portugalii, we Francji, w Danii. Obce wywiady chcą dotrzeć i obawiam się, że dotarły do struktur na styku Polski z paktem północnoatlantyckim. Ty nie wierzysz i ja nie wierzę, że obce wywiady nie podejmowały takich akcji.

PŚ: To dlaczego przyjęli nas do NATO?

JB: To było nierozsądne bez odpowiedniego zabezpieczenia kontrwywiadowczego.

PŚ: Może się bali, że nie oderwiemy się od Wschodu.

JB: Wtedy Rosja była słaba. Ta obawa nie zachodziła. Być może Zachód płacił swoje długi za zostawienie nas po wojnie i za to, że sami musieliśmy sobie wywalczyć niepodległość.

PŚ: Sam powiedziałeś, że w polityce nie ma nic za darmo. Sądzę, że mają gdzieś naszą niepodległość. W demokracjach liczą się przede wszystkim wyborcy, a ich wyborcy nawet nie wiedzą, gdzie jest Polska.

JB: Ucho NATO blisko granicy jest bardzo potrzebne. Kiedy upadł mur, pojawił się pośrednik. Ucho trzeba było przesunąć. Tam gdzie jest ucho, tam jest rubież, którą się poświęci. W Polsce nikt nie będzie walczył. NATO potrzebuje siedemdziesięciu dwóch godzin na pełną mobilizację. W tym czasie obce dywizje pancerne będą jechać autostradą A2. Analitycy dają Rosjanom dobę na przejechanie Polski.

PŚ: Będziemy się bronić.

JB: Załóżmy, że zostajemy tak zaskoczeni, jak 1 września 1939 roku. Niby byliśmy silni, zwarci i gotowi. Wtedy udało się przeprowadzić częściową mobilizację. Dziś nie zdążymy. Jutro wchodzą Rosjanie i Białorusini. Nie zobaczymy żadnej koncentracji polskich sił. Daję ci głowę, że czołgi przejadą przez Warszawę. Pierwsze, co zrobi wróg, to uderzy w lotniska w Łasku i Krzesinach. A my się chwalimy w telewizji, że w Krzesinach jest tyle i tyle samolotów i że mamy do naszych jastrzębi poddźwiękowe AGM-158 JASSM o zasięgu trzystu siedemdziesięciu kilometrów. Moim zdaniem takie informacje powinno się ukrywać. A my pokazujemy te rakiety w Wiadomościach. Wszyscy wiedzą, że

JASSM leżą w Krzesinach. Bo gdzie mają leżeć. Muszą być blisko naszych F16.

PŚ: Wyobraźmy sobie, że rosyjskie i białoruskie transportery opancerzone i czołgi są już w Polsce.

JB: Gnają na Warszawę, ile mają paliwa w baku. Mamy granatniki i kierowane pociski przeciwpancerne. Zgoda, ale ktoś musi je obsługiwać.

PŚ: Mamy jeszcze rosomaki.

JB: Które po trafieniu pociskiem z czołgu wyglądają jak instalacja na biennale sztuki współczesnej.

PŚ: Mamy sto tysięcy zawodowych wojskowych.

JB: Gros z nich to logistycy, oficerowie sztabów, obsługa i Bóg wie kto jeszcze. Nasza zawodowa armia jest w stanie chronić jakąś jedną piątą terytorium Polski. Jak wystawimy korpus, czyli trzy dywizje, to będzie cud. Mówią, że polski żołnierz poznał zapach prochu w Iraku i Afganistanie. Zgoda. Ale misja patrolowo-stabilizacyjna to nie to samo co walka na otwartym polu. Osobiście boję się alarmu i tego, jak będą wyglądały nasze „żelazne zęby", o których mówił Donald Tusk. Teraz sieję defetyzm i osłabiam obronność państwa polskiego. Pamiętaj, i nie jest to żart czy też gloryfikacja minionego systemu, ale w czasach komunistycznych każda dywizja pancerna wyjeżdżała w pole na gwizdek. Z paru miejscowości wyjeżdżały czołgi. Formowała się kolumna. Dywizja wchodziła w ziemię. Pojazdy zakopywały się, wgryzały się w piach, w błoto. W przewidzianym do tego czasie. To jest to, co ci opowiadał pułkownik Grześkowiak. Minęło pięć minut, oficerowie kontrolujący bazę dywizjonu rakietowego WOPK nie zdążyli dojechać na stanowiska ogniowe, a rakiety na wyrzutniach patrzyły w niebo.

PŚ: NATO poświęci Polskę? Będziemy drugą Ukrainą?

JB: Wejdą zielone ludziki ratować mniejszość rosyjską i białoruską, która – tak na marginesie – dostaje od nas pieniądze. Nasi na Wschodzie nie dostają złamanego rubla.

PŚ: Nawet jeśli przejechaliby przez Polskę, to zatrzymają się na Łabie. Niemcy mają nowocześniejsze czołgi.

JB: Gdy dojadą do Łaby, oficerowie NATO pokażą Putinowi mapę celów w Rosji, które za pół dnia znikną z powierzchni Ziemi. Wtedy być może otrzeźwieje. NATO będzie musiało też niszczyć kolejne kolumny jadące w kierunku Niemiec. Jadące przez Polskę. To na naszej ziemi eksplodują pociski manewrujące. Gdybym był Francuzem, Brytyjczykiem, Niemcem i miałbym bronić własnego narodu, poświęciłbym obcych. Kim jest Polak dla Brytyjczyków? Tylko papierowym sojusznikiem. Jesteśmy dumni, uśmiechamy się, stoimy w szeregu. Oni nas poświęcą. Tu będzie czarna dziura. Jesteśmy kartą bitą. Zadaj kolejne pytanie. Ilu polskich żołnierzy jest w stanie stanąć do walki? Od lat nie szkoli się rezerwistów. Kolejne roczniki dziewiętnastolatków mają do czynienia z bronią wirtualną w grach komputerowych. W Rosji młodzi idą do wojska. Tam cały czas szkoli się roczniki poborowych. W Stanach Zjednoczonych jest armia zawodowa, ale z bronią ma do czynienia większość ludzi. Jeżeli doszłoby do mobilizacji w Polsce, to kto pójdzie na wojnę?

PŚ: Tacy ludzie jak ty.

JB: No właśnie. Ludzie, którzy przeszli całe szkolenie wojskowe i są w rezerwie. Ale ja mam pięćdziesiąt lat. Gdzie są dwudziesto-, trzydziestoletni wyszkoleni oficerowie rezerwy? To kosztuje, ale wyszkolona rezerwa wie, gdzie jest jednostka, potrafi posłużyć się bronią, jest raz na jakiś czas wzywana na poligon. Niech chociaż połowa rocznika przejdzie przeszkolenie. Mamy Narodowe Siły Rezerwy, ale to mało. Potrzeba szeregowych. Komu zależało na tym, by nas rozbroić? Poznań przez wiele lat miał sprawny system obrony przeciwlotniczej. Cały pierścień. Mysz się nie prześlizgnęła. Bezpieczne czasy minęły. Wydaje mi się, że ta degrengolada to celowe działanie. Mamy armię saską, gdzie na jednego oficera przypadał jeden podoficer i jeden żołnierz. Kiedy ja byłem w wojsku, to na jednego oficera przypadało dziesięciu podoficerów i czterdziestu żołnierzy. Gdy byłem na kompanii w koszarach, to podoficer na korytarzu miał pod sobą pięćdziesięciu żołnierzy. Dziś w koszarach jest pusto. Zawodowi żołnierze śpią w mieszkaniach, z żonami. Wojsko nie idzie zwartym szykiem do kuchni, gdzie służbę pełnił dyżurny podoficer żywnościowy kierujący kucharzami i zaopatrzeniowcami tak, aby wojsko nie chodziło głodne. Każda szkoła miała zaplecze gospodarcze – warzywnik, prosiaki, kopiec z ziemniakami – które umożliwiało należyte wyżywienie setek podchorążych i żołnierzy obsługi. Dzisiaj jednostkę obsługuje firma cateringowa, a jej obiektów nie strzegą żołnierze, a coraz częściej firmy ochroniarskie. Kiedyś był wartownik, dowódca warty, cały rytuał przekazywania warty. Dzisiaj stoją panowie z napisem „Security". Wojsko się chroni przed napadem z zewnątrz przez uzbrojonych cywilów. Dwadzieścia pięć lat temu pomyślałbym, że to żart.

PŚ: Pewna pani rzecznik jednostki wojskowej tłumaczyła, że trudno, żeby przy bramie stał szkolony za dziesiątki tysięcy złotych komandos z trzema karabinami.

JB: W czasie, gdy odbywałem służbę wojskową, przyjechali na nadmorski poligon, na którym ćwiczyliśmy, żołnierze brygady obrony wybrzeża. Niebieskie berety, desantowcy. Płetwonurkowie, skoczkowie spadochronowi. Elita. Desantowcy mieli dobrą kantynę. Oczywiście po ćwiczeniach zwietrzyłem zapach piwa. W czasie wolnym poszedłem się napić. Na warcie stał żołnierz w niebieskim berecie z kompletem broni. Oficer dyżurny też miał niebieski beret. Pokazałem przepustkę. Wpuścili mnie do kantyny. Pieniądze, które wydawano wtedy na szkolenie desantowca z jednostki desantowo-szturmowej, były takie same jak dziś, gdy szkoli się komandosa. Tylko że wydawano znacznie więcej, bo niebieskich beretów nie było stu, ale parę tysięcy. Oni mieli służyć w polskim „specnazie". Dzisiaj nie szkoli się żołnierza polskiego do obrony kraju, ale po to, żeby ginął za sprawy niepolskie za granicami. Mówię o tym z otwartą przyłbicą. Nie zdarzyło się, by po dziewięćdziesiątym roku przeprowadzono manewry, które pokazałyby społeczeństwu polskiemu, że nasz żołnierz ćwiczy przejścia przez rzekę, wysadzanie desantu na tyłach wroga, ustalanie rubieży, obronę itp. Czy brygada Leopardów ze Świętoszowa jedzie strzelać z ostrej amunicji do prawdziwych celów? Kiedy dywizja pancerna ćwiczyła w Drawsku, to ustawiano rozbrojone, pochodzące z demobilu czołgi T54 i tłukło się w nie z ostrej amunicji. Przeciągano cele na linach, żeby artyleria mogła sobie postrzelać. Na poligonie w Nadarzycach latały samoloty i z rakiet strzelały do realnych celów. Na cele morskie, rozstawione na nadmorskim poligonie w rejonie Ustki przez Marynarkę Wojenną, nadlatywały samoloty lotnictwa myśliwsko-szturmowego. Co najmniej raz w roku piloci musieli przejść taki sprawdzian, ćwicząc podstawowe umiejętności. Tak samo ćwiczyli przeciwlotnicy. Rotacyjnie poszczególne dywizjony WOPK jeździły na pustynny poligon do Związku Radzieckiego w rejon Aszałuku i strzelały rakietami do realnych celów. Zestawy przeciwlotnicze OSA prowadziły ostre strzelania na poligonie w Wicku Morskim, na którym jako podchorąży rezerwy obsługiwałem taki sprzęt. Szkoliliśmy się, przygotowując do realnego pola walki. Niszczyliśmy cele pozorowane wskazywane przez elektroniczne pozoratory celu. Zdarzało się przechwycić prawdziwy samolot, a wtedy była doskonała możliwość sprawdzenia swoich umiejętności namierzenia i zniszczenia celu – oczywiście na niby, bo za jego sterami siedział polski pilot, który w tym samych czasie ćwiczył eliminowanie środków obrony powietrznej, czyli nas siedzących w kabinach zestawów przeciwlotniczych. To była zabawa, kto kogo pierwszy zniszczy. Na prowadnicach PRWB OSA znajdowało się sześć kontenerów z rakietami bojowymi. W czasie ćwiczeń należało je umiejętnie wyjąć z STZ-u, czyli samochodu transportowo-załadowczego i umieścić na prowadnicach. Wszystko na czas. Dla części z nas była to przygoda życia. Nie podejrzewaliśmy, aby kiedykolwiek bojowo przyszło nam sprawdzić te umiejętności.

PŚ: Opowiadał mi pułkownik Grześkowiak z Kórnika, że najpierw ćwiczyła grupa dowódcy, potem szefa sztabu, a później zastępcy dowódcy do spraw technicznych. Gdyby jeden zginął, dowodziłby drugi.

JB: Kiedy siedzieliśmy w Osie w czterech, to każdy z nas potrafił przejąć obowiązki drugiego. Nawet kierowca. Każdy wiedział, jak ta zabawka działa – uczyliśmy się na sucho obsługi tej skomplikowanej maszynerii w czasie zajęć. Dzisiaj, gdyby mnie obudzili w nocy, to może w pięć minut nie osiągnąłbym gotowości bojowej, ale w dziesięć tak. Pamiętam, jak kiedyś na ćwiczeniach miałem uczyć się i obserwować dowódcę, zawodowego żołnierza – podchorążego IV roku, tuż przed promocją oficerską. Był moim rówieśnikiem. Sierżant podchorąży. Miał zostać oficerem. Uczył się już cztery lata. Miałem założony hełmofon. Aparatura pracuje. On miał przyjąć meldunek i wydać polecenia. Ja wszystko słyszałem w słuchawkach. Komunikat przyszedł, a on nic. Powinien potwierdzić przyjęcie rozkazu. Siedzi. Antena chodzi. Cisza. Po raz drugi komunikat idzie – wóz taki a taki, pozycja, azymut itp. Nic. Facet milczy. I nagle słyszę: Kurwa, do cholery, czy meldunek jest przyjęty? On zbaraniał i spanikowany pyta mnie, co ma robić. Ja mówię – wiesz co, przedstaw się. Sierżant podchorąży melduje się. Meldunek przyjęty. Jakiś kapitan krzyczy przez radio: Kurwa, czy ja mam dwa razy powtarzać? Dowódca Osy nadal siedział jak kołek, więc wydałem polecenia operatorom. Cel złapany, uchwycony. Wóz zszedł z pozycji. Zajęliśmy drugie stanowisko. Po ćwiczeniach przyjeżdża jakiś UAZ, wychodzi z niego kilku oficerów. Stoimy w szeregu. Obchodzi nas kapitan i pyta, kto przyjmował rozkaz. Sierżant mówi „ja", ale wykonywał podchorąży Burchardt. Który to? Podchodzi do mnie i gratuluje mi wykonania zadania. Podchodzi do tego sparaliżowanego ze strachu dowódcy Osy i mówi, że zdejmuje go ze stanowiska dowódcy wozu na czas ćwiczeń. Przyszły oficer, cztery lata szkolenia. Na wojnie to on by już nie żył i tego wozu już by nie było. Kapitan mnie wziął na bok i pytał, jak to możliwe, że cztery lata go uczyli, a on tego nie łapie, że nie ma na baczność siedzieć w wozie, tylko słuchać ze zrozumieniem. W wojsku są potrzebne trzy słowa. Tak jest, wykonuję. Ten kapitan ze mną cały wieczór w Wicku w restauracji przy piwie przegadał. Po dwudziestu pięciu latach życia w wolnej Polsce nie wyobrażam sobie sytuacji, żeby jakiś wojskowy czegoś nie rozumiał. Śpimy sobie w Skórzewie. Ja po jednej stronie ulicy Poznańskiej, ty po drugiej. Śpimy spokojnie, a tu nalot. Ktoś nie zestrzelił samolotów, bo nie wiedział, jak się zachować. A teraz na przykład przylecą inteligentne rakiety manewrujące albo drony. Jest skuteczna broń przeciwko dronom. Można z niej strzelać artylerią małokalibrową, ale najpierw tę broń trzeba mieć. Drony są bardzo delikatne i łatwo je zestrzelić. Można stosować wielolufowe działka automatyczne. Ale nie wystarczy je kupić. Trzeba rozbudować wysunięte kompanie radiotechniczne w celu ich przechwycenia i podania stanowiskom ogniowych danych o ich pozycji. Teraz mówi się, że powstaje system obrony powietrznej typu „Loara" czy „Wisła". Wymienia się nawet zakup lub dzierżawę zestawów przeciwlotniczych typu Patriot – sprawdzonych w wojnie w Zatoce Perskiej w 1991 roku i w obronie przeciwlotniczej Izraela.

PŚ: Przez wiele lat wyśmiewano wojsko. Że trepy, że służba zasadnicza jest niehumanitarna, że do wojska powinni iść tylko ci, którzy chcą. Powstawały filmy o fali.

JB: Nawiązujesz do filmu *Samowolka*. Byłem w wojsku i była tam przemoc, ale nie taka, jaką się pokazuje w telewizji czy kinie. Do wojska nie brano kryminalistów. Kto miał wyrok, nie wkładał munduru. Fala w wojsku służyła przygotowaniu żołnierza do życia w innej rzeczywistości niż ta w cywilu. Kuchnia, mama, tata, szafka, szkoła. Codzienność. Wojsko w każdym państwie ma swoją hierarchię. Wojsko to nie przedszkole. W *Samowolce* pokazano bzdurę. Ktoś, kto pokazał tam wojsko, uczynił bardzo dużo złego. Ja przechodziłem na unitarce jako podchorąży wszystkie etapy. Mięliśmy po dwadzieścia pięć lat i dowodził nami zawodowy kapral podchorąży, dziewiętnastolatek, który mógł robić ze mną, co chciał. Pierwsze moje czterdzieści osiem godzin w wojsku to było zapoznanie się z płaszczyzną podłogi i ubikacji. Sierżant zawodowy miał około trzydziestki i powiedział krótko na pierwszej zbiórce. Baczność, spocznij. Teraz panowie podchorążowie, magistrowie podchorążowie, wasze dyplomy możecie sobie schować w pewne miejsce. Nie powiem jakie. Jedni mówią brutalnie w dupę, a drudzy – możecie schować gdzie chcecie. Słowa do wyboru. I tak się zakończyło zapoznanie z szefem kompanii. Przyszedł porucznik – dowódca mojego plutonu – i powiedział, że nie dysponuje taką elokwencją jak my, ale tu jest wojsko i obowiązują tylko jego zasady. Po siedemdziesięciu dwóch godzinach do domu pojechało czterech ludzi z dziewięćdziesięciu jeden. Zwolniono ich, bo nie dali rady. Następnych czterech odpadło po dwóch tygodniach. Najgorsze były pierwsze dwa tygodnie. To jest szkoła życia. Tego się nie da opisać. Na uczelni chciałeś iść na obiad, to szedłeś, a tu na obiad chodziło się w szyku. Godzina piąta trzydzieści pobudka, koszula skóra do temperatury plus pięć stopni, atramenty i trampki. Wiesz co to były atramenty? Bokserki.

PŚ: Koszula skóra?

JB: Po prostu skóra. Jak było poniżej pięciu stopni to była ogólnowojskowa biała koszulka. Jak było bardzo zimno, to mieliśmy dres. Jako pomocnik dowódcy plutonu miałem na dresie wielką liczbę dziewięćdziesiąt pięć. Ja i dwudziestu jeden podchorążych – za mną, biegiem, marsz. Pięć kółek. Biegała cała szkoła. Potem padała komenda – po rozgrzewce do sal rozejść się. Toaleta w dziesięć minut. Mundur, kurtka, raportówka. W jadalni kolejka po zupę mleczną. Kostka masła, łyżka sera, pięć plastrów kiełbasy, cztery kromki chleba i herbata. Po chleb można było podejść i wziąć ile się chciało. Straszono nas, że w herbacie jest brom, że niby brom osłabia popęd seksualny. Nie wiem, czy to prawda, ale popęd jakoś działał, bo sprawdziliśmy to w Mielnie, ale to jest już zupełnie inna historia. Gdy skończyłem jeść, to rzucałem hasło: pluton dziewięćdziesiąt pięć powstań, koniec jedzenia. Na komendę koledzy odstawiali talerze na tacę. Nie było, że ktoś chciał dojeść. Formowano szyk i wracaliśmy do koszar. Potem strzelanie, poligon, zajęcia ze sprzętem. I tak trzy miesiące. My, podchorążowie, szanowaliśmy się, ale w pułku bojowym była hierarchia. Był kot, był wicek i był dziadek. Kot to wiadomo – po unitarce. Wicek był przed rezerwą, a dziadek to prawie rezerwista. Żeby kot został kotem, była obcinka (czyli mocne lanie pasami).

Jeśli ktoś to przyjmował z humorem, przeżył. Widziałem sytuacje na poligonie, gdy starsi żołnierze urządzali zawody, bawili się w wojsko. Miałem akurat służbę, byłem dowódcą warty. Musiałem przywrócić porządek w koszarach. Hałas niemiłosierny. Wziąłem z sobą wartę. Jednego wartownika postawiłem z jednej strony budynku, drugiego z drugiej. Wchodzę do środka, a tam widzę, jak żołnierze wrzucają do sal taborety i uciekają. Wziąłem podoficera. Stawiam go na baczność. Pytam, co się dzieje. Panie podchorąży – pan idzie z powrotem, po co pan tu przyszedł. Ja mu na to, że mam służbę i pilnuję porządku. A on mi tłumaczy, że trwa nalot, że obrona przeciwlotnicza zestrzeliła dwa samoloty. Ja mówię: Jeszcze słowo i znajdzie się tu oficer dyżurny. A on, że straty są niewielkie, bo tylko dwa samoloty nie wróciły z lotu bojowego. Leżał jeden z rozciętą głową, ale miał już plaster przylepiony, a drugi miał skręconą nogę. Na trzecim piętrze było lotnisko. Stał tam szeregowy, kot. Udawał samolot. „Bombuchy" (zbrojmistrze) uzbrajali go. Siedział „wicek" – prawie rezerwista – jako kontroler lotu i wydawał komendy. Samolot na pas. Uzbrojony? Uzbrojony. Kot miał mu meldować, że jest gotowy do akcji i uzbrojony w taborety. Inni byli naprowadzającymi. Krzyczeli: Widzę cel, widzę cel. On leciał i wrzucał taborety do sal. Jak ktoś dostał taboretem, to miał pecha. A na dole obrona przeciwlotnicza rzucała taboretami w samoloty. Nie mogłem tego tak zostawić. Przybiegł oficer. Spisał meldunek, że wojsko się w nocy nudzi i dowódca plutonu dostał burę. Kaprale na drugi dzień robili ćwiczenia, żeby żołnierzom wybić głupie pomysły z głowy. Ale to były incydenty, które wynikały raczej z bujnej wyobraźni szeregowych żołnierzy niż z chęci wyładowania na kolegach ukrytych sadystycznych skłonności. Zdarzały się wypadki samobójstw. Mam archiwalne raporty WSW. Dziewięćdziesiąt procent postrzałów było spowodowane zawodem miłosnym albo problemami rodzinnymi. Dziesięć procent – a WSW pisało prawdę

– spowodowane presją fizyczną albo psychiczną związaną ze służbą. Jest problem, impuls chwili, naładowana broń, lufa pod brodę, pięć nabojów i koniec. Czytałem o tym, jak żołnierz z bronią uciekł i ostrzeliwał się tu w Konarzewie, niedaleko nas. Milicja i WSW go łapały. Uciekł z bronią, bo chciał wyrównać porachunki z rodziną. Miał dosyć. Schował się w stogu i go zastrzelono. Odporność psychiczna tamtych ludzi była i tak zdecydowanie większa niż współczesnych dzieciaków. Wyobrażasz sobie małolatów z problemami z narkotykami, z sobą, z karabinem w nocy na warcie? Pamiętam sytuacje, że ktoś nie nadawał się do służby wojskowej i popełniono błąd na komisji lekarskiej. Pełniłem służbę wartowniczą w szkole. Byłem pomocnikiem oficera dyżurnego. Oficer poszedł gdzieś, a ja przyjmowałem meldunek z centralnego stanowiska dowodzenia, że mam wydać wartownikom dodatkową amunicję oraz po trzy granaty i podwoić wartę na obiekcie. Dostałem tajnopis, że ze szkoły w Żegrzu uciekł podchorąży po zabójstwie czterech kolegów, uprowadził samochód i kieruje się na Słupsk. Po drodze była nasza szkoła w Koszalinie. Zgodnie z rozkazem wydałem dodatkowe magazynki, granaty i zapalniki. Co chwilę ktoś przychodził i mówił, że ten chory żołnierz porwał kolejny samochód, zastrzelił kierowcę i kieruje się w rejon Koszalina. Niedaleko Koszalina złapano go, poddał się, nie zastrzelono go. Miałem trochę pietra. Granat F1 to nie zabawka. Kiedy widzę, jak na filmach granat wisi na zawleczce przy pasie, to śmiać mi się chce. Wystarczy, że wypnie się zawleczka od spłonki, to nie ma ciebie i paru ludzi obok.

Pół roku przed moim przyjściem do WSO WOPL kadet podchorąży wyskakiwał ze Stara. Spłonka zahaczyła o spłonkę, nastąpił wybuch i wyrwało mu pół brzucha. Próbowali go ratować. Zmarł. A gdyby granat detonował? Nie można patrzeć na wojsko przez pryzmat filmów. Mówi się, że wojskowy to trep. Po drugiej wojnie światowej była słynna zasada, że nie matura, lecz chęć szczera. Od lat sześćdziesiątych trzeba było mieć maturę, żeby rozpocząć naukę w szkole oficerskiej. Powstały dwie akademie wojskowe: Marynarki Wojennej i Wojskowa Akademia Techniczna. Wojsko zasilała dobrze wykształcona technicznie kadra. Oddzielną kategorią byli polityczni i WSW. Marynarka, siły specjalne, lotnictwo to była elita. Ich można było zmobilizować w razie „W". Oni mogli się przydać w latach dziewięćdziesiątych, ale długopisem skreślano kolejne jednostki. To było rozformowanie chaotyczne. Dlaczego? Kto do tego dopuścił? Ja nie mówię, że armia ma mieć trzysta dziewięćdziesiąt tysięcy ludzi jak wtedy, gdy ja służyłem. Zminimalizować armię, ale utrzymać siły rezerwy. W budynku przy Rolnej w Poznaniu, gdzie był 79. Pułk Wojsk Obrony Powietrznej Kraju, mieszczą się dziś: IPN, ABW i WKU, a teren placu apelowego został sprzedany deweloperowi, który pobudował tam, gdzie ćwiczyło musztrę wojsko, okazałe apartamentowce. Można było zostawić jeden z sześciu dywizjonów wokół Poznania z ultranowoczesnym sprzętem. Tylko tyle i aż tyle. A teraz nie mamy nic. Byłby zalążek obrony powietrznej Wielkopolski. O to powinniśmy pytać głośno.

*

Czy w Polsce nie ma agentów Federacji Rosyjskiej? W raporcie Agencji Bezpieczeństwa Wewnętrznego za 2013 rok przeczytałem, że wdrożono wobec rosyjskiego oficera Służby Wywiadu Zagranicznego procedurę uznania za persona non grata i wpisanie na listę osób niepożądanych w Polsce, co było skutkiem prowadzenia przez niego „agresywnych działań wywiadowczych zagrażających bezpieczeństwu RP". Do tego ABW odkryła, że GRU obserwowała, jak reagujemy na informacje o rosyjsko-białoruskich ćwiczeniach Zapad 2013. Agencja wystąpiła również z wnioskiem o cofnięcie zgody na legalny pobyt w Polsce obywatelowi Wspólnoty Niepodległych Państw. W 2013 roku prowadzono jedno postępowanie przygotowawcze o szpiegostwo. A więc udało się złapać jednego agenta.

W raporcie z 2012 roku nie ma słowa o zdemaskowaniu szpiega. Jest za to adnotacja, że funkcjonariusze przeprowadzili rozmowy profilaktyczne z wysokimi urzędnikami administracji państwowej.

Spójrzmy jeszcze do raportu z 2011 roku. Jest agent. Tadeusz Juchniewicz został skazany w 2010 roku przez Sąd Okręgowy w Warszawie na trzy lata za szpiegostwo na rzecz Federacji Rosyjskiej. W roku 2011 wydalono pana Tadeusza z Polski. Był Rosjaninem. Wiele lat prowadził u nas firmę. Był „uśpionym agentem". To po jego wydaleniu pracę stracił generał Walentin Korabalnikow, szef GRU. Pięciu funkcjonariuszy naszego kontrwywiadu cywilnego dostało medale.

Co z agentami w urzędach i wojsku? Sukcesów brak.

Bogdan Święczkowski, były szef Agencji Bezpieczeństwa Wewnętrznego, powiedział, że „biorąc pod uwagę naszą przeszłość, wieloletnie podporządkowanie sowieckiej władzy, pewne jest, że w naszym systemie bezpieczeństwa, w systemie gospodarczo-finansowym czy systemie władzy funkcjonuje znaczna, liczna rzesza agentów rosyjskiego wywiadu”[58]. Nie mówi tego pierwszy lepszy poseł wietrzącego spiski PIS-u, ale człowiek, który był w samym środku ABW i zna jej tajemnice od podszewki.

Nisko pracę kontrwywiadu ocenił generał Waldemar Skrzypczak, były dowódca Wojsk Lądowych. Generał alarmuje, że rosyjskie służby zakładają na Zachodzie firmy, które wygrywają przetargi na broń. Tak się składa, że w tych przetargach startują polskie zakłady zbrojeniowe. I przegrywają, bo Rosjanie dyktują ceny dumpingowe. Na to zawsze znajdą pieniądze. Prędzej sprzedadzą Ermitaż, niż odpuszczą bezpieczeństwo. Brak zamówień na czołgi, helikoptery i karabiny zabija naszą zbrojeniówkę. Ale to nie wszystko. Skrzypczak alarmuje, że Wielka Brytania w ciągu trzech lat zatrzymała trzystu agentów Putina. Polska? Trudno uznać Skrzypczaka za głosiciela teorii spiskowych. To, o czym piszemy, jest prawdą. No tak. Zapomniałem. Tak jak rozbrojono polską armię i nikt nie ma pomysłu, jak ją szybko rozbudować, tak zabiliśmy pojęcie prawdy w życiu społecznym. Dziś w prawdę się wierzy albo ją

58 http://www.gf24.pl/kontrwywiad-klesk-2 [dostęp: 3 października 2014].

wyznaje. Prawdę się głosi. A co z prawdziwą prawdą? Prawdą o naszym bezpieczeństwie?

Jarek mówił, żebym sprawdził, czy funkcjonariusze Wojskowej Służby Wewnętrznej (WSW), czyli wojskowego kontrwywiadu PRL-u przeszli weryfikację, czy aportem trafili do zlikwidowanych później przez Macierewicza WSI. Nie ma co pytać o to MON-u. W tej sprawie już dawno wypowiedział się Tadeusz Mazowiecki. Najwybitniejszy polski premier powiedział, że „Brak weryfikacji w służbach wojskowych to m.in. efekt jego uzgodnień z ówczesnym szefem Ministerstwa Obrony Narodowej generałem Florianem Siwickim". Mazowiecki twierdził, że „nie możemy robić wszystkiego naraz"[59]. Cenckiewicz, który cytuje Mazowieckiego, pisze, że odpuszczenie WSI wynikało z niewiedzy ludzi „Solidarności", którzy nie rozumieli działania tajnych służb wojskowych. A my rozumiemy? Przy Okrągłym Stole niewiele czasu poświęcono wojsku. Armia to przecież gwarant bytu narodowego, a oficer to człowiek honoru. Aż w głowie się nie mieści, że do 2003 roku – jak pisze Sławomir Cenckiewicz – działalność wywiadu wojskowego nie była regulowana żadną ustawą. Ustanawiano prawo dotyczące budowy parkingów z zatoczkami czy wysokości toalet w przedszkolach, ale nie pochylono się nad WSI. W PRL-u ustawę o Służbie Bezpieczeństwa przyjęto dopiero w latach osiemdziesiątych i to pod ich koniec, gdy do urzędów mogły wejść nowi urzędnicy z nadania opozycji. W III RP powtórzono ten błąd. A może czyjś pomysł?

---

[59] S. Cenckiewicz, *Długie ramię Moskwy*, Poznań 2011, s. 385.

Na dziesięciu szefów WSI (1991-2006) aż pięciu wywodziło się z wywiadu wojskowego PRL. [...] Studia, przeszkolenia i kursy (KGB i GRU) w Związku Sowieckim i innych zaprzyjaźnionych z PRL państwach ukończyło blisko 300 żołnierzy WSI, z których wielu stanowiło kadrę kierowniczą służb wojskowych wolnej Polski. [...] To swego rodzaju paradoks, że szefami i pracownikami wojskowych służb wywiadu i kontrwywiadu wolnej Polski mogli zostać kadrowi pracownicy Zarządu II Sztabu Generalnego i WSW – instytucji, które ustawa i Instytut Pamięci Narodowej – Komisja Ścigania Zbrodni przeciwko Narodowi Polskiemu z 1998 r. piętnuje, uznając je za „organy bezpieczeństwa państwa komunistycznego”[60].

To nie spiskowa teoria komiksowej historii, to nie fanaberie Macierewicza, to nie pomysły „prawicowych” publicystów. Swoją drogą, dlaczego nie mówi się o „lewicowych” publicystach? To są fakty. Krytycy likwidacji WSI często nawet nie czytali raportu z likwidacji tej służby. Co jest w raporcie? Na przykład to, że jeden z byłych szefów WSI, generał Bolesław Izydorczyk spotkał się latem 1992 roku w Zakopanem z rezydentem rosyjskich służb. Alarmował o tym w 2000 roku samego prezydenta kolejny szef WSI pułkownik Tadeusz Rusak. Izydorczyk wezwany na dywanik niewiele chciał powiedzieć i kłamał. Tymczasem po naciskach ministra obrony narodowej Bronisława Komorowskiego otrzymał certyfikat umożliwiający dostęp do materiałów opatrzo-

[60] Tamże, s. 388.

nych gryfem „ściśle tajne" i pojechał pracować w Partnership Coordination Cell w Mons[61].

Inny pan z WSI, komandor Kazimierz Głowacki, spotykał się – według informacji Mariana Zacharskiego, który pracował w kierownictwie UOP – z rosyjskimi członkami rezydentury w Londynie. Urząd Ochrony Państwa ostrzegał przed wysyłaniem na placówki dyplomatyczne ludzi przeszkolonych w ZSRR, ale „wojskowi robili, co chcieli"[62].

W raporcie z likwidacji WSI czytamy, że zachodni sojusznicy nie mieli zaufania do polskich oficerów, bo wielu uczyło się w Moskwie. Jest też sporo o tym, jak WSI szmuglowały broń do Somalii, Chorwacji i Jemenu. Polscy politycy chwalili się, że polskie kontakty ze Wchodem pomogą NATO w pracy na Bałkanach czy Bliskim Wchodzie. Tylko że kolejne akcje były wielkimi wpadkami. W roku 2003 szef Biura Bezpieczeństwa Narodowego Marek Siwiec ogłosił wszem i wobec, że WSI odnalazły w Iraku francuskie rakiety z wybitą datą „2003". Francja miała embargo na sprzedaż broni Irakowi. Interweniował sam Jacques Chirac. Okazało się, że rakiety wyprodukowano w 1984, a w 2003 roku przeszły przegląd techniczny. Innym razem wojskowe specsłużby odkryły broń chemiczną w Iraku. Trąbił o tym szef MON, Jerzy Szmajdziński. Były to rakiety z czasów

---

[61] Komórka Koordynacyjna Partnerstwa w Mons (Belgia). Jej zadaniem jest koordynacja ćwiczeń i szkoleń prowadzonych w ramach Partnerstwa dla Pokoju, a także działań mających na celu zapewnienie interoperacyjności struktur wojskowych członków partnerstwa i państw NATO – przyp. red.

[62] S. Cenckiewicz, *Długie ramię Moskwy*, s. 390.

wojny iracko-irańskiej i było w nich tyle chemii, co kot napłakał. WSI kompromituje również historia niejakiego Aleksandra Makowskiego, byłego esbeka, właściciela firmy ochroniarskiej, który pojechał jako agent do Afganistanu i zdobywał dla Polski ważne informacje wywiadowcze. Tajemniczą przeszłość Makowskiego znali Amerykanie, którzy alarmowali polskich kolegów. WSI wierzyła swojemu współpracownikowi i nie weryfikowała przekazywanych przez niego informacji. Informacje, które okazały się przeinaczone, zasłyszane, niepełne i powierzchowne, kładły się cieniem na wiarygodności Polski w oczach sojuszników.

WSI działała również w kraju. W 1990 roku wojskowe służby miały dwa i pół tysiąca agentów w instytucjach państwowych, firmach, bankach, urzędach i mediach. Ci ludzie wyparowali? Nie chcę powiedzieć, że oficerowie dzwonili do redaktorów naczelnych i uciszali niepokornych dziennikarzy. Nie chcę powiedzieć, że załatwiali komuś kredyty w bankach czy przepychali ustawy przez Sejm. Chcę tylko powiedzieć, że w wolnym kraju nie ma miejsca dla niewolnych służb specjalnych.

W 1992 roku na mównicę sejmową wszedł Janusz Korwin Mikke i zgłosił projekt uchwały lustracyjnej. Kierownictwo służb wojskowych rozpoczęło przygotowania do odparcia „politycznego ataku". Choć otwarte miały zostać tylko niektóre teczki SB, na wszelki wypadek zaplombowano archiwum WSI i wzmocniono ochronę budynków. Gdyby lustratorzy zechcieli poszukać donosów w teczkach Wojskowych Służb Informacyjnych, to co by się stało? Wartownicy otworzyliby ogień?

Można by jeszcze długo rozpisywać się o patologiach WSI. Zainteresowanych odsyłamy do książki Sławomira Cenckiewicza *Długie ramię Moskwy*.

Co jeszcze Jarek kazał sprawdzić? Aha. Ilu polskich żołnierzy jest gotowych do walki. Informacje mobilizacyjne są tajne. Nieoficjalnie mówi się, że nasza zawodowa stutysięczna armia spuchnie do trzystu tysięcy żołnierzy. Oficerowie w jednostce przywitają nieznanych sobie ludzi, którzy o wojnie wiedzą tyle, ile pokazuje na pasku TVN24. Podobno mamy jednostki, których termin mobilizacyjny wynosi pół roku. Rosjanie wchodzą w poniedziałek, w środę są w Poznaniu, a pierwsza zbiórka rezerwistów na placu apelowym po stu sześćdziesięciu dniach?

Załóżmy, że rezerwiści zjawiają się w jednostce we wtorek (w poniedziałek załogi białoruskich i rosyjskich transporterów opancerzonych jedzą hot-dogi na stacjach Orlenu pod Terespolem). Będą wiedzieć, jak założyć buty wojskowe? Jak zapiąć pas? Wojna to nie tylko strzelanie z Beryla, ale komunikacja między załogami obsługującymi sprzęt. Zawodowi ćwiczą komunikację całe życie. Zmobilizowani wprowadzą taki chaos, że nawet najgłośniejszy szef kompanii nie zaprowadzi porządku. Ci ludzie mogliby się okopać i od czasu do czasu wystawiać z rowu kałasznikowa. Oczywiście jeśliby nie uciekli. Przesadzam? Armia rosyjska opiera się na taktyce rodem z ZSRR. Na teren wroga wkracza masa kiepsko uzbrojonego żołnierza. Technologia z lat osiemdziesiątych to dla Rosjan żaden problem. Co z tego, że ma się stare karabiny, jeśli można zalać teren hordami?

Naprzeciwko tej masy stają dobrze wyszkolone jednostki zawodowe z fajnym sprzętem. Otoczy je morze chłopaków w koszulkach w biało-niebieskie paski. Wojsko potrzebuje mięsa armatniego, nawet jeśli ma się sto lotniskowców typu Nimitz. Pomoc NATO? Czyli mówiąc wprost, żołnierzy amerykańskich. Tylko że Amerykanie musieliby do nas przylecieć. W 2013 roku Stany zredukowały swoje siły na starym kontynencie.

Żeby nie było, że czcimy czasy ludowego wojska, to przytoczę kilka przykładów sprzed wojny. Jak II Rzeczpospolita wpajała polskim mężczyznom obowiązek obrony ojczyzny i jak ich do tej obrony przygotowywała. Po pierwsze, wojsko współpracowało z organizacjami paramilitarnymi, które zrzeszały młodzież. Były to harcerstwo, Związek Strzelecki, Stowarzyszenie Młodzieży Polskiej itd.[63] Armia dawała pieniądze i szkoliła instruktorów. To przed wojną, nie w PRL-u, wprowadzono lekcje przysposobienia obronnego w szkołach średnich. Szkolny kierownik wojskowy uczył chłopaków zrzeszonych w hufcu. Tak oto powstawał mały oddział parawojskowy. Chłopcy się znali i wiedzieli, że mogą na sobie polegać. Rezerwistów szkolono już od 1921 roku. Fakt, że tamci ludzie, w przeciwieństwie do nas, znali smak wojny, ale i tak trzeba było uczyć ich teorii. Uczestnicy wojny z bolszewikami mieli praktykę, ale brakowało im wiedzy. Od 1922 roku wychowaniem fizycznym w szkołach objęto wszystkich uczniów. Wpajano im, że

---

[63] A. Ignatowicz, *Przygotowanie obronne społeczeństwa w Polsce (1921-1939)*, Warszawa 2010, s. 71-70.

sprawność to nie tylko sprawa zdrowia, ale i obronności państwa. Na lekcjach fizyki, chemii, geografii czy nauki o Polce przemycano wiadomości o gazach bojowych, o historii wojen, o bohaterach, o kartografii wojskowej, o organizacji armii.

Tak. Przegraliśmy wrzesień wobec przeważającej siły bogatych Niemiec, ale wtedy Polska zmobilizowała dziewięćset tysięcy żołnierzy. Do walki stanęło dziesięć razy tylu żołnierzy, ilu jest teraz w naszej zawodowej armii. Za broń chwyciła pełna patriotyzmu młodzież. Pokolenie Kolumbów.

Ponieważ prawda zwykle leży pośrodku, zakończymy naszą opowieść sukcesem służb socjalistycznej ojczyzny na przełomie epok. Co prawda to nie sukces WSI, ale UOP, bezpośredniego spadkobiercy Służby Bezpieczeństwa. Czy czytelnik pamięta film Władysława Pasikowskiego *Operacja Samum*? Byli esbecy w nowym Urzędzie Ochrony Państwa uratowali tyłki Amerykanom w Iraku. Pomocy odmówili Francuzi, Brytyjczycy, Rosjanie. Do akcji wkroczyli Polacy. Film ukazuje sprawę nieco inaczej, niż wyglądała w rzeczywistości. Operacja nie miała kryptonimu „Samum", ale niewątpliwie otworzyła Polsce drzwi na Zachód.

Dziennikarz Bartosz Węglarczyk wysłuchał opowieści pułkownika Andrzeja Marondego, który brał udział w akcji[64]. Maronde był doświadczonym oficerem SB.

---

64 B. Węglarczyk, *Operacja „Samum". Jak było naprawdę*, „Sukces", wrzesień 2012, s. 50.

Zajmował się wywiadem. Był rezydentem w polskich placówkach dyplomatycznych w Nowym Jorku, Kopenhadze i Kairze. Służba w Iraku miała być ukoronowaniem jego kariery. Od lutego 1990 roku kierował wydziałem konsularnym. Właśnie wtedy Służba Bezpieczeństwa chyliła się ku upadkowi. Pasikowski pokazuje to w *Psach*, kiedy zblazowani funkcjonariusze niosą pijanego Kaniewskiego. Olo, grany przez Marka Kondrata, krzyczy do Kaniewskiego: „Wstawać, policja". Ktoś dodaje „polityczna". Kaniewski nie jest w stanie iść. Biorą go do góry i śpiewają *Balladę o Janku Wiśniewskim*, tę napisaną po zastrzeleniu Zbyszka Godlewskiego w „Grudniu 70".

> Na drzwiach ponieśli go Świętojańską
> Naprzeciw glinom, naprzeciw tankom.
> Myśmy tam stali, dzielnie rzucali,
> Janek Wiśniewski padł!

Pasikowski trochę zmienił tekst. W oryginale Krzysztofa Dowgiełło zamiast „myśmy tam stali" jest „dzielnieśmy stali". Nieważne. Ważne, że to scena symboliczna. Jak odwrócony krzyż w *Popiele i diamencie*. Nieważne również, że kompozytor pieśni Mieczysław Cholewa współpracował z esbecją. To byłby chichot historii, gdyby SB skomponowała Janka Wiśniewskiego.

Tak czy siak Andrzej Maronde przyjechał do Bagdadu w chwili, gdy w Warszawie rodziła się wolność, a starzy funkcjonariusze wyczekiwali i wierzyli, że niepodległej ojczyźnie też będzie potrzebna policja polityczna. Wielu siedziało już w bankach, które ostatni sejm PRL-u pozwolił swobodnie zakładać. Później te banki będą dawać pieniądze na podejrzane interesy podejrzanych ludzi. Interesy się nie udadzą, pieniądze znikną, banki zbankrutują. Takie podobno są koszty transformacji. Wielu założy firmy ochroniarskie. Wielu przejdzie szukać morderców i złodziei w szeregach Policji Państwowej. Zostaną emerytami i rencistami. Nieliczni staną przed komisją weryfikacyjną.

Tak wyglądała komisja w *Psach*.

▸•◂

Wencel (gra go Zbigniew Zapasiewicz): Co pan zrobił w sprawie kapitana Nowakowskiego usiłującego w osiemdziesiątym roku założyć wolne związki zawodowe w resorcie?

Franz: Odstrzeliłem mu łeb, z mausera 7,8 mm.

Wencel: Może to pan wyjaśnić?

Franc: Nowakowski zabił żonę i uprowadził córkę na dach, grożąc, że ją zrzuci, jeśli nie spełnią jego żądań.

Wencel: Jakich żądań?

Franc: Rejestracji wolnych związków zawodowych i 2200 podwyżki.

Wencel: No i co?

Franc: I wszedłem na komin elektrociepłowni i strzeliłem mu w łeb. Co tu jeszcze wyjaśniać.

Wencel: Dali panu za to medal.

Franc: Komuś się spodobało, że jednym strzałem z 220 metrów trafiłem faceta w skroń, to mnie awansowali i zaczęli zapraszać na polowania.

W kolejnej scenie Franc dowala Wenclowi:

Wencel: Pan mi nie udziela rad. To pan stoi przed komisją, nie ja.

Franc: Czasy się zmieniają, ale pan zawsze jest w komisjach.

▸•◂

Pułkownik Andrzej Maronde opowiada Węglarczykowi, że zauważył dziwne zachowanie Rosjan pracujących w miejscowych koncernach. Zbliżały się wakacje. Zamiast ściągać z ZSRR rodziny, wyjeżdżali. Irak opuszczali Amerykanie pracujący w dużych zachodnich firmach. Raport o ruchach w Iraku trafił do Warszawy, ale nikt go nie analizował. Bezpieka przemieniała się w Urząd Ochrony Państwa. Nikt nie miał głowy do Iraku.

Minął maj 1990 roku, minął czerwiec. W lipcu wielkie irackie jednostki wojskowe jechały na południe. Już nie raz Saddam Husajn straszył świat. Sadam uspokajał ambasadora Stanów Zjednoczonych i tłumaczył, że to tylko pokaz siły.

Dyplomaci USA polecieli na wakacje. Do Polski wrócił nasz ambasador. Nowego jeszcze nie było. Siedem dni potem, 2 sierpnia 1990 roku, Saddam w kilkanaście godzin zajął Kuwejt. Rozpoczęła się wielka grabież. Z Kuwejtu do pustych irackich sklepów trafiły tony towarów, jedzenia, a nawet – jak opowiada Maronde – irackie arbuzy eksportowane na południe. Nasi dyplomaci nie jedli. Trwała nerwowa ewakuacja polskich pracowników Mostostalu, Budimexu, Naftobudowy i ich rodzin. Atak sił amerykańskich był tylko kwestią czasu.

Pułkownik miał znajomego w partii Baas. Kolega szepnął mu do ucha, że Saddam jest gotowy na odparcie ataku i że podobno użyje żywych tarcz. Nikt nie będzie chciał bombardować budynków, w których są obywatele europejskich państw. Europejczycy – więźniowie irackiego reżimu rzucali pod drzewa pudełka zapałek z informacjami dla rodzin. Odnajdowali je ci Polacy, którzy nie ewakuowali się jeszcze z Iraku. Tak oto polski wywiad jako pierwszy odkrył, że Saddam Husajn ukryje się za plecami cywilów.

Polscy pracownicy podtrzymywali uwięzionych na duchu, a UOP zabłysnął przed nowym sojusznikiem. O żywych tarczach zrobiło się głośno na świecie. Nawet inne kraje arabskie potępiały Saddama Husajna. Obcokrajowcy wrócili do domów.

Władze Stanów Zjednoczonych zobaczyły w nowych (i jednocześnie starych) służbach Polski potencjalnego sprzymierzeńca. Amerykanie potrzebowali szczegółowej mapy Bagdadu przygotowywanej przez polskich kartografów. Mapa pozwoliłaby na precyzyjne bombardowania. Było na niej wszystko. Od rur kanalizacyjnych, przez instalacje wojskowe i budynki służb specjalnych. Maronde zabrał się do pracy. Dowiedział się, że Polscy nie mają już mapy. Mają za to materiały kartograficzne wykorzystywane przy pracy nad mapą.

Worki ze szkicami poleciały do Warszawy wyczarterowanym przez Polaków samolotem. Ludzie Husajna zgodzili się na lot, ponieważ na pokładzie znalazło się miejsce dla irackiego wicepremiera. Gdyby wiedział, co jest w luku bagażowym...

W styczniu 1991 roku siły lotnicze „żandarma świata" precyzyjnie uderzyły w Bagdad. Dzięki chirurgicznej operacji minimalizowano straty wśród ludności cywilnej.

Cofnijmy się do lata 1990 roku. Do Kuwejtu poleciało sześciu oficerów CIA. Mieli nasłuchiwać częstotliwości wojsk irackich. Po niespodziewanym ataku Iraku na Kuwejt oficerowie znaleźli się w potrzasku. Cudem dotarli do Bagdadu. Dyplomaci amerykańscy nie mogli pomóc kolegom z wywiadu. Byli pod stałą obserwacją ludzi Saddama. Stany znów poprosiły nas o pomoc. Warszawa nadała tajną informację wyłącznie do wiadomości pułkownika Maronde. Oficer chwycił się za głowę. Miał pomóc szóstce z CIA. Jeśli doszłoby do wsypy, w niebezpieczeństwie byliby Polacy nadal mieszkający w Iraku.

Akcja była tak tajna, że w Warszawie wiedział o niej tylko jeden człowiek – pułkownik Gromosław Czempiński. Dyplomata (jako Jan) w październiku 1990 roku przyleciał do Bagdadu. Tłumaczył Maronde, że oficerów CIA trzeba ewakuować za wszelką cenę, bo to sprawa polityczna.

Oficerowie CIA mieszkali u Irakijczyków współpracujących z amerykańskim wywiadem. Byli bardzo zmęczeni i załamani.

Ewakuacja na pokładzie samolotu była wykluczona. Jedną osobę można by jakoś wnieść na pokład, ale sześć? Lecieć sześć razy? W grę wchodziło przejście graniczne z Turcją. Trzeba było przejść przez Kurdystan. Łącznie do pokonania było prawie siedemset kilometrów.

Pomóc miał zaufany pułkownika Maronde. Gienek pracował w dużej polskiej firmie w Bagdadzie. Spotkał się z Janem, czyli Czempińskim, przy klimatyzatorze na dachu polskiej ambasady. Tu irackie służby nie mogły ich podsłuchać.

Niestety, okazało się, że w świeżutkich sześciu paszportach przywiezionych przez Czempińskiego dla oficerów CIA nie było wbitych wiz. To niedopatrzenie mogło przekreślić szansę powodzenia operacji. Irak był dobrze skomputeryzowany. Firmy z Zachodu stworzyły sieci informatyczne. Pod tym względem Irak wyprzedzał Niemcy, Francję i Wielką Brytanię razem wzięte.

Pomogły wąsy Czempińskiego. Irakijki na ulicy oglądały się za Janem. Był wysoki, przystojny, atrakcyjny. Załatwiał u trzydziestoletniej urzędniczki irackie wizy wyjazdowe. Do dziś nie wyjawił, jak mu się to udało. Po drodze na granicę z Turcją wizy sprawdzano kilka razy. System komputerowy za każdym razem informował: wizy legalne.

Pierwszy etap podróży zakończył się sukcesem. Maronde jechał za dwoma samochodami polskiego konwoju. Sprawdzał, czy nie są śledzeni. Wrócił do ambasady i otrzymał informację z Warszawy, że Czempiński nie może jechać do Turcji. Okazało się, że dyplomatom nie wolno było wyjechać ze stolicy Iraku. Gdyby Czempiński wpadł w czasie kontroli, wybuchłby skandal dyplomatyczny. Pozostawała kradzież tożsamości. W ambasadzie paszport złożył pewien Polak. Prosił o przedłużenie ważności dokumentu. Uznano, że Czempiński przypomina Polaka na zdjęciu w paszporcie.

Jest 25 października. Czwarta rano. W kierunku Turcji jadą dwa samochody polskich firm. Jednym kieruje Gienek, drugim jego kolega z firmy, poproszony o pomoc w ostatniej chwili. Amerykanie są pewni, że za chwilę wpadną. Uspokajają się alkoholem.

Po południu, o szesnastej, Maronde otrzymał z Warszawy depeszę z gratulacjami. Ewakuacja udała się. Wstawieni oficerowie CIA zamiast spokojnie przejść przez most graniczny – tak jak było to wcześniej ustalone – biegli jak szaleni. Samolot zabrał ich do Warszawy. Gienek, jego kolega i Jan wrócili do Bagdadu. Czempiński odleciał do Polski po kilku dniach.

Ewakuacja, dostarczenie planów Bagdadu i informacja o żywych tarczach otworzyły Polsce drogę do Europy. Stany Zjednoczone umorzyły nam część długu. Irakijczycy rok później dowiedzieli się o ewakuacji z amerykańskiej gazety. Byli zaskoczeni, że zdradzili ich przyjaciele Polacy.

W *Operacji Samum* Pasikowskiego wszystko wygląda inaczej. Również w *Psach*, *Krollu* i *Raichu* reżyser pokazuje nam swoją artystyczną wizję rzeczywistości. W *Jacku Strongu* Pasikowski wspomina o Celegracie. Co prawda jego nazwisko zostaje przekręcone, ale jest. Reżyser chce nam powiedzieć, że gdyby nie Celegrat, to nie byłoby Kuklińskiego. To temat do rozważań reportersko-filmowych i materiał na kolejny reportaż.